Les Rois
qui ont fait
la France

Collection
marabout université

© 1981 Éditions Pygmalion / Gérard Watelet à Paris

Toute reproduction d'un extrait quelconque de ce livre par quelque procédé que ce soit, et notamment par photocopie ou microfilm est interdite sans autorisation écrite de l'éditeur.

GEORGES BORDONOVE

Les Rois
qui ont fait
la France

HENRI IV
le Grand

*Ce quarantième livre
à ma femme
qui, dans cette longue
marche à travers les sentiers
de l'humanité, fut
ma compagne assidue.*

B.

Les vrais politiques connaissent mieux les hommes que ceux qui font métier de philosophie: je veux dire qu'ils sont plus vrais philosophes.

Vauvenargues

LA LONGUE MARCHE D'HENRI

Dans son Parallèle des trois premiers rois Bourbons, *pénétrante étude, trop peu connue, Saint-Simon résume ainsi la longue marche d'Henri IV:*
« Il ne fut d'abord que roi titulaire et chef de parti, ensuite roi de droit, fort peu de fait, moins monarque que chef d'un double parti jaloux l'un de l'autre, très difficile à concilier, et dans la continuelle dépendance de l'ambition et de l'intérêt des principaux de ces deux partis, qui trop souvent ne lui étaient soumis qu'en apparence; plus exposé que jamais au fer, au poison, à toutes sortes d'embûches du dehors et du dedans; toujours l'épée à la main, sans demeure fixe, dans un besoin continuel de chacun, et dans une indigence qu'il fallait sans cesse surmonter et réparer; maître et paisible à peu près dans la suite, mais souvent au milieu des fermentations, et occupé à une guerre étrangère sur des frontières fort resserrées, toujours au milieu des trahisons. Enfin paisible, puissant depuis la paix de Vervins, mais toujours dans des périls et des embarras qui, pour n'être pas si à découvert, n'étaient ni moins pénibles ni moins à craindre, au milieu d'une Cour et d'un Etat où tout avait été personnage en son genre plus ou moins important ou élevé, ou pour ou contre lui, et qui aurait voulu l'être encore; enfin une guerre pleine de

trahisons au milieu des Alpes, suivie d'une paix profonde, mais altérée au-dedans par les conspirations découvertes et cachées, sous la dernière desquelles à la fin il succomba. »

En effet, Henri n'était d'abord destiné qu'à régner sur le petit royaume de Navarre, la principauté du Béarn et ses dépendances, et non à devenir roi de France. Il aura fallu les effroyables guerres de Religion, la mort successive des quatre derniers Valois, pour qu'il accédât au trône. Lors de l'assassinat d'Henri III, en 1589, Henri IV, premier roi de la dynastie des Bourbons, était un homme fait, un capitaine et un politique éprouvés; il avait alors trente-six ans. Roi de droit, par application de la vieille loi salique, mais rejeté par les catholiques, c'est-à-dire par l'immense majorité de la nation, il dut reconquérir son royaume, province par province, ville par ville. Il dut encore abjurer la religion réformée pour entrer dans Paris et commencer son véritable règne. C'était en 1594; il avait quarante et un ans. Il vainquit ensuite les Espagnols et, par la signature de l'Edit de Nantes, mit un point final aux luttes religieuses. Il avait sauvé le royaume de la ruine et du démembrement. Il ne lui restait que dix ans pour se marier, procréer un dauphin, rendre à la France sa prospérité et son rang en Europe. Ce tour de force, il le réalisa presque sans efforts apparents. C'est qu'il avait acquis, au cours de sa lente ascension, une incomparable expérience des hommes et des affaires et qu'en son caractère singulier le réalisme le disputait à la générosité. C'est aussi que la popularité de bon aloi qu'il s'était acquise réunissait autour de lui, momentanément, les Français de bonne volonté, amis et ennemis. De sorte que le couteau de Ravaillac, par cet après-midi du 14 mai 1610, ne frappa pas seulement un corps de roi, mais un peuple entier dans son espérance. Dès lors n'est-il pas surprenant qu'au-delà de la fameuse «poule-au-pot», du panache blanc et des exploits du Vert Galant, il reste le Roi de cœur des Français!

PREMIÈRE PARTIE

ENFANCE ET JEUNESSE

I

LES ASCENDANCES

Dans son besoin – ou sa manie – de «mémoriser» toute chose, notre époque ressuscite les arbres généalogiques. Ce devient une mode d'établir son arbre, de retrouver l'histoire de sa famille. Dépliants innombrables, luxueuses publications y invitent tout un chacun. C'est une contradiction de plus à notre compte. Mais il est vrai que ces images d'arbres aux ramifications complexes, souvent inattendues, parlent aux yeux. Les familles naissent, en effet, croissent, s'exténuent et finissent par s'éteindre à la façon des chênes d'une forêt: à moins que leurs racines, acharnées à vivre, ne rejettent quelque rameau qui bientôt s'habillera de feuilles et portera ses propres fruits. Jadis, la mémoire des familles n'avait pas besoin d'être fixée; elle était une substance vivante, un terreau dont on se nourrissait. On ne croyait pas être plus que le maillon d'une chaîne. On appartenait à une lignée de laboureurs, de soldats, d'ouvriers, de marchands. La patience végétale, les poussées de sève saisonnières, les luttes séculaires des arbres de la forêt cherchant à s'élever pour accaparer le soleil et, peut-être, les chants d'oiseaux, c'étaient exactement celles des familles de naguère, quelles qu'elles fusent d'ailleurs. Il était rare que, sur un coup de dé du hasard, on parvînt au sommet de l'échelle sociale en une génération. Il y avait alors une germination préalable, une maturation, si l'on veut un enrichissement progressif. On se faisait gloire de gravir un par un les échelons. Les trop rapides réussites, les fortunes trop hâtives, paraissaient suspectes; elles éveillaient moins l'envie que la méfiance ou la dérision, car on les jugeait illusoires, sans lendemain parce que sans assise. Les maisons princières obéissaient aux mêmes règles, et pour les mêmes raisons ; elles connaissaient les mêmes lenteurs prudentes en leur élévation et ne montraient en général pas moins de patience que le laboureur augmentant son cheptel et arrondissant ses champs.

La fortune des sires d'Albret, aïeux d'Henri IV, est à cet égard riche d'enseignements. En 1060, ce que l'on appelait « la sirerie d'Albret » ne comprenait que quelques cantons des Landes et de Lot-et-Garonne, dont la ville forte de Nérac. En 1250, les sires d'Albret s'agrandissent de Bazas. En 1361, des vicomtés de Tartas et de Payanne. Ils acquièrent ensuite le comté de Dreux, Gaure, Avesnes, Mont-de-Marsan et le captalat de Buch. En 1470, ils héritent, par la maison de Penthièvre, du Périgord et du Limousin. En 1478, du comté d'Etampes. Puis, par son mariage avec Catherine de Foix, Jean d'Albret devient roi de Navarre. Son petit-fils, Henri d'Albret (le grand-père d'Henri IV), épouse la sœur de François Ier, Marguerite de Valois-Angoulême, duchesse douairière d'Alençon ; il hérite de l'Armagnac. Jeanne d'Albret, la mère d'Henri IV, épouse Antoine de Bourbon, duc de Vendôme : la Navarre, le Béarn et le comté de Foix sont érigés en duché-pairie en 1559. Henri IV poursuivra l'extraordinaire ascension des d'Albret. Non seulement, dans un premier temps, il sera l'époux de Marguerite de Valois (la reine Margot !), fille et sœur de rois, mais partant de son petit royaume de Navarre, il s'agrandira de la France ! Plus encore : après avoir été, au cours de sa « longue marche », roi des capitaines huguenots, il finit par devenir « le capitaine des rois », c'est-à-dire l'arbitre de l'Europe et nul ne sait à quel degré de puissance il eût porté notre pays lorsque le couteau de Ravaillac trancha le fil de ses jours.

Des observations presque semblables peuvent être formulées à l'égard de sa famille paternelle. Issus du comte Robert de Clermont, cinquième fils de Saint Louis, les Bourbons ont crû à l'ombre du chêne capétien. Cousins des rois, ils ont agrandi leurs possessions non par de grands faits d'armes, mais humblement, patiemment : par des mariages habiles et de hautes charges. Ils n'avaient aucune chance cependant d'accéder au trône de France. La dynastie des Valois ne semblait pas près de s'éteindre, quand Antoine de Bourbon épousa Jeanne d'Albret : c'était d'ailleurs pour lui l'occasion inespérée de ceindre

ENFANCE ET JEUNESSE

une couronne, celle de Navarre, plus nominale qu'effective, néanmoins une appréciable promotion! La mort successive des trois derniers Valois (François II, Charles IX et Henri III) ouvrit l'accès du trône à son fils. Comme dit Brantôme: «Quand en son temps il n'aurait fait autres belles choses que d'avoir fait et procréé notre grand roi d'aujourd'hui, Henri IV, il a fait beaucoup et est digne de très grands et incomparables éloges.»

II

LE LION ET LA BREBIS

Milagro! la vaca hijo una oveja! (Miracle! la vache a fait une brebis!) Selon Palma-Cayet, dans sa *Chronique novennaire,* ce fut par cette boutade que les Espagnols avaient salué la naissance de Jeanne d'Albret. Allusion disgracieuse aux vaches figurant dans les armoiries de Béarn. Pour la même raison, ils surnommaient Henri d'Albret, roi de Navare, «el vachero», le vacher. Ce dernier avait épousé, comme on l'a dit plus haut, la sœur de François Ier, Marguerite de Valois-Angoulême, reine des poètes, protectrice des premiers calvinistes et de Clément Marot. La Marguerite des marguerites aimait certes mieux écrire et deviser que faire des enfants, au grand dam de son mari. Jeanne d'Albret resta fille unique. Aussi, quand elle donna le jour au futur Henri IV, «le vacher» se serait écrié: *Ahora, mire que aquesta ovaja parió un león!* (Maintenant, regarde, la brebis a enfanté un lion!)

On s'en doute, la parfaite entente ne régnait pas entre la vaste Espagne et la petite Navarre. Naguère, celle-ci avait été un grand royaume taillé dans l'ancien empire carolingien, ayant pour capitale Pampelune, englobant alors une partie de la Castille et de l'Aragon. Ce royaume franco-espagnol avait lentement périclité, jusqu'à ne comprendre plus que la haute Navarre (espagnole) et la basse Navarre (française). Lorsque Sanche IV de Navarre mourut, sans enfant, en 1224, ç'avait été son neveu, Thibaut de Champagne, qui avait hérité de sa couronne. Jeanne de Navarre ayant épousé Philippe le Bel, les fils de ce dernier portèrent successivement le double titre de roi de France et de Navarre. Puis la couronne échut à Charles le

Mauvais et, finalement, à Catherine de Foix, épouse de Jean d'Albret. Or lorsque Ferdinand le Catholique se remaria avec Germaine de Foix, il revendiqua l'héritage de Navarre au nom de sa femme. En 1512, la Navarre espagnole fut annexée purement et simplement à l'Espagne. Toute sa vie, Henri d'Albret intrigua et lutta pour reconstituer son royaume. Son amitié avec François Ier, son mariage avec Marguerite, ne lui servirent de rien. Il échoua dans tous ses projets de reconquête. Charles Quint admirait sa ténacité. N'avait-il pas déclaré, en 1540, quand il avait traversé la France pour mater la révolte flamande, «n'avoir vu qu'un homme durant son voyage», cet homme étant Henri d'Albret? Pour autant n'était-il pas disposé à lui rendre la haute Navarre, bien au contraire. Cependant, il n'était pas sûr de son droit. Aussi lui parut-il préférable de résoudre le conflit par un mariage entre Jeanne d'Albret, héritière de la Navarre française, et Philippe, son fils, le futur Philippe II. Mais François Ier n'avait aucune envie de voir les Espagnols s'installer en deçà des Pyrénées et faire main basse sur les nombreuses et riches possessions méridionales des d'Albret. Si la Navarre française ne comptait plus guère qu'une quarantaine de lieues carrées, le chapitre précédent a pu donner quelque idée des comtés, vicomtés, villes et seigneuries dont les d'Albret étaient les maîtres. Le mariage de Jeanne et de Philippe valait une invasion, et par notre pire ennemi! En foi de quoi, le bon roi de France intima l'ordre à sa sœur chérie de se séparer de la petite Jeanne, et de l'envoyer à la Cour, où l'on prendrait soin d'elle. La poétesse Marguerite révérait si fort son frère qu'elle ne put, ou n'osa, refuser. Cependant, Jeanne d'Albret ne fut point conduite au Louvre, mais retenue quasi prisonnière dans un manoir de Picardie, puis au château de Plessis-lez-Tours; on craignait son enlèvement par les agents de Charles Quint! De santé délicate, séparée de ses parents, déracinée de sa terre natale, soumise de surcroît à une surveillance étroite, on pouvait croire qu'elle s'étiolerait, à tout le moins qu'elle s'enliserait dans la mélancolie. Il n'en fut rien. L'épreuve la fortifia. Dans le sombre château de Louis XI, elle se forgea une âme d'airain, outre qu'elle prit la plus amère notion de la raison d'Etat.

Quand elle eut treize ans, François Ier décida de la marier au duc de Clèves. Dans sa terrible lutte contre Charles Quint, le roi-chevalier faisait feu de tout bois; il en oubliait parfois sa chevalerie! Par le moyen de ce mariage, il se flattait de détacher Clèves du parti autrichien. De plus, informé de négociations (réelles ou supposées) entre Charles Quint et Henri d'Albret, il avait intérêt à brusquer les choses. Or, contre toute attente, la fillette opposa un refus catégorique. Elle dicta même à deux notaires et devant témoins une protestation solennelle. Le bon oncle passa outre et le mariage fut célébré, par procuration. Encore le connétable de Montmorency dut-il porter la mariée jusqu'à l'autel, prétexte pris de la pesanteur des atours! Par bonheur, le duc de Clèves vira casaque et il fut aisé de faire annuler le mariage pour non-consommation. Ce n'était pourtant que partie remise pour l'Espagne. Lorsque son fils (le futur Philippe II) devint veuf de Marie de Portugal, Charles Quint jeta de nouveau les yeux sur l'héritière de Navarre. François Ier était mort, mais Henri II poursuivit ponctuellement sa politique. Il fallait en finir avec Jeanne d'Albret, et surtout avec le péril qu'elle représentait pour la France. Il la donna donc à son cousin, Antoine de Bourbon, duc de Vendôme. Cette fois, la difficulté vint des parents! Henri d'Albret – toujours nageant entre deux eaux, toujours anxieux de préserver l'indépendance de la Navarre – ne voulait pas trop d'un prince français; il redoutait l'annexion de son royaume à la France. Son épouse, Marguerite, estimait au contraire que sa fille méritait mieux qu'un Bourbon; elle rêvait pour elle du dauphin. Comme il était d'usage en ces sortes d'alliances, les nouveaux époux n'avaient pas été consultés. Antoine de Bourbon avait alors trente ans; il était le petit-fils du connétable de triste mémoire; il avait pour frères François, comte d'Enghien (le vainqueur de Cérisoles), Charles, cardinal-archevêque de Rouen, Louis, prince de Condé, et Charles, comte de Soissons. Jeanne avait vingt ans. L'élégant cavalier qu'on lui imposait lui plut extrêmement. « Je ne vis jamais, dit Henri II, mariée plus joyeuse que celle-ci, et ne fit jamais que rire! » Mais Jeanne, sous les apparences d'une allégresse un peu folle, cachait une profondeur insoupçonnée. Ame impulsive et passionnée, c'était pour la vie qu'elle se donnait au bel Antoine. Et lui, sans doute touché par cette flambée amoureuse, sut manifester ce qu'il fallait de tendresse, mais c'était un Bourbon...

Les premières années du couple furent heureuses. Jeanne

avait alors un caractère enjoué. Elle ne devint la princesse austère que l'on sait et la partisane implacable, non par inclination naturelle, mais par l'effet du malheur. Son premier enfant, également prénommé Henri, et gratifié du titre de duc de Beaumont, naquit en 1551 et mourut le 20 août 1553 dans des circonstances extravagantes. Il était d'usage que les enfants princiers fussent élevés par des mains étrangères, leurs parents ayant trop à faire. Le petit duc de Beaumont fut ainsi confié à la baillive d'Orléans, Aimée de La Fayette de Sillery. La baillive «étant fort âgée et frileuse extrêmement, se tenait close et tapissée de toutes parts avec un grand feu ; elle en faisait encore plus à l'endroit de ce petit corps de prince, le faisant haleter et suer de chaleur à toute outrance, sans qu'elle souffrît air, vent ni haleine être donnés, ni entrer dans la chambre ; ce qu'elle fit si opiniâtrement, quoi qu'on lui sût dire, qu'enfin le petit duc de Beaumont étouffa peu à peu dans ses langes, et si toujours cette bonne femme disait : laissez-le, il vaut mieux suer que trembler». (Palma-Cayet.)

Apprenant cette mort, Antoine de Bourbon, qui était aux armées, s'efforça de consoler sa femme de nouveau enceinte :

«Ma mie, j'eusse bien voulu qu'il eût plu à Dieu de nous visiter par autre moyen que celui-là... Cependant pour un que Dieu nous peut ôter et recevant la fortune comme venant de lui gracieusement, il nous en peut donner une douzaine, car nous sommes encore tous deux jeunes assez pour en avoir beaucoup... Vous savez dans quel état vous êtes, qui vous doit donner en telle disgrâce grand réconfort. En vous seule gît tout l'honneur de notre maison, il faut que vous en soyez bien curieuse, et vous m'entendez bien.»

On a écrit parfois que le vieux roi de Navarre, apprenant la mort de son premier petit-fils, gourmanda fort sa fille. Mais les caractères du temps restaient si simples, ils gardaient en Dieu une telle confiance, qu'Henri d'Albret ne doutait pas que Jeanne ne mettrait au monde un autre enfant mâle pour assurer la succession de Navarre ! Et il lui recommandait tout bonnement de ne point s'abîmer dans le chagrin et de veiller plutôt au «petit fruit» qu'elle portait. Il proposait même de se rendre à La Flèche, où elle pourrait faire commodément ses couches. Il obtint d'ailleurs, finalement, qu'elle viendrait en Navarre. Jeanne avait été informée que son père avait fait son testament et, paraît-il, avantagé certaine dame à laquelle il voulait du bien! Il se peut que cette affaire de testament n'ait pas été étrangère à la décision d'Antoine de Bourbon, d'abord un peu réticent. Quoi qu'il en soit, le couple se mit en route en octobre 1553. Le 14 décembre naissait le futur Henri IV. Mais laissons Palma-Cayet nous conter cette naissance, ne serait-ce que pour montrer la rusticité des mœurs de l'époque et le caractère du vieux d'Albret. Précisons que Palma-Cayet fut un familier de Jeanne d'Albret et qu'il écrivit sa *Chronique novenaire* du vivant d'Henri IV: on peut donc le supposer bien informé et assez prudent pour ne point divaguer:

«Le roi son père était un peu malade; même la contagion courait en ce pays-là; mais la vue de sa bonne fille, comme il l'appelait d'ordinaire, lui rendit sa santé parfaite, et lui ôta toute appréhension et crainte du danger.

«Ce fut durant ces dix jours[1] à tâcher de voir ce testament par tous les moyens qu'il lui fut possible; ce qu'elle obtint sans l'ouvrir. Il était dans une grosse boîte d'or, et dessus une grosse chaîne d'or qui eût pu faire vingt-cinq ou trente tours à l'entour du cou. Elle la demanda; il lui promit, disant en langage béarnais: «Elle sera tienne, quand tu m'auras montré ce que tu portes; et afin que tu ne me fasses point une pleureuse ni un enfant rechigné, je te promets de te donner tout, pourvu qu'en enfantant tu chantes une chanson en béarnais, et, quand tu enfanteras, je veux être présent.» A cet effet, il commanda à un sien valet de chambre nommé Cotin, vieux serviteur, qu'il la servît à la chambre, et à l'heure qu'elle serait en travail d'enfant, qu'il le vînt appeler à quelque heure que ce fût, même en son plus profond sommeil, ce qu'il lui ordonna expressément.

«Entre minuit et une heure, le treizième jour de décembre 1553[2], les douleurs pour enfanter prirent à la princesse. Au-dessus de sa chambre était celle du roy son père, qui, averti par Cotin, soudain descend. Elle, l'oyant *(l'entendant)*, commence à chanter en musique ce motet en langue béarnaise: *Nostre Donne deu cap deu pon, adjuda mi en aquete houre* (Notre-Dame du bout du pont, aide-moi à cette heure). Cette Notre-Dame était une église de dévotion dédiée à la sainte Vierge,

1. Du 4 au 14 décembre.
2. En réalité, le 14 décembre.

laquelle était au bout du pont du gave en allant vers Jurançon, à laquelle les femmes en travail d'enfant avait accoutumé de se vouer, et en leur travail de la réclamer; dont elles étaient souverainement assistées et délivrées heureusement. Aussi n'eut-elle pas plutôt achevé son motet que naquit le prince qui commande aujourd'hui, par la grâce de Dieu, à la France et à la Navarre.

«Etant délivrée, le roy mit la chaîne d'or au cou de la princesse, et lui donna la boîte d'or où était son testament, dont toutefois il emporta la clef, lui disant: «Voilà qui est à vous, ma fille, mais ceci est à moi», prenant l'enfant dans sa grande robe, sans attendre qu'il fût bonnement accomodé, et l'emporta dans sa chambre...

«Ainsi vint ce petit prince au monde, sans pleurer ni crier, et la première viande qu'il reçut fut de la main de son grand-père, ledit sieur roy Henri; qui lui bailla une pilule de la thériaque des gens du village, qui est un cap d'ail *(une tête d'ail),* dont il lui frotta ses petites lèvres, lesquelles il fripa l'une contre l'autre comme pour sucer; ce qu'ayant vu le roy, et prenant de là conjoncture qu'il serait d'un bon naturel, il lui présenta du vin dans sa coupe; à l'odeur ce petit prince branla la tête comme peut faire un enfant,et lors ledit sieur roy dit: «Tu sera un vrai Béarnais.» Tous ces propos soient dit avec la révérence due à Leurs Majestés; mais c'est aussi pour montrer que les princes ont des affections semblables aux autres, et néanmoins qui importent principalement quand il y va de l'intérêt de leurs Etats.»

Palma-Cayet ajoute que l'enfant reçut les titres de duc de Beaumont-en-Sonnois et prince de Viane, et qu'il fut baptisé à Pau par le cardinal d'Armagnac, en présence de l'évêque de Lescar, Jacques de Foix, représentant le parrain, qui était le roi Henri II, et de la comtesse d'Andouyns représentant la marraine, Claude de France. On avait pour la circonstance commandé des fonts baptismaux en argent doré. Palma-Cayet précise encore qu'une infinité de poèmes furent écrits, en plusieurs langues, pour célébrer la naissance et le baptême d'Henri. Il y va même de son petit couplet personnel:

Béarn, ainsi enrichi saintement
Par cet enfant, dresse si hautement

> *Son chef en l'air qu'il baise jà les cieux.*
> *O Pau heureux! Heureusement chanté!*
> *Mais plus heureux qui s'en est contenté*
> *Pour l'égaler au lieu natal des dieux.*

Certes, Palma-Cayet était meilleur chroniqueur que poète, mais cet homme universel pratiquait aussi l'astrologie. Il dit que plusieurs de ses confrères et «autres excellents mathématiciens» se penchèrent sur le ciel astral du nouveau-né et prédirent «qu'il serait sauvé d'une infinité d'attentats» et que ses infortunes l'enrichiraient au lieu de le détruire. Et qu'ils dédièrent leurs prédictions (indiscrètes) à la bonne reine Catherine de Médicis, «amatrice et fort studieuse des bonnes lettres et des sciences plus exquises».

III

LO QUE A DE SER...

L'enfant eut huit nourrices successives, et Michelet, incorrigible romantique, voit dans ces changements de lait on ne sait quel présage! On le confia ensuite aux bons soins de Suzanne de Bourbon-Busset, femme de Jean d'Albret, baron de Miossens et proche parent du roi de Navarre. Les Miossens habitaient le manoir de Coarraze, près de Nay: il en reste aujourd'hui peu de chose, sinon cette inscription gravée dans une pierre et qui donne à rêver: *Lo que a de ser no puede faltar* (ce qui doit être ne peut manquer). Le roi de Navarre avait des idées bien arrêtées, et passablement originales, sur l'éducation des princes. Il exigea que son petit-fils fût élevé à la dure, sans considération pour son rang. Rien dans ses vêtements, dans sa nourriture, dans le comportement des Miossens à son égard, ne le devait distinguer des autres enfants de Nay ou de Coarraze. Venant de sa part, ce programme n'avait pas de quoi surprendre. Et puisque le vieil homme ne tardera pas à disparaître, il est temps que nous complétions son portrait.

D'abord un mot de son prénom d'Henri, qui n'était nullement héréditaire chez les d'Albret. Comme la veille de son baptême, on avait hébergé deux pélerins allemands en route pour Saint-Jacques-de-Compostelle et dont l'un d'eux s'appelait Henri, ce fut ce dernier que l'on choisit pour parrain. Préférer de la sorte un pauvre serviteur de Dieu à quelque illustre parent ou protecteur possible n'était pas dans les usages princiers du temps!...

On a indiqué plus haut quels efforts avait consentis Henri d'Albret, dans quelles aventures il s'était jeté pour reconquérir la Navarre espagnole. Il faut ajouter qu'il aimait assez son peuple pour essayer d'améliorer le sort des pauvres et créer des débouchés en implantant des ateliers. Il fit venir des laboureurs de Saintonge pour défricher les terres, des tisserands et des teinturiers pour fabriquer les fameux draps de Béarn réputés pour leur finesse. Participant volontiers aux fêtes villageoises, tout mêlé de cœur et de tempérament à la vie populaire, aussi peu «majestueux» que possible, mais aimé parce que respecté, grand chasseur, bon vivant, il tenait davantage du gentilhomme «champêtre» (selon l'aimable formule d'Agrippa d'Aubigné) que du souverain. Les anecdotes, pieusement recueillies et quelque peu augmentées, fourmillent sur son compte. Nous n'en retiendrons que deux; elles attestent sa connaissance des hommes et sa malice quasi paysanne.

A l'un de ses familiers qui lui demandait la grâce d'un coupable avec une insistance suspecte, il répondit: «Je ne puis.» L'autre rétorqua ingénument: «Mais il m'a promis un beau cheval d'Espagne si je l'obtiens!» Le roi: «Je vous donne volontiers le cheval mais ne parlons plus de la grâce.»

Un jour de vendredi saint, l'évêque de Lescar lui demandait, en mémoire du Christ, de laisser la vie à un gentilhomme. «Mon cousin, lui répondit-il, Dieu a commandé la justice et la punition des méchants. Je veux donc honorer ce jour et pratiquer un acte de justice en punissant les coupables.»

Bref, le roi de Navarre eût été parfait «s'il n'eût été adonné aux femmes tant qu'il était».

De ce grand-père Henri IV héritera les qualités essentielles: la bonté instinctive, la simplicité naturelle, l'absence de morgue, l'art et le goût de la popularité, le sens du bonheur, en un mot le caractère des gentilshommes champêtres de l'ancienne France. Il n'est pas jusqu'à son penchant pour les femmes qu'il ne tînt du vieux d'Albret... Il est vrai que, sur le chapitre amoureux, Antoine de Bourbon ne laissait rien à son beau-père, lui dont les amours scandalisèrent (presque!) une cour cependant dissolue. Mais de ce père Bourbon, Henri IV n'aura pas seulement la paillardise: il aura aussi la bravoure un peu folle et, même, en certaines circonstances, le comportement «hussard». Brantôme, qui l'a connu et admiré, le décrit ainsi: «Tout bon et gentil prince, brave, vaillant, car de cette race de Bourbon il n'y en a point d'autres, et tout plein de courage à la guerre, n'épargnant ses pas, ni sa peau, non plus que le moindre soldat du monde, affable et courtois et retenant par là à son parti plusieurs capitaines, gentilshommes, soldats et autres qui, sans lui, eussent été de l'autre côté, fort adonné à l'amour aussi, ingrat un peu, disait-on, à l'endroit d'aucuns des siens qui l'avaient servi, et peu vindicatif envers ceux qui lui avaient fait du déplaisir et offensé.» Mais Brantôme oublie de dire qu'Antoine de Bourbon manquait d'esprit de suite, voire de volonté. Il omet ses atermoiements, ses hésitations entre le parti catholique et le parti huguenot, ses abjurations, ses reconversions telles qu'aux yeux des uns et des autres il passait pour un renégat, sans comprendre qu'on le manœuvrait tout en le berçant de faux espoirs. A première vue, son fils – qui changea six fois de religion – paraît l'avoir imité. Mais les revirements d'Henri IV résultaient, non de rêveries, mais de nécessités impérieuses. La différence est grande entre l'opportunisme et le salut public ou privé. D'ailleurs, si Henri IV a quelque ressemblance avec son père, cette identité reste superficielle. En réalité, il tenait de Jeanne d'Albret, sa mère, une volonté inflexible, un cœur de feu mais dont la raison modérait les excès, et une ténacité dont il est peu d'exemples et qui explique sa réussite. Mais sans doute devait-il encore plus à Jeanne d'Albret la certitude d'accéder au pouvoir, d'avoir un grand destin. Il y aurait un livre à faire sur la vertu mystérieuse de ces mères qui persuadent les grands hommes de leur valeur et de leur avenir, et leur insufflent, jour après jour, une inaltérable confiance en eux-mêmes.

Mais laissons ces considérations psychologiques: il y a toujours un peu de naïveté à tenter de percer le secret des héros, ou les raisons d'une réussite exceptionnelle.

Donc, le 25 mai 1555, Henri d'Albret mourut, laissant la Navarre à son gendre et à sa fille. Le couple séjourna à Pau pendant une partie de l'année 1556, avec la permission d'Henri II. Il repartit pour Paris en décembre, en emmenant le petit prince de Navarre.

«Le roy Antoine, raconte Favyn[1], sa femme et le prince de Navarre, leur fils, prince gaillard et beau par excellence, vinrent trouver le roy à la cour..., lequel, voyant le prince de

---

1. Auteur d'une *Histoire de la Navarre*.

Navarre si gentil et dispos, résolut dès lors de le faire nourrir[1] auprès du dauphin François; et l'ayant embrassé et baisé plusieurs fois, lui demanda s'il voulait être son fils. Mais le petit prince lui répondit aussitôt en son langage béarnais, se tournant vers son père: *Quel es lo seigne pay* (celui-ci est monsieur mon père). Le roy, prenant plaisir à ce jargon, lui demanda: «Puisque vous en voulez être mon fils, voulez-vous être mon gendre?» Il répondit promptement et sans songer: *Obé!* (oui bien). Et dès lors le roy très chrétien et les roy et reine de Navarre accordèrent le mariage de leur fils avec Madame Marguerite de France.»

Cette dernière devait en effet devenir la fameuse reine Margot. Quant au projet de mariage, si joliment évoqué par Favyn, il répondait bien sûr à des vues politiques très précises. De même qu'il l'avait fait pour Jeanne d'Albret, Henri II entendait fixer l'héritier des Navarre dans le parti français, couper court à toute velléité d'alliance avec une infante d'Espagne.

Le petit prince fut ensuite reconduit en Navarre et confié à nouveau aux Miossens. Ainsi, après les splendeurs et les friandises de la Cour, se retrouva-t-il pieds et tête nus, courant avec les galopins de Coarraze, mouillé, venté ou neigé, et sinon, attablé, selon les consignes du feu grand-père, devant une miche de pain bis, l'assiette de bœuf et le fromage à l'ail chers aux Béarnais. Grandeur et décadence? Non point. Cette éducation spartiate lui donna des muscles et des poumons. Elle explique son endurance peu commune, son dédain des nourritures sophistiquées et des élégances vestimentaires, mais aussi son amour des petites gens. Ce n'est pas un mince privilège pour un prince-enfant que de partager la vie quotidienne des laboureurs et des bergers. Il y acquiert une incomparable densité humaine.

Ces années agrestes furent les seules vraiment heureuses que connut Henri IV au cours de son existence tumultueuse. Dans la solitude glorieuse du pouvoir, il pouvait se souvenir des camaraderies d'autrefois: à Coarraze, l'amitié était innocente et désintéressée!

Or cette enfance si simple et si paisible – et dont on a souligné l'importance – voici, pour conclure sur une note d'humour,

---

1. Elever.

ce qu'elle devient sous la plume d'un des nombreux prédicateurs qui prononcèrent l'oraison funèbre d'Henri IV :

«Ce grand roi conçu capitaine aussitôt que né, le berceau duquel fut un bouclier, le maillot une cuirasse, qui eut pour douces et plaisantes chansons de sa nourrice le son des fifres et des tambours, la fanfare des trompettes et clairons, le bruit des pistoles, arquebuses et mousquets, et le tintamarre des pétards et canons : qui fut nourri de pain de munition au lieu de lait, qui eut pour sa lumière les feux d'une armée campée...»

Ce prédicateur était Jean du Bois-Olivier[1], abbé de Beaulieu en Argonne, ancien capucin qui s'était fait soldat : raison pour laquelle il confondait probablement avec un bouclier l'écaille de tortue que l'on peut voir au château de Pau.

---

1. Cité par Jacques Hennequin dans son remarquable livre *Henri IV dans ses oraisons funèbres*.

IV

L'ENFANT PARTAGE

Le 10 juillet 1559, la lance de Montgomery blessait mortellement Henri II, devant le palais des Tournelles, au cours du tournoi donné en l'honneur du double mariage de Marguerite de France avec le duc de Savoie et d'Elisabeth avec Philippe II, roi d'Espagne. Cette catastrophe imprévisible laissait la reine mère Catherine de Médicis dans une situation difficile. Le nouveau roi François II, marié à la trop belle Marie Stuart, était de santé fragile. Ses frères, Charles (futur Charles IX), Henri (futur Henri III) et François (futur duc d'Alençon), n'avaient respectivement que neuf, huit et cinq ans. La disparition d'Henri II survenait au moment même où l'orage des guerres de Religion menaçait d'éclater. Il n'est pas dans notre sujet d'exposer les motifs qui conduisirent protestants et catholiques à s'entretuer avec une sauvagerie dont il est peu, sinon point, d'exemples. Rappelons toutefois que, devant les désordres et les abus trop fréquents des gens d'Eglise, le calvinisme avait fait tache d'huile, principalement dans l'ouest et le sud-ouest de la France. François Ier, puis Henri II, rois très chrétiens, s'étaient fait un devoir d'extirper l'hérésie ; ils avaient multiplié les bûchers, institué des juridictions expéditives, au point d'émouvoir les papes ! Dans cette première période – celle des martyrs –, la Réforme recrutait surtout ses adeptes dans la «gent mécanique», autrement dit parmi les artisans des villes et leurs compagnons : savetiers, cordonniers, menuisiers, cardeurs, peigneurs de laine, merciers et porte-paniers, mais aussi parmi les marchands ambulants et les colporteurs, excellents agents de propagande. La bourgeoisie, dont la puissance n'avait cessé de croître depuis le début du siècle, n'était que très partiellement touchée. Paris restait, et restera tout au long de ces guerres, résolument, viscéralement, catholique. Il en était de même de la noblesse, y compris la multitude des gentilshommes campagnards d'un loyalisme éprouvé. Mais la mort brutale d'Henri II modifiait cet état de choses. En effet, la faiblesse du pouvoir central autorisait toutes les intrigues. La haute noblesse, ci-devant féodale, durement réduite à l'obéissance par Louis XI, releva la tête. Il ne s'agissait point ici de bien public, ni même de religion, mais d'intérêts personnels. Trois factions se formèrent à la cour et, tout de suite, s'opposèrent. D'abord la tribu des Guise et de leurs partisans: François, duc de Guise (il avait contraint Charles Quint à lever le siège de Metz et repris Calais; son prestige était considérable), et son frère, le cardinal de Lorraine, prélat ambitieux et politique subtil. D'entrée de jeu, «Messieurs de Lorraine» (ainsi nommait-on les deux Guise) firent une analyse correcte de la situation: comprenant que les catholiques formaient une écrasante majorité, surtout à Paris, ils se déclarèrent hautement protecteurs de l'Eglise et de la Couronne. Les Réformés trouvèrent leurs représentants dans le clan des Bourbons, premiers princes du sang: Antoine de Bourbon, duc de Vendôme et roi de Navarre, chef de sa Maison, et son frère Louis, prince de Condé. Mais ces deux «protecteurs» restaient nominaux; ils avaient adhéré à la Réforme par opportunisme et haine de la Maison rivale; ils n'agissaient point ouvertement, mais se contentaient de cautionner les religionnaires. Par contre, ceux-ci pouvaient faire fond sur le troisième parti représenté par les frères de Châtillon: le cardinal Odet, Gaspard de Coligny, grand amiral, et François d'Andelot, colonel général de l'infanterie. Ils étaient de plus neveux d'Anne de Montmorency, connétable et premier baron de la chrétienté.

Les efforts de la reine mère pour apaiser les rivalités, et, sinon, maintenir le juste équilibre entre les trois factions, furent vains. Dans cette course au pouvoir, les Guise gagnèrent la première manche. Il leur fut aisé, ayant par leur adresse capté la confiance de Catherine, d'évincer leurs concurrents. Le connétable de Montmorency fut renvoyé à Chantilly. On confia à Antoine de Bourbon la mission d'accompagner Elisabeth de France jusqu'à la frontière espagnole, afin de la remettre solennellement aux envoyés de Philippe II. Cette marque de confiance flattait sa vanité. Il ne comprit pas que les Guise se jouaient de lui. A vrai dire, savait-il ce qu'il voulait? Il hésitait encore sur le parti à prendre. S'il s'était rapproché des religionnaires, ç'avait été par dépit: on l'avait oublié dans le traité du Cateau-Cambrésis, alors qu'il escomptait que la Navarre espagnole lui serait rendue.

A cette époque de sa vie, son épouse Jeanne d'Albret n'envisageait pas le moins du monde de se faire protestante; tout au contraire, elle s'opposait, dans la mesure de ses moyens, aux compromissions de son mari. Brantôme: «La princesse, jeune et belle, aimait bien d'abord tout autant une danse qu'un sermon et ne se plaisait à cette nouveauté de religion; elle le montra un jour au roi, son mari, lui disant tout à trac que, s'il se voulait ruiner et faire confisquer son bien, elle ne voulait perdre le sien ni si peu qui lui était resté des rois ses prédécesseurs.»

Mais Antoine s'opiniâtrait. Bien plus, il avait donné à son fils un précepteur huguenot, M. de La Gaucherie. Cependant, on peut se demander dans quelle mesure il fut impliqué dans la célèbre conjuration d'Amboise, ni même s'il connut les projets de La Renaudie. Son frère Condé se compromit davantage, bien que les conjurés se fussent contentés de le choisir pour «capitaine muet». Les Guise avaient raison de craindre plus les agissements des frères de Châtillon. Une épuration maladroite des cadres de l'armée et de la justice, diverses mesures fiscales prises hâtivement par le cardinal de Lorraine, diminuaient, momentanément, la popularité des deux frères. Ils persuadèrent la reine mère et ses fils de se réfugier au château d'Amboise, pour se protéger des entreprises de Coligny et des siens. Or ces derniers étaient foncièrement attachés à la Couronne. Il en était de même des Réformés qui ne demandaient rien d'autre que de pratiquer librement leur religion et qui demeuraient encore sous l'influence pacifiante de Genève. Cependant La Renaudie, hobereau périgourdin, avait résolu de s'emparer des Guise, afin de libérer la famille royale de leur tyrannie. Doué de cette éloquence qui est propre aux fanatiques, payant de sa personne en toute occasion, il recruta sans peine quelques centaines de gentilshommes mécontents de la dictature des Guise et de vieux soldats licenciés par ordre du cardinal. Il tint à

Nantes plusieurs réunions dont le secret transpira. Promptement informés, les Guise jouèrent leur va-tout. Ils firent convoquer à Amboise, par le jeune roi et sa mère, les chefs probables du complot, Condé, Coligny et ses frères. Pleins de confiance, les conjurés de La Renaudie s'approchèrent du château. Ce fut un jeu de les cueillir et de les massacrer. Les Guise exercèrent une vengeance impitoyable: des centaines de captifs furent pendus aux créneaux d'Amboise, garrottés ou décapités. La Renaudie leur échappa: il était mort en combattant. Comme il est naturel, la Réforme en prit un regain de force. La conjuration d'Amboise devint un symbole. Que l'on se souvienne du serment d'Agrippa d'Aubigné. Il avait huit ans et demi quand son père le conduisit à Amboise, pour lui montrer les restes mutilés des martyrs de la religion: «Mon enfant, lui dit-il, il ne faut pas que ta tête soit épargnée après la mienne, pour venger ces chefs pleins d'honneurs; si tu t'y épargnes, tu auras ma malédiction.» Agrippa jura de venger les martyrs et tint parole.

Il s'en fallut de peu qu'à Amboise «Messieurs de Lorraine» ne fissent étrangler Condé. La reine mère sauva le prince. Elle savait qu'un tel crime eût provoqué la rébellion immédiate des Bourbons, des Châtillon et de leur oncle Montmorency; déjà son esprit subtil concevait le projet d'utiliser les chefs réformés comme contrepoids à la dictature des Guise: diviser pour régner fut dès lors sa seule ligne politique; il faut convenir qu'elle n'avait pas le choix.

Mais le cardinal de Guise la perça à jour et usa d'une autre arme. Insinuant comme il l'était, ce qui lui fut un jeu de détacher l'incertain Antoine de Bourbon du parti réformé. Il l'endormit de belles paroles et de promeses fallacieuses, laissant entendre qu'il serait aisé de lui obtenir la Sardaigne en échange du petit royaume de Navarre.

Ce fut le moment que Jeanne d'Albret choisit pour abjurer. Elle le déclare expressément dans ses Mémoires: «Je dirai, commençant par la religion, que, depuis l'an mil cinq cent soixante, il n'y a personne qui ne sache bien qu'il plut à Dieu par sa grâce me retirer de l'idolâtrie où j'étais plongée, et me recevoir en son Eglise. Depuis ce temps-là, par sa même grâce, il m'y a fait persévérer, de sorte que je me suis toujours employée à l'avancement de celle-ci. Et même du feu roi mon mari, lequel, s'étant retiré de ce premier zèle qu'il en avait, me fut une dure épine, je ne dirai pas au pied, mais au cœur...»

Cet émouvant aveu traduit-il la déception religieuse ou le désarroi d'une femme bafouée? Le temps des attentions délicates, des billets amoureux, de la tendre sollicitude d'Antoine était d'ores et déjà révolu. Il n'était bruit que de ses galanteries, des fêtes qu'il donnait à ses maîtresses, de banquets qui s'achevaient en orgies. Sans doute exagérait-on quelque peu ses turpitudes. Les Réformes cherchaient à attirer la reine de Navarre dans leurs filets. Les Guise, à rendre la situation irrémédiable entre les époux. Pour une large part, Jeanne se jeta dans la Réforme pour laver son honneur d'épouse et, peut-être, pour surmonter son désespoir. Elle se donna à cette religion nouvelle avec le même emportement qu'elle s'était donnée naguère à son mari, et reporta son affection sur ses enfants.

Henri de Navarre avait alors sept ans. Mais, intelligent et sensible, il dut percevoir quelque chose de la détresse de sa mère, du changement qui s'opérait en elle. Car ce fut alors qu'elle devint telle que la définit d'Aubigné: «N'ayant de femme que le sexe, l'âme entière ès choses viriles, l'esprit puissant aux grandes affaires, le cœur invincible ès adversités.»

1561 fut l'année fatidique pour le ménage de Navarre. Antoine avait définitivement opté pour l'Eglise romaine. On le nomma en récompense lieutenant général du royaume, charge qui faisait de lui le premier personnage, après la reine mère et son fils Charles IX. Jeanne d'Albret quitta le Béarn en juillet, avec Henri et sa sœur Catherine. Dans quel dessein? Sur quel ordre? Espérait-elle soustraire son époux à ses nouveaux alliés, ou à ses maîtresses? Ici se place l'anecdote piquante relatée par Brantôme et qui se rapporte à Jeanne:

«Un jour, la femme de ce prince vint à la cour, qui avait entendu nouvelles de ses amours, et en était très mal contente et fort jalouse; et ainsi qu'elle vint à saluer toutes les dames et filles de la cour, celle-ci aussi[1] se présenta comme les autres à recevoir sa salutation et la baiser; mais cette princesse se tourna aussitôt par-derrière, de l'autre côté, ne daignant la regarder, ni faire cas, et va saluer d'autres. Cette dame, s'en sentant piquée, se mit à dire assez bas, et non tant que la princesse ne l'entendit et d'autres: «Vous me tournez le cul, et, par saint

---

1. Il s'agit d'une maîtresse d'Antoine, dont Brantôme tait le nom.

Jean, ce baiser refusé si vous en coûtera-t-il bien d'autres que votre mari ne vous donnera pas pour l'amour de moi!»

Mais aussi faut-il ajouter, en contrepartie, que les prétentions de Jeanne furent tout de suite insupportables, voire nuisibles à la carrière d'Antoine. Dans son zèle de néophyte, elle clama, proclama son appartenance à la Réforme, refusant de se rendre à la messe, fustigeant les «romains», se signalant en toute occasion par un fanatisme aveugle. Elle exigea que son fils fût élevé dans la même foi. Le jeune Henri, qui la révérait, s'improvisa propagandiste de la Réforme auprès de ses camarades de jeux: le jeune Charles IX et ses frères. Un jour, la petite troupe se travestit, à son instigation, qui en cardinal, qui en abbé ou en évêque. Le cortège burlesque fit irruption dans la salle d'audience. D'abord, Catherine de Médicis ne fit qu'en rire, mais la farce se renouvela. Pour faire bonne mesure, Jeanne d'Albret prétendit que sa future bru, Marguerite de Valois, fût également instruite dans la religion réformée.

Ces provocations venaient aggraver la mésentente entre les époux. Jeanne ne pouvait tolérer la «trahison» ni les débordements amoureux d'Antoine. Celui-ci était plus que las des reproches cinglants et du prosélytisme indiscret de sa femme. Messieurs de Lorraine soufflaient sur le feu. Le cardinal conseillait benoîtement à Antoine d'éloigner de la cour cette femme dangereuse pour son avenir. Il suggérait perfidement une annulation de mariage pour cause d'hérésie. L'épouse répudiée serait enclose en quelque prison d'Etat, car on ne pouvait la laisser disposer de la Navarre et des domaines d'Albret. Une fois libre, qui empêcherait Antoine de se remarier avec la veuve de François II, la belle Marie Stuart? Quelles perspectives glorieuses pour Monsieur de Vendôme! Mais Antoine s'il était volage, n'avait pas mauvais cœur. C'était au surplus un velléitaire. Il se contenta d'intimer à Jeanne l'ordre de regagner la Navarre, mais garda près de lui son fils.

Nouvelle mutation pour le petit Henri! Son précepteur huguenot fut aussitôt remplacé par le sieur de Losses, un catholique bon teint, qui reçut mission de laver le cerveau du jeune prince, afin d'affacer la mauvaise influence de Jeanne. Ainsi, en huit ans de vie, Henri changeait pour la troisième fois de religion: né et baptisé catholique, sa mère avait fait de lui un huguenot militant; désormais son père le voulait «romain».

«Mon fils, écrit Jeanne, a été préservé parmi tant d'assauts en la pureté de sa religion! Ce n'est pas par sa prudence, force ou constance: car l'âge de huit ans qu'il avait alors seulement accompli, ne lui pouvait apporter tout cela; à Dieu seul donc en soit la gloire.»

En réalité, Henri résista autant qu'il put, mais finit par se laisser mener à la messe. Le 1er juin 1562, il renonçait solennellement à son hérésie.

Le royaume était alors à la veille de s'embraser. Malgré l'édit de tolérance rendu par Catherine de Médicis, huguenots et papistes brûlaient d'en découdre. Le massacre de Vassy, perpétré par les hommes du duc de Guise, avec son approbation au moins tacite, mit le feu aux poudres. Antoine de Bourbon dut quitter la cour, prendre le commandement de l'armée comme le voulaient ses fonctions. Il envoya son fils à Montargis, chez Renée de France, duchesse de Ferrare. Pendant ce séjour, Henri faillit être enlevé par des huguenots et périr de la rougeole. Son père accourut à son chevet, puis repartit pour le siège de Rouen, place dont les protestants s'étaient emparés. Henri ne devait plus le revoir. Brantôme: «Le 16 octobre, devant Rouen, pendant un combat violent, le roi de Navarre ne quitta pas les avant-postes et passa une partie de la journée dans une tranchée menacée par les feux convergents de l'ennemi. Il y fit servir son repas, et consentit à peine à s'abriter derrière un mur. Un de ses pages, qui lui versait à boire, fut atteint par un projectile à ses pieds; un capitaine, presque à côté de lui, fut frappé à mort, étant à pisser. Le prince, entraîné par le feu du combat, se riait de toute précaution. Il eut l'imprudence de s'écarter un moment du talus et de se découvrir au lieu même où le capitaine avait été tué, et pour le même motif. Ausitôt, il reçut à l'épaule gauche, de haut en bas, une arquebusade qui le jeta à terre...»

Les médecins jugèrent sa blessure grave, mais non mortelle. On le transporta en bateau jusqu'aux Andelys, où le 17 novembre 1562, il mourut entre les bras de sa belle maîtresse, Louise de La Béraudière.

Orphelin de père, son fils fut gardé à la cour. Il ne devait revoir sa mère qu'en 1564 et ne retourner en Navarre que trois ans plus tard. Il était brusquement devenu, entre les mains de Catherine de Médicis et des Guise, un otage, une monnaie d'échange. Mais imagine-t-on, un instant, ce que pouvait être la position de cet enfant, séparé de sa mère, sans appui et sans affection? Il faut dire cependant que Catherine de Médicis fut pour lui pleine de sollicitude; il est vrai qu'elle avait intérêt à ne pas s'aliéner Jeanne d'Albret.

V

MICHEL DE NOTRE-DAME

Le 26 décembre 1562, la reine mère accorda au prince de Béarn la double charge de gouverneur et d'amiral de Guyenne, naguère exercée par Antoine de Bourbon. Mais, vu l'âge d'Henri – neuf ans – elle lui donna Monluc pour lieutenant. Protestations de Jeanne d'Albret récusant l'ennemi n°1 des hérétiques, l'inconditionnel du parti romain. Catherine de Médicis, fidèle à sa nature, accepta de transiger: elle partagea la lieutenance de Guyenne entre Monluc et Burie, ce qui n'était, pour la reine de Navarre, qu'une demi-satisfaction. En compensation, Catherine la laissa libre de diriger à son gré, mais de loin, l'éducation d'Henri. Jeanne s'empressa de rétablir La Gaucherie dans ses fonctions de précepteur, de donner à son fils un gouverneur de son choix, le sieur de Goulard, et le sieur de Pons comme intendant, ces trois personnages étant, cela va sans dire, huguenots. Il fut entendu entre les deux mères que nul ne contraindrait Henri à assister aux offices catholiques, même le roi Charles IX. Cette complaisance de Catherine de Médicis donne à penser qu'elle inclinait de nature à la tolérance; qu'elle cédait un peu malgré elle aux outrances des Guise et aux provocations des protestants et subissait davantage les événements qu'elle ne les suscitait en dépit de ses talents politiques.

Selon Palma-Cayet: «La Gaucherie, fort docte aux langues grecque et latine, les lui[1] enseigna par forme d'usage sans préceptes, comme nous apprenons nos langues maternelles; et,

---

1. Il s'agit bien entendu du prince de Navarre.

particulièrement, il lui enseignait des sentences en grec, qu'il lui faisait dire par cœur, sans les écrire ni les lire, et les lui faisant apprendre par fréquentes récitations, dont j'ai eu cet honneur, en ce temps-là, de servir ce prince en écrivant les dites sentences pour lui en faire les répétitions... Il montrait d'ailleurs en son jeune âge d'enfance, une grande dextérité d'esprit. De toutes les sentences qu'il a apprises, il n'en a affecté pas une tant comme celle qui dit: *Aut vincere aut mori*[1]. De laquelle il usa en une blanque (loterie) qui fut ouverte, en 1562 et 1564, dans le cloître de Saint-Germain-l'Auxerrois, là où, par plusieurs fois, ce billet fut lu et emporta plusieurs bénéfices. La reine mère voulait savoir de lui-même (ce) que c'était à dire; ce qu'elle ne put jamais obtenir de lui, et ne voulut s'expliquer, quoi qu'il ne fût lors qu'un enfant. Néanmoins, elle en savait bien le sens, car elle était bien assistée; mais elle défendit à lui apprendre plus de telles, déclarant que c'était pour le rendre opiniâtre.»

Encore la reine mère ignorait-elle la lecture de prédilection d'Henri: cette *Vie des hommes illustres* où, déjà, l'enfant prenait ses modèles. Cet amour de Plutarque persista en lui. Il l'exprima à sa manière dans une admirable lettre à Marie de Médicis: «Plutarque me sourit toujours d'une fraîche nouveauté; l'aimer, c'est m'aimer, car il a été l'instituteur de mon bas âge. Ma bonne mère, à qui je dois tout [...] et qui ne voulait pas, disait-elle, voir en son fils un illustre ignorant, me mit ce livre entre les mains, encore que je fusse à peine plus qu'un enfant de mamelle. Il a été ma conscience et m'a dicté à l'oreille beaucoup de bonnes honnêtetés et maximes excellentes pour ma conduite et pour le gouvernement des affaires.»

Pour autant que le prince de Navarre n'avait pas les dons linguistiques exceptionnels d'Agrippa d'Aubigné, qui se vante, dans sa *Vie racontée à ses enfants,* d'avoir traduit Platon à neuf ans. Mais il avait une mémoire étonnante, une intelligence prompte, un sens déjà aigu de l'observation et, par force, quelque esprit de dissimulation.

Le 18 février 1563, le duc François de Guise était assassiné par Poltrot de Méré, un protestant. Ce meurtre fit l'effet d'un coup de tonnerre. Coligny, chef des huguenots, eut le tort de

---

[1]. Vaincre ou mourir.

ENFANCE ET JEUNESSE

déclarer : « Cette mort est le plus grand bien qui pouvait arriver à ce royaume et à l'Eglise de Dieu, et particulièrement à moi et à toute ma maison ! » En tout cas, elle metttait fin à ce triumvirat (formé de Guise, du connétable de Montmorency et du maréchal de Saint-André) qui, sous couleur de protéger le jeune roi Charles IX, gouvernait en fait le royaume.

La disparition de Guise, permit à la reine mère de secouer le joug et de reprendre le pouvoir. Elle déclara Charles IX majeur et, croyant apaiser les querelles, décida d'un long périple à travers le royaume, afin de montrer le nouveau roi à ses sujets. L'intention était excellente et le voyage pouvait produire des effets durables, si le meurtre de François de Guise n'avait appelé la vengeance de son parti et si l'un des objectifs de la reine mère, et non le moindre, n'avait été de rencontrer à la frontière d'Espagne, les envoyés de Philippe II.

Bien entendu, Henri de Navarre ne fut pas laissé à Paris, à la merci des huguenots. D'ailleurs sa présence dans le cortège royal revêtait une signification politique : elle rassurait les protestants. Jeanne d'Albret avait été invitée, dans le même dessein. L'heure était à la détente. Catherine rêvait de transformer cette trêve en une paix véritable. Il faut admettre qu'en invitant la reine de Navarre, elle montrait de la bonne volonté et prenait des risques sérieux. Jeanne ne venait-elle pas d'être excommuniée comme hérétique par le pape ? Elle raconte dans ses Mémoires : « Avec belles promesses et flatteries, l'on m'attira à la cour au voyage de Lyon, m'assurant et promettant rendre satisfaite et contente de tant de plaintes que j'avais ci-devant faites de Monluc, et mes autres affaires. » A coup sûr, Monluc déployait un zèle intempestif dans son gouvernement de Guyenne, opprimait, autant qu'il le pouvait, les réformés béarnais et entravait l'action de Jeanne d'Albret ; ce n'était qu'un soldat discipliné, exécutant ponctuellement les ordres reçus, sans nuances et quelque peu enclin à la cruauté. En réalité, Jeanne d'Albret avait deux objectifs : elle espérait ramener son fils en Navarre et obtenir de Catherine de Médicis un adoucissement aux rigueurs du Saint-Siège. Elle rejoignit la cour à Mâcon, la suivit à Lyon, et n'obtint rien, hormis la satisfaction de voir le cardinal de Bourbon présenter Henri comme premier prince du sang. Fort dépitée, elle se replia à Vendôme, débarrassant la reine mère de son importune présence. Car cette dernière ne désirait guère l'avoir à ses côtés lors de l'entrevue avec les Espagnols. Or, précisément, cette entrevue alarmait fort le parti protestant et Jeanne d'Albret la toute première.

La cour descendit ensuite le Rhône et gagna la Provence. Elle était, le 17 octobre 1564, à Salon-de-Crau, où le fameux astrologue et devin Nostradamus (Michel de Notre-Dame) résidait. Ici se place une scène des plus étranges, complaisamment relatée par Pierre de l'Estoile dans son *Journal:*

«Le prince n'avait que dix à onze ans, et était nommé le prince de Béarn et de Navarre, lorsque, au voyage que le roi Charles IX fit en 1564, étant arrivé avec Sa Majesté à Salon-de-Crau, en Provence, où Nostradamus faisait sa demeure, celui-ci pria son gouverneur qu'il pût voir ce jeune prince. Le lendemain, le prince étant nu à son lever, dans le temps qu'on lui donnait sa chemise, Nostradamus fut introduit dans sa chambre, et, l'ayant contemplé assez longuement, il dit au gouverneur qu'il aurait tout l'héritage: «Et si Dieu, ajouta-t-il, vous fait grâce de vivre jusque-là, vous aurez pour maître un roi de France et de Navarre.» Ce qui semblait lors incroyable, est arrivé de nos jours. Laquelle histoire prophétique le roi a depuis racontée, fort souvent même, à la reine, y ajoutant, par gausserie, qu'à cause qu'on tardait trop à lui bailler la chemise, afin que Nostradamus pût le contempler à l'aise, il eut peur qu'on ne voulût lui donner le fouet.»

Il est probable que la prophétie fit quelque bruit dans la petite cité, et vint aux oreilles de Catherine de Médicis, elle-même fort abandonnée à l'astrologie et aux sciences occultes. Coïncidait-elle avec d'autres annonces sibyllines? Mais la reine mère pouvait-elle y ajouter foi? Sans doute la tuberculose avait-elle prématurément emporté François II, mais il lui restait ses trois autres fils, dont le roi régnant. Quoi qu'il en soit, la cour se transporta en Languedoc et, de là, en Gascogne. Elle arriva à Bayonne le 22 mai, pour y attendre la reine d'Espagne, Elisabeth de France, et le duc d'Albe, ministre de Philippe II. Rien ne transpira des entretiens franco-espagnols, non plus que des accords qui furent pris. On peut conjoncturer cependant que le duc d'Albe prôna l'extirpation totale de l'hérésie, en offrant l'aide armée de Philippe II. A-t-il réellement dit «Une tête de saumon vaut mieux que dix mille grenouilles»?

Cette phrase, Henri de Navarre prétendra l'avoir entendue, s'étant caché dans la salle d'audience. Il est plutôt à croire qu'il s'est fait l'écho, en toute bonne foi, des craintes de son entourage. Catherine de Médicis se méfiait de l'alliance espagnole, mais elle ne pouvait que louvoyer, gagner du temps, ne s'engager qu'à demi, sans toutefois rejeter entièrement l'offre de services de son gendre. Elle préférait encore tabler sur la clémence, espérer que les haines s'éteindraient d'elles-mêmes. C'est à tort en tout cas que certains historiens affirment (sans aucune preuve) que le principe de la Saint-Barthélemy fut arrêté au cours de cette entrevue. Telle était pourtant l'opinion des Réformés et, dans ses Mémoires, Jeanne d'Albret ne craint pas d'affirmer que Bayonne fut le lieu «où les lames des épées, qui répandent aujourd'hui le sang des chrétiens, furent forgées» – encore ne connut-elle pas le massacre de la Saint-Barthélemy!

Cependant, par Bordeaux, Tours et Blois, le cortège royal remontait vers le nord et s'installait momentanément à Moulins. Au cours de cette étape, la reine mère «réconcilia» solennellement Messieurs de Lorraine et de Châtillon, scène mémorable mais sans lendemain, car les deux partis préparaient la guerre. Jeanne d'Albret était aussi à Moulins, négociant avec la reine mère, toujours obsédée par le désir de reprendre son fils. Elle suivit la cour jusqu'à Paris et, pour atteindre son but, recourut à la ruse. Elle demanda permission à Catherine de visiter sa maison de Marle, en Picardie, et reprit perfidement sa place à la cour; pour endormir la défiance de la reine mère et demander ensuite permission de se rendre à Vendôme, Sainte-Suzanne, La Flèche «et autres belles terres en ces quartiers-là appartenant au prince, son fils, qu'elle menait avec elle. Et, aussitôt qu'elle y fut passée, elle se retira en ses pays au-delà de la Garonne, emmenant son fils avec elle, qui était le principal dessein pour lequel elle était venue en la cour de France, lequel elle fit depuis instruire par des ministres en leur religion et le pourvut d'un autre précepteur que le sieur de La Gaucherie, d'autant qu'il était décédé, et lui bailla Florent Chrestien, l'un des anciens serviteurs de la maison de Vendôme, homme versé en toutes bonnes lettres et en la poésie» (Bordenave)[1].

1. *Histoire de la Navare*, cf Bibliographie.

Henri de Navarre avait treize ans; il changeait de religion pour la quatrième fois! Délivré des périls de la corruption de la cour, il tombait dans une austérité et une simplicité sans exemple, voulues par sa huguenote de mère. Il connut à nouveau la frugalité, les nuits limitées à six heures sur une dure paillasse, par bonheur compensées par les parties de chasse en montagne; il est vrai que l'on exigeait de lui qu'il sortît par n'importe quel temps, pour l'endurcir, sans excepter les orages si fréquents dans les Pyrénées. Point de pâtisseries, de sucreries qui gâtent les dents, ou de plats compliqués qui gâtent l'estomac, mais des mets campagnards, simples et solides: et, toute sa vie, il gardera ces goûts de soldat! Jean Collin, dans ses *Lauriers de la maison de Bourbon* rend fidèlement compte de l'autorité de Jeanne d'Albret sur son fils: «J'ai connu, écrit-il, un vieil officier qui avait hanté familièrement le roi durant sa première jeunesse, qui m'a dit que, pendant les plus grandes rigueurs de l'hiver, ou pendant les plus grands orages, qui sont extraordinairement rudes dans les montagnes du Béarn où il avait été nourri, Jeanne d'Albret, sa mère, lui donnait à entendre que quelques seigneurs de ses sujets s'allaient battre en duel, et lui commandait de monter incontinent à cheval pour les aller séparer. Le jeune prince faisait le commandement de sa mère et, après avoir rôdé trois ou quatre lieues autour de sa maison de Pau ou de Navarreins, s'en revenait au château tout dégouttant de pluie et de sueur, sans avoir rencontré personne. Sa mère se servait de ces inventions pour mieux l'endurcir au travail.»

Elle allait bientôt l'occuper à plus rude besogne…

VI

LE RUBICON

La réconciliation de Moulins avait partiellement discrédité Coligny aux yeux des protestants. Il lui fallait à tout prix se rédimer par quelque entreprise audacieuse; il se mit en tête d'enlever le roi. Ce fut l'affaire de Meaux, simple répétition du tumulte d'Amboise et qui échoua aussi piteusement. Les protestants essayèrent alors de bloquer Paris: ce fut au cours d'une des escarmouches que périt le vieux connétable de Montmorency, jusqu'au bout fidèle à son roi! Or à peine était-elle arrivée à Pau que Jeanne d'Albret avait rétabli les édits les plus intolérants, provoquant le soulèvement d'une partie de ses sujets et de regrettables discordes. Ce fut en cette circonstance qu'Henri de Navarre accomplit son premier exploit: il vola au secours d'un huguenot assiégé dans le château de Garris et poursuivit les assiégants d'un tel cœur qu'il les refoula jusqu'en Espagne.

Certains virent une collusion évidente entre les événements du Midi, l'affaire de Meaux et de Paris. L'édit de Longjumeau n'apaisa pas les esprits, mais retarda simplement l'explosion. Catherine de Médicis ne se faisait aucune illusion. Bizarrement (en apparence), elle s'osbtinait à protéger Jeanne d'Albret, ne lui tenant pas rigueur de son départ précipité pour la Navarre, ni de ses édits. Cette indulgence était diversement jugée, le plus souvent imputée à la faiblesse. C'était tout le contraire; en ménageant la huguenote de Navarre, elle tenait les Espagnols en lisière; qui plus est, elle jouait de la fidélité dynastique de Jeanne. Mais elle s'intéressait encore plus au prince de Navarre! Non pas en raison de la prophétie de Nostradamus, pour elle assez affligeante, mais parce qu'elle regrettait d'avoir perdu un otage précieux. Aussi, après avoir vainement cajolé la mère (en lui laissant entendre qu'elle pourrait jouer un rôle d'arbitre entre les deux partis), résolut-elle de faire enlever le fils. Elle confia cette mission au sieur de Losses, son ancien précepteur, ce qui était le comble de la perfidie, d'autant qu'on laissait le choix à de Losses d'agir par la douceur ou par la force. L'entreprise échoua, mais, dès lors, Jeanne d'Albret ne se sentit plus en sécurité dans ses Etats. Les chefs protestants, Condé et Coligny, eux-mêmes menacés d'enlèvement, voire d'assassinat, se repliaient en toute hâte vers le Centre-Ouest. Jeanne d'Albret et son fils les rejoignirent à La Rochelle, principal bastion du calvinisme. La rupture était consommée entre les Bourbons et les Valois, entre les deux reines mères également jalouses de leur progéniture, et, hélas! entre papistes et huguenots. Car ce qui n'avait été jusque-là que prises d'armes et massacres isolés, se généralisera, dégénérera en guerre ouverte, la religion ajoutant son âpreté aux rivalités de clans. S'il faut l'en croire, ce ne fut pas de gaieté de cœur que Jeanne d'Albret prit cette grave décision. Elle s'en explique dans ses Mémoires, longuement, trop longuement peut-être. Elle déclare: «Je résolus donc de m'acheminer vers mon beau-frère avec mes enfants, et me joindre, de vie, biens et moyens, avec eux comme je l'avais toujours été de volonté, ne voulant tomber en la peine où nous avions été aux pénultièmes troubles, ayant été amusés et rendus inutiles par la malice d'aucuns de nos sujets, comme je l'ai dit, et même mon fils, qu'il me faisait grand mal de voir en cet âge parmi les femmes... Ne pensez donc pas que j'aie entrepris ce voyage légèrement. Croyez que ce n'a pas été sans combattre et autour de moi. Car Satan s'opposant toujours au bien, dont Dieu par sa pure grâce rend les siens instruments, n'a pas dormi lorsque le saint zèle de sa gloire m'aiguillonnait...

«Ce qui incitait plus ma conscience était mon fils, le voyant déjà grand et, sinon pour porter les armes, au moins pour devoir être à l'école militaire. Je vous dirai que ce scrupule ne m'a jamais laissée en repos, que je ne l'aie rendu où il est par la grâce de Dieu. Durant ces discours en mon esprit, je n'eus pas seulement à combattre les ennemis étrangers, j'eus la guerre en mes entrailles. Ma volonté propre se bandait contre moi-même. La chair m'assaillait et l'esprit me défendait. Si, une heure, j'avais du meilleur, à l'autre, j'avais du pire...»

Mais, la décision prise, on se mit en route sans tarder. Le 8 septembre (1568), à Tonneins, on fut rejoint par La Mothe-Fénelon, envoyé du roi. Ce dernier exhorta le jeune prince à ne point s'unir aux ennemis de son maître, lui rappelant à tout hasard son rang de premier prince du sang et lui demandant pour quel motif il se mêlait de cette rébellion. Jeanne d'Albret : «Mondit fils, avec la promptitude de l'âge et du pays, lui répondit que c'était pour épargner le drap du deuil, parce que, si l'on faisait mourir les princes du sang l'un après l'autre, le dernier porterait le deuil du premier ; que, mourant tous ensemble, ils n'en auraient point de besoin et que c'était la raison pour laquelle il allait trouver Monsieur son oncle, pour vivre et mourir avec lui.» Et comme, le lendemain, La Mothe-Fénelon déplorait «le tison et le flambeau qui embrasaient et allumaient la France», le jeune prince lui dit qu'on pourrait l'éteindre avec un seau d'eau. Et son interlocuteur ne comprenant pas, il ajouta : «En le faisant boire au cardinal de Lorraine jusqu'à en crever!» Et Jeanne de préciser, pour que nul n'en ignore : «Je n'ai écrit ici ces deux contes de mon fils pour le vanter, ni me rendre historiographe de ses actes, mais pour faire connaître à chacun que ce n'est point son imbécillité, comme ils disent, qui l'a laissé surprendre en cette cause. Si, en l'âge de quinze ans, il était encore imbécile, ce serait une mauvaise espérance de lui à l'avenir, ce que, Dieu merci, personne n'a de lui.»

A Bergerac, elle écrit une lettre à Charles IX et à sa mère, pour expliquer sa conduite. Les raisons qu'elle met en avant, sont à retenir ; elles sont en effet communes aux Réformés, princes, nobles et simples sujets. Premièrement, Jeanne d'Albret agit pour le service de Dieu, contre le cardinal de Lorraine et ses séides qui veulent l'extermination des religionnaires, c'est-à-dire des vrais fidèles. Deuxièmement, pour le service du roi, que l'on empêche d'appliquer l'édit de pacification, au risque de faire périr la patrie. Troisièmement, par le devoir de sang qui l'oblige à secourir son beau-frère, le prince de Condé, dont l'existence est en péril.

Le 23 septembre, elle rejoignait l'armée de Condé campant aux environs de Cognac. Le 28, elle faisait son entrée à La Rochelle. Aux magistrats venus le complimenter selon l'usage,

Henri de Navarre répondit joliment: «Messieurs, je ne me suis tant étudié pour savoir bien parler comme vous, mais je vous assure que, si je ne dis pas assez bien, je ferai mieux, car je sais beaucoup mieux faire que dire.»

C'est ici, à proprement parler, que prend fin la jeunesse du futur Henri IV et que s'achèvent les Mémoires de sa mère:

«Je livrai là mon fils entre les mains de Monsieur son oncle, afin que, sous sa conduite et à l'école de sa prudence et vaillance, il apprît le métier auquel Dieu l'a appelé. Ceux qui ne me connaissent que mère et par conséquent femme, ni mon fils que pour un enfant, nourri délicatement et doucement avec moi, jugeront que, à ce départ de lui et de moi, il y a eu, selon la proximité, le sexe et l'âge, beaucoup de larmes.»

Cependant l'armée protestante se concentrait, sous les ordres de Coligny et de Condé. Elle occupait déjà Parthenay, Niort, Melle, Fontenay-le-Comte, Saint-Maixent. Dès octobre, elle s'emparait d'Angoulême, de Pons et de Blaye. L'armée royale se rassemblait à Châtellerault, sous le commandement du duc d'Anjou, nommé par son frère lieutenant général du royaume. Le duc d'Anjou n'était pas le monarque travesti et parfumé que fustigera d'Aubigné, mais un jeune prince plein de fougue. Les deux armées comptaient chacune environ trente mille hommes, mais les protestants attendaient d'Allemagne les renforts promis par le prince d'Orange et le duc des Deux-Ponts. Leur objectif était donc simple: marcher vers le nord pour opérer le plus vite possible leur jonction avec les lansquenets et les reîtres. Celui de l'armée royale visait au contraire à leur fermer la route. Les rencontres de Pamproux et de Jazeneuil, en novembre, ne furent que des escarmouches, précédant un hiver si rigoureux qu'il suspendit les opérations, d'autant que les secours d'Allemagne étaient en retard. Ils l'étaient même tellement que Coligny et Condé renoncèrent à les attendre et modifièrent leur plan. Ils décidèrent de se replier sur le Midi, d'y recruter des troupes fraîches, avant de passer à l'offensive. Ils n'agirent pas assez promptement, ou furent trahis. L'armée royale les devança et, le 13 mars 1569, surprit à Jarnac le corps de Coligny. Condé, prévenu en hâte, ne put que se sacrifier pour protéger la retraite. Capturé après un combat sauvage, il fut abattu d'un coup de pistolet. Signe du temps: une balle catholique avait tué Condé; une balle protestante avait abattu son frère, Antoine de Bourbon...

Les vaincus se rassemblèrent à Saintes. Désormais, Henri de Navarre était devenu chef du parti protestant. Coligny gardant évidemment le commandement de l'armée et l'initiative des opérations. A vrai dire, les protestants semblèrent perdre courage après Jarnac. Mais Jeanne d'Albret, accourue de La Rochelle à Saintes, les harangua. Elle mêla les larmes à l'espérance, en appela à Dieu, bref montra tant d'éloquence qu'elle redressa les courages. Mais, en même temps, cette femme extraordinaire proposait son fils comme chef des huguenots, sans oublier, il est vrai, Henri, le jeune prince de Condé, dont le père venait de mourir au service de la cause. Tout cela finit par une exaltante prestation de serment, individuel et collectif, de vivre et de mourir pour la Réforme. Etrange fatalité faisant qu'en cette année 1569 quatre princes prénommés Henri vinssent au premier rôle, dans l'un et l'autre parti : chez les catholiques, Henri, duc de Guise, qui sera assassiné à Blois, et Henri, duc d'Anjou, qui deviendra Henri III et sera poignardé par Clément ; chez les protestants, Henri, prince de Béarn et de Navarre, qui sera Henri IV et qui périra sous le couteau de Ravaillac, et Henri, prince de Condé, qui sera empoisonné.

Les Allemands tant attendus finirent par arriver au printemps. Ils traversèrent la Bourgogne, prirent La Charité et, par le Berry, s'enfoncèrent en Limousin. Inutile de préciser quels ravages jalonnaient leur itinéraire : mais c'était pour la religion ! Coligny parvint à les rejoindre. Ainsi renforcé de cinq mille cavaliers et de dix mille piétons, il pouvait passer à l'offensive. On ne sait pourquoi il perdit du temps à assiéger Poitiers (peut-être pour payer ses mercenaires d'une promesse de pillage). Ce siège fut un échec sanglant. Il fallut retraiter comme on l'avait fait l'année précédente. Mais Coligny était un assez médiocre stratège. Il se laissa surprendre par le duc d'Anjou à Moncontour, le 3 octobre. Il perdit trois mille hommes, mais parvint à se retirer en bon ordre. L'état-major protestant se réunit à Niort, en présence de Jeanne d'Albret. La situation n'était guère reluisante, mais elle n'était pas désespérée. On renonça au Poitou et l'on décida d'en revenir au plan initial, qui était de se reformer dans le Midi. Il y avait une raison supplémentaire d'embrasser ce parti. Sans prudence, mais sans doute pour pallier les ordres de Charles IX de saisir les biens d'Albret, Coligny avait détaché Montgomery, l'un de ses lieutenants, avec un corps de troupe. Montgomery s'était emparé, avec une facilité déconcertante, des places occupées par les gens du roi : en Béarn, en Bigorre, en Gascogne, tout en exerçant de terribles sévices sur les populations réputées catholiques. Il était tentant pour Coligny et somme toute raisonnable de parfaire la reconquête de Montgomery, de l'étendre au Toulousain et à la Guyenne. A marches forcées, il descendit donc vers l'Agenais, par Saint-Jean-d'Angély, Brantôme, Capdenac, Montauban et la vallée du Lot. Le terrible Monluc ne put faute de moyens, que retarder cette avance foudroyante et la jonction avec Montgomery. Après avoir ravagé les environs de Toulouse, Coligny remonta vers le nord, par Montpellier, Nîmes, le Vivarais, le Forez, Roanne, Cluny, Arnay-le-Duc où il remporta un demi-succès. Le 26 juin 1570, il était à La Charité. Mais les négociateurs l'avaient précédé. On était las des pillages, des incendies, des dévastations de toute nature, des viols et des massacres, perpétrés tantôt par les catholiques du duc d'Anjou, tantôt par les reîtres et les lansquenets allemands, et tantôt par les protestants. Il n'y avait même pas de véritable vainqueur. Le duc d'Anjou avait bousculé les réformés à Jarnac et à Moncontour, mais, à chaque fois, ils avaient retraité en bon ordre, s'étaient reformés et, quand on les croyait à bout de souffle, ils se révélaient capables de conquérir le Midi. Les chefs des deux partis, la population entière, aspiraient à la paix. Elle fut signée en août, à Saint-Germain. Les protestants obtenaient quatre places de sûreté (La Rochelle, Cognac, Montauban, et La Charité), la liberté de conscience et de larges facilités pour célébrer leur culte.

On ne saurait insister davantage sur cette période, le rôle du prince de Navarre y étant plus nominal qu'effectif et, vu son âge, nécessairement de second plan. On évita, comme il était logique, de l'exposer au danger. Il fut donc «spectateur forcé», sauf à Arnay-le-Duc, où on lui laissa conduire une charge. Mais quels spectacles s'étaient offerts à ses yeux : un royaume désolé par une guerre fratricide, de braves soldats s'étripant au nom du même Evangile de douceur ! Son apprentissage de prince, ce fut cela.

DEUXIÈME PARTIE

LE ROI DES CAPITAINES

I

LES NOCES VERMEILLES

Désormais le parti calviniste était devenu une puissance; il serait plus exact de dire: un Etat dans l'Etat, avec ses structures propres, ses circonscriptions à la fois religieuses et militaires, ses capitaines, ses mots d'ordre, son langage chiffré, son trésor de guerre, produit des pillages mais aussi de l'intense activité des corsaires-pirates rochelais, oléronnais et rhétais interceptant les galères espagnoles pour la bonne cause, ayant aussi ses places fortes. Sous l'impulsion de Jeanne d'Albret, la Navarre et le Béarn, une partie de la Gascogne s'étaient déclarés calvinistes. Il est évident qu'une telle situation était intolérable pour le pouvoir central et qu'à brève échéance elle appelait un choix, soit que Charles IX adhérât à la Réforme – ce qui était inconcevable! – soit qu'il tentât de l'extirper de son royaume. Une fois de plus dans son histoire, la France était partagée. L'heure n'avait pas sonné de la réconciliation; au contraire, la paix de Saint-Germain exacerbait les passions. Cette paix, comme les précédentes, n'était qu'une trêve, un moyen de gagner du temps. Si l'étranger, profitant de nos divisions, ne s'était mêlé de nos affaires, généralement par ambition et cupidité, peut-être avions-nous une chance de sortir de cette impasse et, sinon, d'assurer la cohabitation paisible des catholiques et des protestants; Catherine de Médicis s'y employait de toutes ses forces, de toute son influence et de toute son intelligence; on l'a suffisamment vilipendée pour lui restituer ce qu'on lui doit. Elle crut, en toute bonne foi, qu'un mariage entre Henri de Navarre et sa fille Marguerite conforterait la paix en rassurant les protestants. Ce mariage résoudrait aussi un problème familial des plus délicats. Marguerite s'était amourachée du jeune duc de Guise et, vraisemblablement, donnée à lui. On connaît la scène fameuse au cours de laquelle Charles IX et la reine mère firent irruption dans sa chambre et la battirent comme plâtre. Catherine de Médicis ne voulait à aucun prix du jeune duc de Guise pour gendre. Elle ne se souvenait que trop de la dictature de «Messieurs de Lorraine», des fautes qu'ils lui avaient fait commettre. Au surplus, marier Marguerite à un Guise, c'était démanteler la fragile paix de Saint-Germain, réveiller les soupçons des Réformés. Elle convainquit donc Charles IX de marier sa sœur à Henri de Navarre et se chargea de négocier avec Jeanne d'Albret. Celle-ci manifesta peu d'enthousiasme. Elle répondit: «Il vous plaît m'assurer, Madame, que mon fils et moi, étant près de vous, nous aurons faveur, honneur et bon traitement, comme m'a dit Monsieur le Maréchal... Mais je suis un petit glorieuse et désire y être avec l'honneur et faveur que je pense mieux mériter que d'autres qui en ont plus que moi...»

Les protestants s'émurent. Il leur paraissait offensant, et risqué, que leur chef épousât une princesse papiste. Leurs amis anglais s'activèrent. Un de leurs agents, nommé Beel, suggéra adroitement l'éventualité d'un mariage entre la reine Elisabeth et Henri de Navarre et, faisant bonne mesure, entre la sœur de celui-ci, Catherine de Navarre, et le roi d'Ecosse. Ainsi, le frère et la sœur régneraient sur l'Angleterre, l'Irlande et l'Ecosse, mirifique projet auquel la raisonnable Jeanne d'Albret se garda d'adhérer. D'abord, elle nota la différence d'âge entre la reine Elisabeth et Henri. Ensuite, parfaitement informée des usages anglais, elle se dit que son fils ne serait point roi, mais prince consort, c'est-à-dire rien à la mort d'Elisabeth. Enfin, elle n'ignorait pas qu'il existait un autre projet visant à unir le duc d'Anjou à la reine d'Angleterre. Le contrecarrer, c'était décevoir Catherine de Médicis et, par là même, porter indirectement dommage au parti réformé. L'ambassadeur d'Angleterre et le machiavélique Beel en furent pour leurs frais. Ayant refusé le mariage anglais, Jeanne d'Albret ne pouvait qu'accepter Marguerite pour bru, si elle voulait protéger la Navarre de la convoitise de Philippe II. Le maréchal de Biron fut envoyé vers elle et acheva de la convaincre. Elle se rendit donc à la Cour, non sans hésitation, et, à tout hasard, laissa son fils en Béarn. Mais Marguerite, amante passionnée du beau Guise, comment prit-elle la chose ? Fort bien, si l'on en croit ses Mémoires, plus qu'arrangés : « Quelques jours après, il se parla du mariage du prince de Navarre, qui maintenant est notre brave et magnifique roi, et de moi. La reine, ma mère, étant un jour à table, en parla fort longtemps avec Monsieur de Méru, parce que la maison de Montmorency étaient ceux *(sic)* qui en avaient porté les premières paroles. Sortant de table, il me dit qu'elle lui avait dit de m'en parler. Je lui dis que c'était chose superflue, n'ayant d'autre volonté que la sienne ; qu'à la vérité, je la supplierais d'avoir égard combien j'étais catholique, et qu'il me fâcherait fort d'épouser personne qui ne fût de ma religion. Après, la reine, allant en son cabinet, m'appela et me dit que Messieurs de Montmorency lui avaient proposé ce mariage, et qu'elle en voulait bien savoir ma volonté ; à quoi je répondis n'y avoir volonté ni élection que la sienne, et la suppliai de se souvenir que j'étais catholique. »

Or, précisément, ce que demandait instamment Jeanne d'Albret, c'était que Marguerite se convertît au protestantisme ! Quelles promesses lui avait faites Biron à cet égard ? Elle écrit à son fils :

« La reine mère me traite à la fourche. Elle ne fait que se moquer de moi et dire à chacun le contraire de ce que je lui ai dit, de sorte que mes amis m'en blâment, et je ne sais comment démentir la reine ! Car quand je lui dis : « Madame, l'on dit que je vous ai tenu tel et tel propos », encore que ce soit elle-même qui l'ait dit, elle me le renie comme un beau meurtre, et me rit au nez et m'use de telle façon que vous pouvez dire que ma patience passe celle de Grisélidis. Voyant que je ne fais que vaciller, la reine me dit qu'elle ne se pouvait accorder avec moi, et qu'il fallait que nos gens s'assemblassent pour trouver des moyens. Mais elle ne veut rien rabattre de la messe, de laquelle elle n'avait jamais parlé comme elle fait. »

Au sujet de Marguerite, elle écrit : « Elle est belle et bien avisée et de bonne grâce, mais nourrie en la plus maudite et corrompue compagnie ; car je n'en vois point qui ne s'en sente... Je ne voudrais pas, pour chose du monde, que vous fussiez ici pour y demeurer. Voilà pourquoi je désire vous marier, et que vous et votre femme vous retiriez de cette corruption. Car, encore que je la croyais bien grande, je la trouve davantage.

Ce ne sont pas les hommes ici qui prient les femmes ; ce sont les femmes qui prient les hommes. Si vous y étiez, vous n'en échapperiez jamais sans une grande grâce de Dieu. Je vous envoie un bouquet pour mettre sur l'oreille, puisque vous êtes à vendre, et des boutons pour un bonnet. Les hommes portent à cette heure force pierreries, mais on achète pour cent mille écus et on achète tous les jours...»

La pauvre reine huguenote se sentait perdue dans cette cour des Valois, élégante et cynique, traversée d'intrigues amoureuses et politiques. Sa franche rudesse, ses haut-le-cœur détonnaient au milieu de cette société perfide et raffinée. Mais elle tenait tête, ne songeait en définitive qu'à l'avenir de son fils. Or ce mariage avec Marguerite le rapprochait du trône de France, l'associait plus étroitement à la famille régnante. Elle céda donc sur la conversion de sa bru, se contenta de satisfactions mineures, pour sauver les apparences. Elle livre le fond de sa pensée, en écrivant à Henri : «L'on ne peut croire votre grandeur en cette cour.» Sans pour autant cesser ses recommandations : «Je vous prie regarder trois choses : d'accomoder votre grâce, de parler hardiment, et même aux lieux où vous serez appelé à part, car notez que vous imprimerez à votre arrivée l'opinion que l'on aura ici de vous après ; accoutumez vos cheveux à se relever.» Elle recommande surtout d'éviter «les alléchements que l'on vous pourra donner pour vous débaucher, soit en votre vie, soit en votre religion... Car je sais que c'est leur but. Ils ne le cèlent pas».

Le contrat de mariage fut signé à Blois le 11 avril. Charles IX constituait à sa sœur une dot de trois cent mille écus ; chacun de ses frères offrait cinquante mille livres ; la reine mère, deux cent mille livres. Le futur époux lui reconnaissait un douaire de quarante mille livres. Jeanne d'Albret se rendit ensuite à Paris pour s'occuper des habits et parures. Elle logeait chez le prince de Condé, rue de Grenelle-Saint-Honoré. Le 4 juin, elle tomba brusquement malade. Le 9 juin, elle était morte. On cria à l'empoisonnement. «Les uns, écrivait Bordenave, eurent opinion qu'elle avait été empoisonnée en une collation faite chez le prévôt des marchands ; les autres par un parfumeur italien avec une paire de gants parfumés ; d'autres assurent qu'elle mourut de pleurésie, et de fait les médecins la pensèrent atteinte de cette maladie. Je ne sais si bien ou mal et s'ils furent, comme plusieurs pensent, trompés aux signes de cette maladie et prirent, par un faux jugement, une cause pour une autre, comme souvent aux maladies internes, telles gens prennent Montmartre pour Paris. »

L'autopsie révéla la présence d'un gros abcès tuberculeux au poumon droit. Mais, à la lumière des événements tragiques qui suivirent, on comprend que la thèse d'un empoisonnement ait eu ses défenseurs. Il semblait en effet tellement logique de faire disparaître la mère pour isoler le fils et, du même coup, priver le parti réformé de son chef effectif.

Les dames de cour vinrent saluer la dépouille. Marguerite de Valois témoigne de leur surprise devant la nudité du décor : ni luminaire, ni tentures, ni prêtres, ni cérémonial d'aucune sorte. Elle raconte que Mme de Nevers, ancienne maîtresse d'Antoine de Bourbon, s'approcha de la reine morte et lui baisa la main comme pour lui demander pardon, après l'avoir tant haïe et moquée.

Henri de Navarre apprit la mort de sa mère à Chaunay en Poitou, le 13 juin, au cours de son voyage vers Paris. On ignore quelle fut sa réaction, s'il extériorisa bruyamment son chagrin à la façon méridionale, ou s'il le contint. Sans doute dut-il pleurer, car il avait une grande facilité de larmes. Jeanne d'Albret, dans sa rigueur huguenote, avait beaucoup exigé de lui et, plus d'une fois, l'avait morigéné. Cependant il lui devait tout, comme il se plaira à le dire plus tard ; elle avait été son armature morale, son soutien, son conseiller de tous les instants. A l'heure des séparations, les morts n'ont d'ailleurs plus que des qualités, et c'est tant mieux.

Le 29 juillet 1572, il fit son entrée à Paris, par le faubourg Saint-Jacques. Le prince de Condé, son cousin germain, l'amiral de Coligny et La Rochefoucauld l'accompagnaient. Il était escorté par huit cents gentilshommes huguenots vêtus de noir, car portant le deuil de Jeanne d'Albret. Ils représentaient l'élite de leur parti. On prétend que certains d'entre eux et leurs chefs eux-mêmes avaient été mis en garde contre l'imprudence d'un tel rassemblement dans une cité hostile, à la merci des entreprises de la cour ; qu'ils avaient été prévenus de l'horrible complot qui se préparait. Mais, à cette date, la décision fatale était-elle prise ? Cela paraît douteux. Tout au contraire, Charles IX semblait dans la main de Coligny. L'amiral ne demandait qu'à servir. Par malheur il entendait par le même coup soustraire le roi à l'influence de sa mère. Il essayait de le lancer dans une expédition aux Pays-Bas, selon lui de nature à rassembler les Français dans une action commune et glorieuse, mais aussi fort dommageable à Philippe II, l'implacable adversaire de la Réforme, le maître de l'horrible Inquisition.

Charles IX et la reine mère accueillirent chaleureusement le nouveau roi de Navarre, puisque depuis la mort de Jeanne, tel était désormais son titre. Les ducs d'Anjou et d'Alençon furent courtois. Marguerite s'efforça de le paraître, mais elle parvenait mal à cacher sa colère et sa tristesse, bien qu'on l'eût chapitrée. Seule la perspective d'être bientôt reine et de revêtir la splendide robe des mariées royales lui mettait un peu de baume au cœur, tant elle avait de puérile vanité et s'adorait elle-même: cela ressort de ses Mémoires où elle omet de dire ses impressions en revoyant Henri. Ce dernier n'était plus l'adolescent de naguère; il allait avoir dix-neuf ans. La vie au grand air, les chevauchées, la campagne de 1569, l'avaient endurci et basané. Le regard vif et bleu, pétillant, incisif, sous le front aux cheveux relevés, le nez long et fin, la bouche ironique, le corps sec et souple de montagnard pyrénéen, il avait de quoi séduire. Mais c'était Guise que Marguerite aimait avec cette passion de sauvage sensualité qui marqua toutes ses liaisons.

Le 10 juillet, le roi de Navarre assista au mariage du prince de Condé avec Marie de Clèves, au château de Blandy. Pour célébrer son propre mariage, il fallait attendre la bulle du pape, puisqu'il s'agissait d'unir, pour la première fois, un prince «hérétique» et une princesse catholique. Marguerite espérait que cette autorisation serait refusée. Mais Charles IX tenait à ce mariage. On laissa croire au cardinal de Bourbon que la bulle arriverait incessamment, afin de hâter la cérémonie. Coligny et ses partisans se réjouissaient, un peu vite, un peu trop ostensiblement, de cette bonne conclusion. Le clan des Guise enrageait, ce qui ne pouvait que plaire aux ducs d'Anjou et d'Alençon. La reine mère semblait exulter, le mariage étant son œuvre. Cependant, au Louvre, régnait une atmosphère bizarre, indéfinissable, tant la méfiance des deux partis restait aiguë. Le 17 août, dans la Grande Galerie, en présence de toute la cour, les fiançailles furent célébrées en grande pompe. Après avoir soupé et dansé, on conduisit Marguerite à l'évêché, où, selon l'usage, elle devait passer sa dernière nuit de «vierge».

Le lendemain, son futur mari, accompagné des princes, vint la chercher, pour la conduire à Notre-Dame par une galerie de bois décorée de draperies blanches. On avait bâti un échafaud devant le porche principal de la cathédrale. Ce fut là que le cardinal de Bourbon célébra le mariage. Ensuite, selon le protocole que l'on avait arrêté, Henri conduisit son épouse dans le chœur et se retira par une porte latérale. Pendant qu'elle assistait à la messe, il attendait à l'évêché, devisant et riant avec ses familiers, selon certains témoins. Il revint prendre sa femme vers 4 heures de l'après-midi et, après avoir dîné à l'évêché, on soupa au Louvre. Un défilé allégorique, comme on les aimait alors, représentant des divinités marines, et un bal clôturèrent cette dure journée. Le 19 août, qui était un mardi, le roi de Navarre offrit un dîner à l'hôtel d'Anjou et, derechef, on dansa. Le 20, on fut au divertissement donné à l'hôtel de Bourbon. On y vit le Paradis, défendu par trois intrépides chevaliers, qui n'étaient autres que Charles IX et ses frères, et l'Enfer, peuplé de démons. Des chevaliers errants tentaient vainement de forcer l'entrée du Paradis. «Par quoi l'on disait que le roi avait repoussé et relégué les huguenots en enfer, et qu'ils n'en étaient sortis que par suffrage d'amour.» Le 21, on courut la bague devant les dames. Le roi et ses frères parurent déguisés en Amazones, Navarre et ses amis vêtus à la turque. Cette jeunesse dorée s'amusait, follement, sans souci du lendemain. La nouvelle reine de Navarre éblouissait un chacun par sa beauté: «Si belle que rien au monde de plus beau n'eût su se faire voir», comme dit Brantôme. Elle était vraiment la reine de cette fête qui allait s'achever en tragédie. Que pensa-t-elle de son rustaud de mari, si plein d'ardeur mais si naïf et ignorant des choses de l'amour? Elle le subit, en se moquant un peu de lui, probablement. Tout ce dont elle parle dans ses Mémoires, c'est de sa robe d'apparat: «Moi habillée à la royale avec la couronne et le corselet d'hermine mouchetée qui se met au devant du corps, toute brillante de pierreries de la couronne, et le grand manteau bleu à quatre aunes de queue portée par trois princesses...»

II

LA SAINT-BARTHELEMY

Un témoin anonyme: «Il y avait si grand appareil de jeux; telle magnificence de banquets et passe-temps, le roi aussi était tellement transporté après telles folâtreries, tant s'en fallait qu'il vaquât aux affaires qui se présentaient au conseil ordinaire, que même il ne prenait pas le loisir de dormir; mais des conseils étaient déjà pris, et il faisait comme le chasseur qui chante et loue fort la bête qu'il détestait et maudissait en chassant.» Accusation gratuite, car Charles IX était sincère dans son attitude envers Coligny et Henri de Navarre. Las de la tutelle sourcilleuse de sa mère, il avait le ferme désir de s'en libérer et de gouverner pour son propre compte. La brusque faveur dont jouissait Coligny, l'accueil chaleureux du roi de Navarre, n'avaient pas d'autre explication. Charles IX rêvait d'avoir un grand règne, de surpasser son père Henri II, d'égaler son aïeul François Ier, bref de laisser sa trace dans l'Histoire. Ces bonnes dispositions, Coligny les exploitait au maximum. Il est même probable que cet homme si froid – tous ses portraits montrent un visage grave, presque triste – crut un moment la partie gagnée et que, dans sa franchise de soldat, il commit plusieurs maladresses, au moins dans l'expression. En tout cas, mesurant l'influence qu'il exerçait sur le jeune roi, il avait le tort de se comporter en maître, quasi en maire du palais. «Gouvernez seul!» lui répétait-il, et il s'efforçait de lui démontrer combien son entourage était néfaste. Impressionnable comme il l'était, et instable, Charles IX était fasciné par les discours enflammés et la convaincante rigueur de l'amiral. Il confiait à

Télegny, gendre de ce dernier: «Veux-tu que je te dise librement: je me défie de tous ces gens-ci. L'ambition de Tavannes m'est suspecte. Vieilleville n'aime que le bon vin; Cossé est un avare; Montpensier un boucher; Retz est espagnol, les autres seigneurs de mon Conseil et de ma cour ne sont que des bêtes; mes secrétaires d'Etat ne me sont point fidèles, si bien que je ne vois pas, à vrai dire, par quel bout commencer.» Coligny le voyait fort bien et agissait en conséquence. Connaissant l'instabilité de Charles IX, il cherchait par tous les moyens à le compromettre irrémédiablement aux yeux des catholiques, afin qu'il ne pût faire machine arrière. Relativement à l'intervention française aux Pays-Bas, il avait même imprudemment devancé les ordres de son maître. Or Catherine de Médicis et le duc d'Anjou, son fils préféré, la majorité du Conseil royal et, faut-il dire, le parti raisonnable, ne pouvaient approuver une guerre contre les Espagnols. L'état de l'armée, la division des Français, les ressources de l'Etat ne permettaient pas d'envisager cette guerre. On la jugeait perdue d'avance. Les conséquences en eussent été infinies pour le royaume, encore plus pour les Valois. Il n'était même par sûr, contrairement à ce que soutenait Coligny, que le péril extrême où l'on allait se jeter, ferait «l'union sacrée». Mais, surtout, Catherine de Médicis avait pris goût au pouvoir. Mère abusive, elle sentait Charles IX lui échapper et ne pouvait dès lors tolérer qu'un autre assumât son rôle de conseiller. Elle savait qu'il nourrissait pour elle un amour admiratif, mais traversé de haine, et qu'il était jaloux de son frère Henri d'Anjou, de ses victoires de Jarnac et de Moncontour. Psychologue avertie, elle avait analysé son caractère en profondeur; elle n'ignorait pas son état dépressif, ni sa faiblesse sous des apparences de vigueur ni sa dangereuse impulsivité. Elle se rapprocha brusquement des Guise. Pendant les cérémonies et les fêtes du mariage de sa sœur, Charles IX avait trop d'occupations pour parler longuement avec Coligny. Il se jetait dans les plaisirs comme un forcené, prenait la nuit pour le jour et ne se mêlait pas des affaires du gouvernement. Mettant à profit ce court intermède, Catherine de Médicis tissait sa toile. Les écarts de Coligny, son attitude trop affirmée, ses menaces à peine voilées d'une guerre civile à défaut d'une guerre étrangère, tout le désignait, à la vindicte de la reine mère. Le vrai chef du parti huguenot, c'était lui, et non le roi

LE ROI DES CAPITAINES 63

de Navarre, englué dans son mariage avec Marguerite. On se souvient des paroles de Coligny après l'assassinat du duc de Guise par Poltrot de Méré. Depuis lors, le jeune duc ne rêvait que de venger son père ; il n'avait jamais douté que le véritable responsable du meurtre n'eût été l'amiral. Catherine et le duc d'Anjou lui donnèrent en somme carte blanche, en lui garantissant l'impunité. Double avantage : l'assassinat passerait pour une vendetta et Catherine reprendrait son empire sur Charles IX. Accessoirement le royaume y trouverait son compte, puisqu'on éviterait une guerre avec l'Espagne. De surcroît, les protestants, furieux d'avoir perdu leur chef, ne tarderaient pas à abattre Guise. De la sorte la reine mère serait débarassée de ses deux rivaux et pourrait enfin gouverner seule. Elle gardait tant d'autorité sur Charles IX (alors âgé de vingt-deux ans) que, si l'on en croit Tavannes, il lui demandait pardon à genoux. Mais ce fantoche était capable de tuer quand survenait une de ses crises de délire furieux, car il avait le goût du sang.

Henri de Guise n'aperçut point le piège où la reine mère entendait le faire tomber. Il attendait depuis si longtemps l'occasion de régler ses comptes avec l'amiral ; c'était pour lui un devoir filial ! Il s'imaginait aussi compromettre Catherine et, par là, rétablir sa situation. Ces meurtres, ces chassés-croisés nous surprennent ; ils étaient alors monnaie courante ; la guerre civile avait libéré les mauvais instincts. Guise organisa supérieurement l'opération. Il utilisa les bons offices d'un tueur professionnel, Maureval (ou Maurevert).

Le 21 août, Maureval s'installe dans une maison amie, appartenant à l'ancien précepteur d'Henri de Guise, près du cloître Saint-Germain l'Auxerrois. Dans la matinée du 22 août, Coligny a pris part au Conseil ; puis il a assisté à une partie de paume disputée par son gendre, Guise, et Charles IX. Il est 11 heures, quand, avec une petite escorte, il quitte le Louvre pour rentrer à son hôtel de la rue de Béthisy. Il lit un mémoire tout en marchant. Il se baisse pour rattacher sa chaussure. A cette seconde même, claquent deux coups d'arquebuse. Au lieu de lui trouer la poitrine, les balles de Maureval l'ont blessé à la main droite et à l'avant-bras gauche. Il s'écrie : « Voilà comme sont traités les gens de bien en France ! » Deux de ses compagnons le conduisent chez lui. Les autres font irruption dans la maison du cloître. Maureval a disparu ! Ils ramassent l'arquebuse qu'il a oubliée.

Les blessures de l'amiral ne sont pas mortelles. Le chirurgien Ambroise Paré extrait sans trop de mal la balle qui s'est logée dans le coude gauche. On court informer le roi, qui entre en fureur, ordonne une enquête immédiate. Catherine tremble, pour elle et pour le duc d'Anjou. Déjà, les protestants crient justice, parlent de se venger. L'amiral apaise les plus enragés; il réclame le roi: «Je désirerais bien, dit-il, qu'il lui plût m'ouïr parler un bien peu; car j'ai à lui dire choses qui lui importent grandement, et pense qu'il n'y a personne qui les lui osât dire.»

Cet entretien entre son fils et Coligny, c'est ce que la reine mère redoute par-dessus tout. Elle déclare: «Il faut que toute la cour aille rendre hommage à la victime d'un forfait si noir.» Ainsi Charles IX sera bien accompagné; il ne parlera pas seul à seul avec l'amiral. Le roi déclare à celui-ci: «Si la blessure est pour vous, la douleur est pour moi. Mais, par la mort de Dieu, je vengerai si roidement cet outrage qu'il en sera mémoire à jamais!» De cet entretien devant témoins il ne sort rien de positif. Coligny n'a pas vraiment désigné les coupables. Charles IX s'est contenté de promettre au blessé de venger l'insulte et d'en châtier les auteurs.

Les auteurs, tout Paris ne tarda guère à les connaître; les enquêteurs avaient identifié Maureval, hébergé par les Guise, et dont l'arquebuse portait la marque de la maison d'Henri d'Anjou!... Les protestants circulent en armes, par groupes; certains d'entre eux sortent de Paris, quittent les faubourgs. En chaire, les prédicateurs tonnent contre les hérétiques. La capitale est un baril de poudre: les esprits pondérés s'émeuvent. Quant à la reine mère, elle sait que les protestants la tiennent pour responsable de l'attentat et redoute, à juste raison, les accès de colère de Charles IX. Il lui faut donc agir vite et frapper juste. Dans l'après-midi, elle réunit ses fidèles sous prétexte de promenade dans les jardins des Tuileries. Il y a là Gondi, Birague, Nevers, Tavannes qui racontera la scène, le duc d'Anjou et quelques autres. Ce conseil secret décida de tuer, coûte que coûte, l'amiral et, pour décapiter le parti protestant, de supprimer une douzaine de ses chefs les plus en vue. «Ne pouvant plus user de ruses et de finesses, avoue le duc d'Anjou, il fallait que ce fût par voie découverte.» Toutefois, on ne pouvait rien sans un ordre du roi. Or il était résolu à venger la blessure de Coligny... La présence d'esprit, l'audace et l'habileté de Catherine de Médicis et de son fils forceraient l'admiration, s'il ne s'était agi de commettre un crime pareil! Mais on peut se demander aussi quel démon les poussa, connaissant le caractère changeant de Charles IX. Il faut croire qu'ils avaient réellement peur de ses réactions et qu'ils agirent surtout par lâcheté. Il est vrai aussi que les protestants ne cachaient guère leurs intentions; au cours du souper, le jeune Pardaillan, page d'Henri de Navarre, déclara à l'adresse de la reine mère: «Si l'amiral doit perdre un bras, mille autres se lèveront pour faire un tel massacre que les rivières du royaume rouleront du sang!» Cette menace n'était pas de nature à rassurer Catherine... A 8 heures du soir, dans cette robe noire qui accentue sa pâleur, flanquée d'Henri d'Anjou, non moins pâle, elle entre chez le roi. C'est elle qui parle, de sa lourde voix grasseyante. Elle n'essaie point de nier sa participation à l'attentat, ni celle d'Henri. Ce qu'elle a voulu. c'est sauver le royaume et la personne même du roi menacée par un effroyable complot. Car l'amiral cache la trahison sous ses belles paroles. Ce qu'il veut, c'est le pouvoir pour les calvinistes. Ce qu'il prépare, c'est le massacre des catholiques, à commencer par la famille royale. Le rassemblement de tant de seigneurs protestants pour les noces d'Henri de Navarre n'avait pas d'autre but que d'investir commodément le Louvre et de se saisir de la personne royale. Tout le reste est leurre, faux-semblant, perfidie d'hérétiques damnés... Cela dure deux longues heures. Peu à peu, les protestations de Charles IX se changent en acquiescements muets. La raison du pauvre roi vacille sous le coup. Alors la vieille élève de Machiavel abat sa dernière carte. Que craint le roi? La présence des gentilshommes protestants dans le palais? Le danger qu'il faut bien accepter de courir? Mais serait-il moins brave que son frère, à Jarnac et à Moncontour? Or Charles IX déteste son frère, tout en l'enviant, à cause de ces deux victoires. Il fulmine: «Eh bien, par la mort de Dieu, soit! Mais tuez-les tous, qu'il n'en survive aucun pour me le reprocher! Donnez-y ordre promptement.»

Catherine n'en demandait que douze. Sous la plume du duc d'Anjou[1], la scène prend une autre couleur:

---

1. Lettres missives d'Henri III.

« Nous l'emportâmes, et reconnûmes à l'instant une soudaine mutation et une merveilleuse et étrange métamorphose au roi, qui se rangea de notre côté et embrassa notre opinion, passant bien outre et plus criminellement ; car, s'il avait été auparavant difficile à persuader, ce fut lors à nous à le retenir. Car en se levant et prenant la parole, nous imposant silence, nous dit de fureur et de colère en jurant « Par la mort de Dieu », puisque nous trouvions bon qu'on tuât l'amiral, qu'il le voulait, mais aussi tous les huguenots de France, afin qu'il n'en demeurât pas un qui lui pût reprocher après, et que nous y donnassions ordre promptement. Et sortant furieusement, nous laissa dans son cabinet, où nous avisâmes ce qui sembla à propos pour l'exécution d'une telle entreprise. »

Le conseil de la reine mère s'empresse d'« aviser ». Il faut battre le fer quand il est chaud, ne pas laisser au roi le temps de se reprendre. Le pauvre n'en a garde : il a humé le sang ; il n'est plus entre les mains de sa mère et de son frère qu'un pantin sinistre ! Il fait ce qu'on lui ordonne, ou plutôt ce qu'on lui suggère. Vers 11 heures du soir, il convoque le prévôt des marchands Le Charron, et Marcel son adjoint et inspirateur. On leur annonce qu'une conspiration menace l'Etat. Ils promettent vingt mille hommes. On leur dévoile le prétendu complot des protestants et on leur fait jurer le secret. Ils reçoivent l'ordre d'inviter les quarteniers (chefs de quartier) de Paris à se tenir prêts pour agir au signal donné. Ce signal sera la cloche du palais, suivi du tocsin sonné par toutes les églises de la capitale. Pour éviter les méprises, on arborera une croix blanche et un brassard, et l'on éclairera toutes les fenêtres. Par mesure de précaution, les portes de Paris seront fermées ; l'hôtel de ville, les places et les carrefours seront occupés militairement. Ces mesures se trouveront facilitées par le fait que, la veille, la municipalité de Paris, craignant des troubles, avait commencé la mobilisation de sa milice et rassemblé une troupe « à pied et à cheval » à l'hôtel de ville.

Vers 11 heures, c'est le duc de Guise que l'on appelle, avec son oncle d'Aumale et d'Angoulême, fils naturel d'Henri II. On lui permet de venger son père, en tuant l'amiral et ceux de sa suite.

Il ne reste plus qu'à attendre l'aube. Le roi ne s'est pas déshabillé ; il « baliverne » avec quelques seigneurs. La reine mère est avec ses dames, comme chaque soir, pour le cérémonial du coucher. Tout paraît calme. Marguerite de Valois, la nouvelle mariée, ne se doute de rien, s'il faut en croire ses Mémoires: «Les huguenots me tenaient suspecte parce que j'étais catholique, et les catholiques parce que j'avais épousé le roi de Navarre, qui était huguenot. De sorte que personne ne me disait rien, jusqu'au soir qu'étant au coucher de la reine ma mère, assise sur un coffre auprès de ma sœur de Lorraine que je voyais fort triste, la reine ma mère, parlant à quelques-uns, m'aperçut, et me dit que je m'en allasse coucher; comme je faisais la révérence, ma sœur me prend par le bras et m'arrête, et se prenant fort à pleurer, me dit: «Mon Dieu, ma sœur, n'y allez pas.» Ce qui m'effraya extrêmement. La reine ma mère s'en aperçut, et appelant ma sœur se courrouça fort à elle, et lui défendit de me rien dire. Ma sœur lui dit qu'il n'y avait point d'apparence de m'envoyer sacrifier comme cela, et que sans doute, s'ils découvraient quelque chose, ils se vengeraient de moi. La reine mère répond que, s'il plaisait à Dieu, je n'aurais point de mal; mais, quoi que ce fût, il fallait que j'allasse de peur de leur faire soupçonner quelque chose...»

A vrai dire, selon le témoignage de Cavriana, médecin de la reine mère, les dames rassemblées dans cette chambre se doutent si bien de «quelque chose» qu'elles sont «à demi mortes d'effroi». Quant aux hommes, ils paraissent inconscients ou dédaignent le danger. Le roi dit au comte de La Rochefoucauld, pour lequel il a de l'affection:

– Foucauld, ne t'en vas pas; il est déjà tard, nous balivernerons le reste de la nuit.

L'autre rit:

– Cela ne se peut, car il faut dormir et se coucher.

– Tu coucheras avec mes valets de chambre.

– Les pieds leur puent! A Dieu, mon petit maître.

Foucauld quitte le roi, passe chez sa maîtresse, va ensuite saluer Henri de Navarre et sort du Louvre pour être massacré dans son premier sommeil.

Dans la ville silencieuse, les quarteniers, cinquanteniers et dizeniers rassemblent leurs miliciens cuirassés, casqués, armés de hallebardes, d'épées et de pistolets. Ces troupiers s'acheminent vers l'hôtel de ville où Le Charron et son conseil siègent depuis 11 heures, sans désemparer. L'aube point derrière les créneaux de la Bastille et la flèche de Notre-Dame.

Au Louvre, Henri de Navarre se lève. Il n'a pas fermé l'œil, non plus que sa femme. Quarante gentilshommes huguenots montaient la garde autour du lit nuptial et n'arrêtaient pas de commenter l'attentat contre l'amiral, et d'affirmer que, le lendemain, ils en demanderaient justice au roi et que «si on ne la leur faisait, ils la feraient eux-mêmes». Donc, au point du jour, Henri quitte la chambre avec son escorte; il prétend qu'il va jouer à la paume. Marguerite ordonne à sa nourrice de fermer la porte et s'endort, recrue de fatigue. Il lui semble que tout danger est écarté. En réalité, son mari se rend chez le roi qui l'a convoqué. On interdit à ses gentilshommes de le suivre.

Il est 3 heures du matin. Tout à coup, le tocsin retentit, répété par toutes les cloches de Paris, cependant que, suivant les ordres, les fenêtres catholiques s'illuminent et que, dans le quartier de Saint-Germain où tant de huguenots se sont logés, les rues s'emplissent de soldats portant brassard et croix blanche sur leur chapeau. Guise, d'Aumale et d'Angoulême sont, avec leurs sicaires, devant l'hôtel de Coligny. Les Suisses qu'Henri de Navarre a prêtés à Coligny pour le protéger sont trop peu nombreux. La bande se rue dans l'escalier: «Mes amis, dit l'amiral, je n'ai plus que faire de secours humain; c'est ma mort que je reçois volontiers de la main de Dieu; sauvez-vous.» L'un des meurtriers fait irruption dans la chambre et demande: «Es-tu l'amiral?» Le corps percé de coups est jeté par la fenêtre et tombe devant Guise, qui se penche pour le reconnaître et lui donne un coup de pied dans le ventre.

Au Louvre, Marguerite s'éveille en sursaut. On frappe des pieds et des mains à sa porte, en criant «Navarre, Navarre!» La nourrice croit que c'est le mari, et ouvre. C'est un gentilhomme blessé que serrent de près quatre archers. Il se jette sur le lit et empoigne Marguerite à bras-le-corps. Tous deux roulent dans la ruelle. Le capitaine des gardes survient alors et ne peut s'empêcher de rire, tout en gourmandant les archers de «leur indiscrétion». Il accorde la vie sauve au blessé et rassure Marguerite sur le sort du roi de Navarre. Puis, galamment, après qu'elle eut changé sa chemise ensanglantée, il la conduit chez sa sœur de Lorraine. En chemin, un malheureux tombe tout près d'elle, percé de trois coups de hallebarde.

Mais autour du Louvre, toute la ville retentit de cris, s'éclabousse de sang. La Saint-Barthélemy est commencée. Dimanche 24 août 1572!...

III

LE ROI GIBOYEUR

Charles IX participa-t-il lui-même à la tuerie ? Brantôme l'affirme : « Il s'en est dit de tant de diverses façons qu'on ne sait qu'en croire ; mais il fut tant poussé de la reine, et persuadé du maréchal de Retz qu'il s'y laissa aller et couler aisément, et y fut plus ardent que tous ; si bien que lorsque le jeu se jouait, et qu'il fut jour, et qu'il mit la tête à la fenêtre de sa chambre, et qu'il voyait aucuns dans les faubourgs de Saint-Germain qui se remuaient et se sauvaient, il prit une grande arquebuse de chasse qu'il avait, et en tira tout plein de coups à eux, mais en vain car l'arquebuse ne tirait si loin. Incessamment criait : «Tuez! Tuez! » Il n'en voulut sauver aucun, sinon maître Ambroise Paré, son premier chirurgien et le premier de la chrétienté ; et l'envoya quérir et venir le soir en sa chambre et garde-robe, lui commandant de n'en bouger. » Goulard, dans son *Etat de la France,* confirme cette accusation. Agrippa d'Aubigné également ; on lit dans les *Tragiques* ces terribles vers :

> *Ce roi, non juste roi mais juste arquebusier,*
> *Giboyait aux passants trop tardifs à noyer,*
> *Vantant ses coups heureux...*

Quant à l'avocat Conon, il raconte que certains seigneurs huguenots, logés au faubourg Saint-Germain et prévenus de la tuerie, ne voulurent pas croire que Charles en était l'auteur et, au lieu de fuir, résolurent de se rendre au Louvre et de se placer sous la protection du roi. Quelques-uns imaginèrent que les Guise et leurs partisans attentaient à sa personne et traversèrent la Seine pour le secourir. «Mais dès qu'ils virent sur la rivière et venir droit à eux plus de deux cents soldats armés de la garde du roi, criant: «Tue, tue!» et leur tirant des arquebusades à la vue de ce prince même, qui était aux fenêtres de sa chambre (encore m'a-t-on dit que le roi, avec une arquebuse de chasse, criait, en reniant Dieu: «Tirons, tirons, car ils s'enfuient!»), à ce spectacle, ces pauvres seigneurs et gentilshommes furent contraints, qui à pied, qui à cheval, qui bottés, qui sans bottes ni éperons, laissant tout ce qu'ils avaient de plus précieux, pour sauver leur vie…»

On sait quelle folie de meurtre saisissait Charles IX au cours de ses chasses, quel massacre de bêtes innocentes il perpétrait pour le plaisir de voir gicler le sang. On a cependant nié sa participation au massacre, en invoquant les remords qui finirent par le tuer. Mais les remords ne l'assaillirent que plus tard, peut-être sous l'effet de la maladie. Pour sa part, l'aimable duc d'Anjou avoue cyniquement: «Or, après avoir reposé seulement deux heures la nuit, ainsi que le jour commençait à poindre, le roi, la reine ma mère et moi allâmes au portail du Louvre, joignant le jeu de paume, en une chambre qui regarde sur la place de la basse-cour, pour voir le commencement de l'exécution…» Il est vrai qu'il prétend ensuite qu'ayant entendu un coup de pistolet ils furent terrorisés par les conséquences de leur entreprise et expédièrent en toute hâte un contrordre à Guise. Mais leur envoyé arriva trop tard.

Rien ne traduit mieux l'atmosphère de cette aube tragique et de cette matinée de la Saint-Barthélemy que cette page écrite par un protestant anonyme et que l'on nous permettra de citer intégralement:

«Toute la ville fut en un instant toute remplie de corps morts de tout sexe et âge, voire avec telle confusion et désordre qu'il était permis à chacun de tuer qui bon lui semblait, fût-il de la religion ou non, pourvu qu'il y eût à prendre ou qu'il fût ennemi, de façon que plusieurs papistes même furent tués, voire quelques abbés et protonotaires afin de faire tomber leurs bénéfices en nouvelle main. Toutefois la principale furie tomba sur les nôtres; et pour donner meilleure curée aux meurtriers, le sac et pillage des maisons leur fut octroyé, afin que, par même moyen, les crocheteurs, coupeurs de bourses et autres larrons et fainéants, dont il y a toujours grand nombre, se

LE ROI DES CAPITAINES

ruassent plus vivement sur nous pour l'espérance du butin, sinon d'aventure qu'il fût trop grand; car en ce cas les principaux chefs le réservaient pour eux, comme entre autres la maison de Thierry Badoire, riche lapidaire, fut un butin aux Suisses, ou, comme affirment d'aucuns, au duc d'Anjou, à cause de plusieurs pierres et joyaux précieux qui y étaient; celle de l'évêque de Chartres pour le bâtard d'Angoulême, qui avait déjà eu promesse de son évêché. Outre le meurtrier et le pillage, plusieurs femmes et filles furent violées et exposées à toute impudicité, principalement celles dont les parents ou maris étaient fort odieux, desquels nous spécifierons les noms s'il était besoin. Bref, on peut dire que la ville fut exposée à ces trois vices énormes, à savoir: au meurtre, au vol et à l'inceste et sodomie. Mais on ne saurait dire avec combien de cruautés ces meutres, commis chez ces personnes et infinies autres, furent commis tant le jour du dimanche que les autres suivants. La plupart étaient tués à coups de dague et poignard; ceux-là étaient bourrelés en toutes les parties du corps, mutilés de leurs membres, moqués et outragés de brocards plus piquants que les pointes des glaises. J'oubliais à dire qu'on assomma plusieurs vieilles gens en leur cognant les têtes contre les pierres du quai, puis on les jetait mi-morts en l'eau. Un petit enfant en maillot fut traîné par les rues, avec une ceinture au cou, par des garçons âgés de neuf à dix ans. Un autre petit enfant, emporté par un massacreur, se jouait à la barbe de celui-ci et lui souriait, mais au lieu de l'émouvoir à compassion, ce barbare endiablé lui donna un coup de dague, puis le jeta en l'eau si rouge de sang qu'elle fut longtemps sans pouvoir recouvrer sa première couleur.

«Le papier pleurerait si je récitais les blasphèmes horribles qui furent prononcés par ces monstres et diables acharnés pendant la fureur de tant de massacres. La tempête, le son continuel des arquebuses et pistoles, les cris lamentables et effroyables de ceux qu'on bourrelait, les hurlements de ces meurtriers, les corps jetés par les fenêtres, traînés par les fanges, avec des huées et sifflements étranges, les brisements des portes et des fenêtres, les cailloux qu'on faisait voler contre, et les pillages de plus de six cents maisons, continuant longuement, ne peuvent présenter aux yeux du lecteur qu'une perpétuelle image de malheur extrême en toutes sortes.»

Les ducs de Guise, d'Aumale et de Nevers circulaient à cheval, au milieu des forcenés, s'époumonaient à crier: «Tuez, tuez tout, le roi le commande!» Des charrettes chargées de morts, hommes, femmes, filles, pêle-mêle, dépouillés de leurs vêtements sillonnaient la foule. On les déchargeait dans la Seine, et ces corps mutilés s'en allaient au fil de l'eau. Toute la truandaille parisienne sortait de ses tanières, prêtait la main aux seigneurs catholiques, aux soudards des Guise et aux miliciens de la ville. Des coquins éhontés choisissaient les maisons riches, sans se soucier de la confession de leurs habitants, pour égorger et butiner impunément. Quelques-uns de ces tueurs se vantèrent d'avoir assassiné quatre-vingts huguenots en une seule journée. D'autres prétendaient sauver leurs victimes, se faisaient verser une rançon, puis leur coupaient la gorge. Telle fut l'industrie de ce parfumeur italien que l'on accusait d'avoir empoisonné Jeanne d'Albret. Il en était de même du noble Annibal de Coconnat, capitaine piémontais, que nous retrouverons au chapitre suivant; il poussait le sadisme jusqu'à racheter les huguenots, pour les obliger à renier leur foi contre promesse de vie, et, ensuite, les poignarder et jouir du spectacle de leur agonie.

Entre 11 heures et midi du même jour, le premier du massacre, les échevins prirent peur et vinrent au Louvre supplier le roi d'arrêter les assassins. Mais en avait-il les moyens? Qui, désormais, pourrait apaiser cette fureur populaire dégénérant en insurrection?

Le lendemain 25 août, alors que la lassitude gagnait les plus enragés et sans doute l'écœurement, un fait se produisit qui relança la soif de meurtre. On vit, au cimetière des Innocents, une aubépine en fleurs. On crut, on répandit, que le «reverdissement» de cette aubépine présageait celui du royaume épuré de sa huguenoterie. Cette journée-là, les Guise et leurs séides la consacrèrent à pourchasser les fugitifs: ceux qui étaient parvenus à s'enfuir du faubourg Saint-Germain, entre autres le vidame de Chartres et Montgomery. Ils rentrèrent bredouilles et furieux.

Le 26, à leur instigation, Charles IX tint un lit de justice. Il parut en ses habits royaux et déclara au Parlement que ce qu'il avait fait, il y avait été obligé pour sauver l'Etat. Il annonça que les édits de tolérance précédemment accordés étaient désormais abolis et que la seule religion serait dorénavant catholique, apostolique et romaine. Il osa se rendre à Montfaucon où l'on avait pendu la dépouille de Coligny. Les gentilshommes de la suite se bouchaient le nez, à cause de la puanteur. Il dit : « Je ne le bouche comme vous autre, car l'odeur de son ennemi est très bonne. »

Il avait contraint, sous peine de mort, Henri de Navarre et son cousin Condé à abjurer leur foi. Devant ce dément, Henri crut inutile de s'opiniâtrer. Condé résista davantage, dit qu'il ne devait compte de sa religion qu'à Dieu et qu'il était résolu à ne pas renoncer à la vérité sous la menace. Le roi l'injuria et faillit l'étrangler : on imagine la scène de famille ! Il n'empêche que le prince abjura le premier. Les deux Bourbons étaient, avec quelques serviteurs, les seuls rescapés du massacre dans le palais.

Mais « le honteux bain de sang » (l'expression est de Maximilien d'Autriche, beau-père de Charles IX) avait-il atteint son but ? Les ordres – d'ailleurs contradictoires – expédiés aux gouverneurs des provinces, ne furent point strictement observés ! Sans doute y eut-il des massacres de huguenots à Toulouse, à Rouen, à Bourges, à Lyon, mais, ailleurs, ils furent épargnés, sciemment. Le nombre des victimes varie extrêmement d'un mémorialiste à l'autre, de 15000 à 60000. Il semble ne pas avoir dépassé 20000 y compris Paris où l'on enregistra environ 4000 morts. Coligny avait péri, le roi de Navarre et le prince de Condé étaient captifs au Louvre, mais beaucoup de chefs huguenots s'étaient échappés. De plus, quantité de modérés, devant de telles outrances, s'étaient faits huguenots. On ne pouvait douter que le parti réformé, un instant abattu, ne se réorganisât, animé d'une haine et d'une virulence toute nouvelle. Le parti catholique en sortait ébranlé et déconsidéré ; comme le dit le maréchal de Tavannes : « Le coup fini, le péril passé, le sang blessa les consciences. » Quant à Catherine de Médicis, si elle avait repris son empire sur son malheureux fils et s'était débarrassée de Coligny, elle avait fait du duc de Guise « Le roi de Paris ». Le temps allait venir où celui-ci menacerait le trône plus gravement que ne l'avait fait l'infortuné Coligny. Désormais aucune force ne ferait contrepoids à la tyrannie des « Messieurs de Lorraine ». L'équilibre que la reine mère avait eu tant de peine à maintenir, elle venait elle-même de le rompre.

En tout cas, la première conséquence de la Saint-Barthélemy fut de rallumer la guerre. Ce fut en vain que Charles IX obligea le roi de Navarre à assister à la messe, à solliciter officiellement le pardon du pape, à signer un édit rétablissant le culte catholique dans ses Etats et supprimant le culte protestant, à inviter les échevins de La Rochelle à recevoir le gouverneur nommé par le roi. Les réformés savaient qu'Henri de Navarre ne signait que sous la contrainte; que ses actes n'avaient dès lors aucune valeur. Privés de chef, ils étaient résolus à se battre et mirent La Rochelle en état de défense. Charles IX obligea Navarre et Condé à accompagner l'armée de siège commandée par le duc d'Anjou. Henri, fidèle à son génie et passé maître dans l'art de dissimuler, faisait le rieur. On ne pouvait déceler, dans son comportement, ses paroles et ses expressions de visage, ce qu'il pensait réellement, ce qu'il projetait. Cependant, dans quelle mesure participa-t-il aux obscures tentatives du duc d'Alençon, rival de son frère d'Anjou, et pour cette raison adhérant au parti des Politiques alors naissant? Courut-il, comme il l'affirma plus tard, le risque d'être victime d'une seconde Saint-Barthélemy prévue après la capitulation de La Rochelle? Mais la ville résista vaillamment. Et le duc d'Anjou, élu roi de Pologne, fut trop heureux de ce prétexte pour lever le siège.

IV

LA COUR DES VALOIS

Il est quasi impossible de cerner la personnalité réelle de Marguerite de Valois. Instruite, intelligente, elle l'était certainement, bien que ses Mémoires soient d'une lecture fastidieuse en raison de la lourdeur du style. Il semble pourtant que son esprit ait été plus sophistiqué que pénétrant, avec un penchant marqué pour l'intrigue. Elle était Médicis plus que Valois, sans les talents politiques de sa mère et sans la volonté tenace, mais avec sa fausseté et sa perfidie. Belle assurément, malgré le museau de fouine de ses aïeux florentins (et de ses frères), avec des joues un peu tombantes, un menton fuyant et des lèvres gourmandes, mais aussi des yeux immenses qui lui mangeaient le visage. Il ne faut pas trop se fier aux soupirs des poètes ni aux exclamations énamourées de Brantôme! D'ailleurs, il n'était pas difficile de surpasser en beauté toutes les dames de la cour, quand on arborait les robes brodées de perles et de pierres précieuses et les somptueux bijoux qui étaient les siens. Certes, elle avait l'usage du monde, le don de repartie et une grâce sans pareille pour danser. Mais ce qui plaisait tant aux hommes, c'était sa nature sensuelle. Elle n'avait de vérité que dans le plaisir, qui fut son unique recherche, son unique maître et le pôle de sa vie! Les mauvaises langues de la cour disaient qu'elle avait été déflorée à onze ans; que ses frères d'Anjou et d'Alençon avaient eu ses faveurs avant le duc de Guise et beaucoup d'autres. On ne prête qu'aux riches! Il est pourtant certain qu'elle ne résistait pas à la brûlure du désir et passait pour experte en caresses. Il existe d'elle un petit texte peu connu, intitulé *La ruelle mal assortie, dialogue d'amour entre Margue-*

rite de Valois et sa bête de somme. Ce n'est point tomber dans la littérature graveleuse que d'en citer un bref passage ; il nous éclaire sur sa personne :

« Approchez-vous donc, mon Peton, car vous êtes mieux près que de loin. Et puisque vous êtes plus propre à satisfaire au goût qu'à l'ouïe, recherchons d'entre un nombre infini de baisers diversifiés, lequel sera le plus savoureux pour le continuer. Oh ! qu'ils sont doux et tout maintenant assaisonnés pour mon goût ! Cela me ravit, et il n'y a sur moi petite partie qui n'y participe et où ne furète et n'arrive quelque étincelle de volupté. Mais il en faut mourir ; j'en suis tout émue et en rougis jusque dans les cheveux ! Oh ! Vous excédez votre commission, et quelqu'un s'en apercevra de cette porte. Eh bien ! vous voilà enfin dans votre élément, où vous paraissez plus qu'en chaire. Ah, j'en suis hors d'haleine et ne m'en puis ravoir ; et me faut, n'en déplaise à la parole, à la fin avouer que, pour si beau que ce soit le discours, cet ébattement le surpasse ; et peut-on bien dire, sans se tromper : rien de si doux, s'il n'était si court. »

Que cette créature de feu ait, brièvement, séduit Henri de Navarre, cela se conçoit. Mais il était de telle complexion qu'il aimait aimer et tout ce que Marguerite pouvait lui donner en fait de sentiment, c'était de parfaire son éducation amoureuse, l'initier aux caresses rares. Il était bien trop simple pour elle et puis il sentait le gousset, alors qu'elle aimait les parfums suaves. Peut-être fut-il d'abord secrètement flatté d'avoir dans son lit cette fille de roi et se laissa-t-il éblouir par le luxe raffiné du décor. Mais, très vite, il comprit qu'on lui avait donné pour femme une fille, un corps sans âme et sans cœur. Jamais il ne put l'aimer. Et d'ailleurs comment pouvait-il en être autrement, la Saint-Barthélemy ayant fait de leur union des noces de sang. L'épreuve, somme toute partagée, aurait pu les rapprocher. Mais pouvait-il oublier que cette femme était la propre sœur de l'assassin de ses amis, la fille de cette créature toujours vêtue de noir qui avait préparé un crime pareil et l'amante de Guise qui en était le principal auteur ? Cependant ils étaient tous deux jeunes et avides de plaisir ; ils firent donc l'amour ! Dans son *Divorce satyrique,* un pamphlet atroce, Agrippa d'Aubigné fait dire à Henri : « Nous étions tous deux jeunes et l'un et l'autre si paillards qu'il était plus qu'impossible de nous en empêcher. » Toutefois, Marguerite se lassa la première et reprit sa liberté, laissant son mari mugueter à son aise avec les dames de la cour. Ils devinrent complices de leurs amours réciproques, Henri n'essayant même pas de retenir sa femme. Complices et associés, quoique se méfiant l'un de l'autre! Dans ses Mémoires, Marguerite feint d'être offensée; elle se pose en bonne épouse, veillant aux intérêts de son mari. Ce ne fut cependant pas toujours le cas, Marguerite restant comme ses frères soumise à l'autorité maternelle. Mais on ne peut nier qu'elle ne donnât d'utiles conseils à Henri et ne lui dévoilât, à son corps défendant, certaines machinations. De tout façon, Henri ne pouvait que s'instruire auprès de cette femme rompue aux intrigues de la cour. Mais que sa position restait donc malaisée, en dépit de sa prudence, de sa bonne humeur et de sa gentillesse! Pierre de L'Estoile note dans son *Journal:* «Le peu de compte que l'on faisait de ce petit prisonnier de roitelet qu'on galopait à tout propos de paroles et de brocards, comme on eût fait d'un simple page ou laquais de cour, faisait mal au cœur à beaucoup d'honnêtes gens.» Nul ne se doutait alors qu'il complotait la vengeance de Coligny avec le duc d'Alençon que l'ambition dévorait et qui était le seul des Valois à n'avoir pas trempé dans la Saint-Barthélemy.

Charles IX déclinait à vue d'œil. Mais il luttait contre son mal en achevant de s'épuiser. Il passait douze à quatorze heures à cheval à courre le cerf, restant parfois absent pendant trois jours, ne suspendant la poursuite que pour prendre un peu de nourriture. Quand il reparaissait à la cour, il avait les mains calleuses, pleines de coupures et d'ampoules. Il fuyait la reine mère et plus encore le duc d'Anjou, qui guettait âprement les progrès de son mal et dont il savait qu'il attendait impatiemment sa mort. Rien ni personne ne le pouvait apaiser, même pas la si jolie Elisabeth d'Autriche, sa femme. Son regard s'assombrissait de jour en jour. Lorsque les ambassadeurs vinrent de Pologne chercher leur nouveau roi, on comprit qu'il était perdu. Il ne pouvait regarder son interlocuteur en face. Il baissait la tête et fermait les yeux et, quand il les rouvrait, un instant, c'était avec une expression de souffrance intolérable. Il se traînait de la sorte au milieu des fêtes que l'on offrait aux Polonais, faisant peine à voir. Cependant, les fêtes terminées, le duc d'Anjou ne se pressa pas de partir. Charles IX le haïssait tant qu'il lui dit: «Si vous ne partez pas par amour, je vous ferai partir par force!» Le duc d'Anjou eut peur; il redoutait un sursaut de fureur de ce mourant. On se mit en route, en grand équipage. Henri et Marguerite étaient du voyage. On se sépara à Blamont, près de Lunéville et Catherine de Médicis dit: «Allez, mon fils, vous ne serez pas longtemps absent.» Surprenante parole venant d'une mère, mais Catherine n'avait jamais caché sa préférence pour Henri d'Anjou...

En revenant vers Paris, Alençon et Navarre tentèrent pour la première fois de s'évader. Ils étaient convenus de fausser compagnie au cortège royal en traversant la Champagne. Une compagnie de huguenots à cheval devait les attendre et les escorter. Marguerite prétend qu'elle fut informée du projet par le sieur de Miossens, ce gentilhomme auquel elle avait sauvé la vie à l'aube de la Saint-Barthélemy; il payait en somme une dette de reconnaissance. Affirmation plus que douteuse, car Miossens, converti de force au catholicisme, était un d'Albret, cousin d'Henri de Navarre. On ne peut concevoir qu'il ait de la sorte trahi son maître et son parent, parce qu'il jugeait l'entreprise «pernicieuse». Quoi qu'il en soit, dès que Marguerite eut vent du projet, elle le dénonça à sa mère, tout en lui faisant promettre d'épargner les coupables, selon sa propre expression «excusables pour leur enfance». L'affaire n'eut pas de suites, mais on redouble de surveillance, sans toutefois prendre garde que l'enjouement d'Henri de Navarre attirait chez lui beaucoup de jeunes gentilshommes. Le duc d'Alençon se mettait en frais pour endormir sa sœur de cajoleries et de belles promesses. Plusieurs vieux seigneurs se rendaient aussi volontiers chez les Navarre: Henri les traitait avec un tel respect; il savait bien les écouter! Le diable à quatre faisait feu de tout bois; de surcroît, il s'instruisait, se perfectionnait dans l'art délicat du maniement des hommes. En apparence, il semblait ne chercher qu'à se divertir; en réalité, il continuait son apprentissage, car cette intelligence prompte saisissait tout, et dans l'instant, et de tout elle faisait son miel. Il n'était pas jusqu'à sa belle-mère dont il n'étudiait les méthodes, s'exerçant à la percer à jour et rendant ruse pour ruse. Elle était redevenue la «gouvernante» du royaume à part entière. Le roi se mourait. La cour prolongeait son séjour à Saint-Germain, dont l'air pur était recommandé par les médecins. La mort de Charles IX retirerait Anjou de Pologne et la partie à jouer serait encore plus dangereuse pour le roi de Navarre. Il savait que le duc d'Anjou le haïssait, plus encore que la reine mère. Est-ce là ce qui hâta sa décision d'adhérer au parti des Politiques ?

Les Politiques étaient à la fois le parti des mécontents et des raisonnables, aspirant à la paix, acceptant par avance le principe de la cohabitation légale entre les deux religions. Le complot réunissait le duc d'Alençon, le roi de Navarre, le duc de Montmorency, ses neveux Thoré et Méru, son petit-neveu Turenne, le maréchal de Cossé, et nombre de gentilshommes parmi lesquels le Piémontais Annibal de Coconnat, homme à tout faire, et son ami Boniface de La Mole. Quelques centaines de partisans devaient forcer les portes du château de Saint-Germain et proclamer le duc d'Alençon lieutenant général du royaume. La prise d'armes avait été fixée au mardi gras 1574. Mais, parmi les conjurés, on manquait de discrétion. Comme le dit le duc de Bouillon dans ses Mémoires : « Il y avait des amours mêlées qui font ordinairement, à la cour, la plupart des brouilleries et s'y passent peu ou point d'affaires que les femmes n'y aient part et, le plus souvent, sont causes d'infinis malheurs à ceux qui les aiment et qu'elles aiment. »

Pendant qu'Henri de Navarre filait le parfait amour avec Charlotte de Beaune-Semblançay, baronne de Sauve, sa chère épouse séduisait La Mole, qui passait pour « meilleur champion de Vénus que de Mars ». Il semble bien que la reine mère ait eu connaissance de certains bavardages imprudents de La Mole et qu'elle ait chargé sa fille de le confesser sur l'oreiller. La Mole était un fat et un vantard. Il se croyait un personnage. Marguerite était experte ; elle connaissait l'étrange faiblesse des hommes après l'amour. Elle apprit donc ce qu'elle voulut et vint réciter sa leçon à Catherine de Médicis. L'alarme fut extrême, et la riposte immédiate. En un moment, les Suisses et les compagnies françaises furent sur pied de guerre, leurs tambours battant aux champs. Les voitures étaient avancées où, déjà, l'on chargeait les bagages. Conduit dans le cabinet du roi, le duc d'Alençon avoua, en chargeant le plus possible ses amis, dont le roi de Navarre. La Mole enchérit sur les aveux de son maître. En pleine nuit, le cortège royal partit pour Paris. La reine mère avait fait monter son fils d'Alençon et son gendre dans son carrosse ; ils étaient désormais des captifs et des conspirateurs, Charles IX suivait en litière, terrassé par ce nouveau coup. En arrivant à Paris, il dut s'alliter. Le 10 avril, il se fit transporter à Vincennes, croyant y mourir en paix. Par surcroît de précautions, Alençon et Navarre furent emprisonnés dans le même château, dont la garde suisse fut renforcée. La Mole et Coconnat furent arrêtés, soumis à la torture. Alençon et Navarre durent eux-mêmes subir des interrogatoires humiliants. Le parti catholique, plus exactement les Guise pressaient Catherine de se débarrasser des coupables, principalement du roi de Navarre; ils montraient combien cette conspiration, le roi se mourant, était dommageable au duc d'Anjou. Bien qu'ils la prissent par son point faible, elle tint bon, jugeant monstrueux d'exterminer son fils et son gendre. Mais elle exigea de ceux-ci une confession entière... attestant toutefois qu'ils avaient été subornés par La Mole et Coconnat. Ce fut Marguerite qui se chargea de rédiger la justification de son mari, dont la reine mère feignit de se contenter. Certes, ce «lâchage» d'Henri n'est guère à son honneur, mais avait-il le choix? Il est assez symptomatique qu'au lieu d'écrire lui-même ce mémoire, il confia ce soin à sa perverse épouse. Quel mépris n'y avait-il pas à confier ainsi sa défense à celle-là même qui l'avait dénoncé! On arrêta ensuite plusieurs complices, parmi lesquels l'astrologue Côme Ruggieri, que la reine mère avait placé comme espion près de Charles IX. Coconnat et La Mole eurent la tête tranchée en place de Grève. Les dernières paroles de La Mole méritent d'être signalées; elles définissent le personnage «Dieu ait merci de mon âme, et la bonne Vierge! Recommandez-moi aux bonnes grâces de la reine de Navarre et des dames.» Une tradition veut que Marguerite qui avait «aimé» La Mole et la duchesse de Nevers qui avaient été la maîtresse de Coconnat, aient fait enlever le corps de leurs amants; qu'elles les inhumèrent de leurs propres mains dans la chappelle de Saint-Martin-sous-Montmartre. Tallemant des Réaux ajoute même son grain de sel; il prétend, dans ses *Historiettes,* que les deux amantes abordèrent des robes brodées de tibias et de têtes de mort; qu'elles avaient fait embaumer les cœurs de La Mole et de Coconnat et qu'elles les portaient enfermés en de petites boîtes d'or dans les pochettes de leur vertugadin.

Charles IX parut se rétablir après l'exécution des conjurés, puis entra dans une longue agonie, hantée de fantômes: «Ah! gémissait-il en s'étouffant de sanglots, ma nourrice, ma mie, que de sang, que de meurtres. Ah! que j'ai suivi un méchant conseil! O mon Dieu, pardonne-les-moi et me fais miséricorde s'il te plaît. Je ne sais où j'en suis, tant ils me rendent perplexe et agité: que deviendra tout ceci, que ferai-je? Je suis perdu, je le vois bien.» La nourrice essayait de le consoler: «Sire, les meurtres sont sur ceux qui vous les ont fait faire, mais de vous, sire, vous n'en pouvez mais, et, puisque vous n'y prêtez pas consentement et en avez regret, croyez que Dieu ne vous les imputera jamais, et les couvrira du manteau de la justice de son Fils...»

Il mourut le 30 mai 1574 et fut porté à Saint-Denis le 12 juillet. Marguerite écrit qu'avec lui elle perdit «tout l'appui et support» de sa vie. C'était oublier un peu vite qu'il l'avait contrainte de rompre avec Guise pour épouser le roi de Navarre, la sacrifiant à une politique incohérente. Qu'il avait osé dire qu'en la donnant à Henri, il la donnait à tous les huguenots. Mais enfin peut-être l'avait-il aimée à sa manière. Quant au roi de Navarre, il profita de cette mort pour essayer de s'échapper. Ses trois tentatives d'évasion échouèrent piteusement. Après quoi, il parut se résigner et vaquer à ses amours.

Il n'avait certes que l'embarras du choix! Les filles de la reine mère s'employèrent à le divertir. A leur insu, ces filles folles de leur corps servaient la politique de la Florentine; elles étaient aussi ses espionnes. Pierre de L'Estoile, qui amassait scrupuleusement, classait et recopiait tous les pamphlets que l'on distribuait dans Paris, nous a gardé ce *Manifeste des dames de la cour:*

«Les demoiselles Victri, Bourdeille, Sourdis, Birague, Surgères et tout le reste des filles de la reine mère disent toutes d'une voix: Ha, ha, ha, mon Dieu! que ferons-nous, si tu n'étends ta miséricorde sur nous? Nous crions donc à haute voix que tu nous veuilles pardonner tant de péchés de la chair commis avec rois, princes, cardinaux, gentilshommes, évêques, abbés, prieurs, poètes, et toute autre sorte de gens de tous états, métiers, qualités et conditions; et disons avec Monsieur de Villequier: Mon Dieu! miséricorde, donne-nous la grande miséricorde, et si nous ne pouvons trouver maris, nous nous rendrons aux filles repenties.»

V

L'ÉVASION

Après quatre mois de règne en Pologne, Henri III, qui s'ennuyait, qui regrettait la France et surtout sa belle maîtresse Marie de Clèves, s'enfuit subrepticement de son palais de Cracovie. Ses sujets le poursuivirent. Il parvint à franchir la frontière. A Vienne, l'empereur Maximilien d'Autriche l'accueillit fastueusement : il espérait que le beau cavalier épouserait Elisabeth, sa fille, veuve de Charles IX. Les princes protestants d'Allemagne s'opposant à son passage, il dut faire un crochet par Venise. Le doge lui offrit des fêtes dont on peut à peine imaginer la magnificence. Comme tous les Valois, Henri III chérissait les arts et le luxe. Venise l'initia à ses plaisirs délicats, à son raffinement, à sa fiévreuse ardeur de vivre et à son scepticisme souriant. Il en revint transformé. Malheureusement cette mutation n'était pas dans le goût français de l'époque. Pour cultivés et élégants qu'ils parussent, nos gentilshommes restaient des soudards fort proches des reîtres et des lansquenets allemands. Leurs prototypes et leurs modèles étaient alors Monluc et Agrippa d'Aubigné. Avant son départ pour la pologne, Henri restait un «héros», le vainqueur de Jarnac et de Moncontour. Le parti catholique célébrait sa vaillance :

Toujours nous chantons Henri,
Favori
De Mars et de la jeunesse !

Or il apparut aux courtisans dans un habit couvert de perles, portant double collier d'or et arborant des boucles d'oreilles à pendentifs de pierreries, coiffé, fardé et parfumé comme une femme. Celui qui avait été un prince réputé pour sa distinction et pour sa beauté très réelle n'était plus qu'une créature exquise aux doigts chargés de bagues. D'Aubigné n'y va pas par quatre chemins en traçant ce portrait rageur:

> *Avoir ras le menton, garder la face pâle,*
> *Le geste efféminé, l'œil d'un Sardanapale,*
> *Si bien qu'un jour des Rois, ce douteux animal*
> *Sans cervelle, sans front, parut tel en son bal.*
> *De cordons emperlés sa chevelure pleine,*
> *Sous un bonnet sans bords fait à l'italienne,*
> *Faisait deux arcs voûtés; son menton pinceté,*
> *Son visage de blanc et de rouge empâté*
> *Son chef tout empoudré nous montrèrent ridée*
> *En la place d'un roi une putain fardée.*
> *Pensez quel beau spectacle et comme il fait beau voir*
> *Ce prince avec un busc, un corps de satin noir*
> *Coupé à l'espagnole, où des déchiquetures*
> *Sortaient des passements et des blanches tirures.*
> *Et afin que l'habit s'entresuivît de rang,*
> *Il montrait des manches gaufrées de satin blanc,*
> *D'autres manches encore qui s'étendaient fendues*
> *Et puis jusques aux pieds d'autres manches perdues.*
> *Ainsi bien emmanché, il porta tout ce jour*
> *Cet habit monstrueux pareil à son amour,*
> *Si qu'au premier abord chacun était en peine*
> *S'il voyait une roi-femme ou bien un homme-reine.*

Mais, pour l'heure, Henri III hésitait encore entre ses deux penchants; malgré l'expérience vénitienne, il ne s'était pas encore prononcé. Il avait d'ailleurs un amour chevillé au cœur, sur lequel on n'a jamais beaucoup insisté: c'était Marie de Clèves, mariée au prince de Condé, dont il avait fait sa maîtresse. Devenu roi, il ne voulait rien de moins que la démarier, afin de l'épouser. Grand émoi dans la famille royale! Catherine ne pouvait admettre que Marie devînt reine de France. Elle en fut quitte pour la peur, car la belle et rieuse Marie mourut en couches. Le désespoir d'Henri III fut effréné, au point que l'on craignit pour sa raison. C'était bien mal connaître cette sorte de sensitif. Après les accès de larmes et les gémissements coupés de prostrations, cet esprit bizarre se jeta dans le mysticisme le plus spectaculaire. D'où ces processions de pénitents, de flagellants se donnant réciproquement le fouet, auxquelles il se fit un devoir de participer ardemment. On le vit, dans les rues d'Avignon, conduire les gentilshommes de sa cour «pieds nus, en robe de bure et en cagoule». Toutefois les processions s'achevaient en bacchanales. On passa enfin aux choses sérieuses. Le 13 février 1575, il se fit sacrer à Reims, en grande pompe et son couronnement fut l'occasion de folles prodigalités. Le surlendemain, il épousait Louise de Vaudémont-Lorraine, modeste princesse et cœur sans tache qui, jusqu'au dernier jour, le révérera. Elle était trop effacée, trop discrète, pour retenir cet être fantasque. Au surplus ne l'épousait-il que dans l'espoir d'avoir un dauphin, afin d'assurer la pérennité de sa dynastie. Il n'aima point Louise; il faut dire cependant qu'il l'entoura de respect et même d'affection. La reine mère exultait. Elle ne doutait pas un instant que son fils préféré ne devînt un grand roi. Il est certain qu'il en avait les qualités requises: l'intelligence, la sagacité, le sens politique et même, en dépit des apparences, la volonté. Mais c'était oublier la complexité de la situation, les intérêts en jeu, les passions aiguisées par la Saint-Barthélemy, ce besoin quasi maladif de comploter qui s'était installé chez les grands à l'imitation de la reine mère. D'emblée, Henri III se trouvait confronté aux extrémistes des deux partis, à un royaume divisé, à une anarchie endémique. Se souvenant de Jarnac et de Moncontour, les catholiques attendaient de lui un miracle. Quant aux protestants, ils le haïssaient viscéralement, comme assassin de Coligny. Les uns et les autres furent au moins d'accord pour le discréditer par leurs ragots et leurs pamphlets. Sa préciosité, sa tenue douteuse firent le reste. Quant à lui, il se moquait par trop de l'opinion. Mais ce ne sont là que les apparences du personnage, car, au demeurant, il gardait la plus exacte notion de ses devoirs de roi, et il le prouvera. Comme sa mère, il oscillera d'un parti à l'autre, mais ce n'était pas par manque de discernement ou par faiblesse, ni parce qu'il cédait à l'événement; il utilisait au contraire chaque occasion de raffermir son autorité. Quand il aura compris que la solution appartenait au parti des Politiques, c'est-à-dire en fin de compte au juste milieu, il agira quel que soit le risque... et le risque était mortel !

Dans l'immédiat, le petit roi de Navarre et le duc d'Alençon lui posaient un problème. Il leur avait habilement rendu la liberté, tout en les retenant au Louvre, afin de surveiller leurs agissements. Cette attitude généreuse sembla d'abord porter ses fruits. Henri de Navarre jouait à merveille son double jeu. Il s'adonnait aux dames (sans beaucoup se forcer !), à la danse, à la chasse, aux divertissements de la cour, avec une application exemplaire. Il en rajoutait même un peu, car il avait lié amitié avec les Guise. Le duc ayant été blessé au visage d'une arquebusade qui lui avait laissé une profonde cicatrice (d'où son surnom de « Balafré »), on vit, non sans surprise, Henri de Navarre se précipiter à son chevet. Vis-à-vis d'Henri III et de sa mère, il faisait le flatteur, multipliait les marques du plus profond respect. On ne savait trop s'il était sincère ou s'il se moquait. Les espions, rémunérés et bénévoles, ne manquaient point à la cour ; la reine mère leur avait fait aménager un peu partout d'astucieuses cachettes ; elle disposait en outre de son Escadron volant. Jamais on ne put prendre le roi de Navarre en défaut. Jamais on ne surprit un conciliabule suspect. Il recevait le monde avec la même cordialité et distribuait ses railleries à parts égales entre ses amis et ses ennemis, railleries qui étaient plutôt des « picoteries », car il avait l'art de se moquer sans blesser. Henri III, qui n'aimait guère sa sœur Margot, tenta de le brouiller avec elle, en éveillant sa jalousie. Il escomptait bien tirer quelque confidence de l'un ou de l'autre. L'alliance des époux Navarre et de son frère d'Alençon lui portait ombrage et l'inquiétait. Aussi se faisait-il un plaisir de dénoncer les amants de sa sœur, voire de la faire admonester par Catherine de Médicis. Il ignorait qu'ensuite Henri et Margot en riaient ensemble. D'ores et déjà, ils n'étaient plus que des camarades l'un pour l'autre. Henri voulait ignorer les assiduités d'Entragues et de Bussy, de même que, naguère, il avait fermé les yeux sur les allées et venues imprudentes de La Mole. Margot appelait Mme de Sauve « cette fantaisie » et veillait seulement à ce qu'elle ne prît pas trop d'importance dans le cœur de son mari. Elle se réjouissait, malicieusement, de ce que le duc de Guise et le duc d'Alençon la lui disputassent. Elle était, au fond, assez bonne fille, car Henri ayant failli mourir d'excès amoureux, elle le soigna avec un dévouement touchant[1].

Mais, faisant le fou et l'hypocrite, le roi de Navarre ne renonçait pas pour autant à ses projets et ne se faisait pas d'illusions sur son sort: «La cour, écrivait-il à Miossens, est plus étrange que vous l'ayez jamais vue. Nous sommes toujours prêts à nous couper la gorge les uns aux autres. Nous portons dagues, jaques de mailles et bien souvent la cuirassine sous la cape. Séverac vous en dira les occasions. Le roi est aussi bien menacé que moi... Je n'attends que l'heure de donner une petite bataille, car ils disent qu'ils me tueront.»

Le 15 septembre 1575, le duc d'Alençon parvint à s'échapper le premier. Aussitôt il lança une proclamation visant à restaurer les lois du royaume. Henri III lut ce document en présence de sa mère et du roi de Navarre[2]. On épia les réactions de celui-ci. Il déclara calmement: «On m'en a assez fait faire pendant que j'étais avec feu l'amiral et les autres huguenots. Avant qu'il soit peu de temps, Monsieur m'en dira des nouvelles, et ce de ces gens qui le mettent en besogne. Il sera au commencement leur maître, mais peu à peu ils en feront leur valet. Je sais ce qu'en vaut l'aune.»

Dans cette déclaration imposée par les circonstances, il y avait plus de sincérité qu'il n'y paraît. Henri n'avait aucune illusion sur la fidélité du duc d'Alençon qui était le mensonge fait homme. Il avait en outre analysé la situation en profondeur, avec ce réalisme qui sera toujours le sien. Il comprenait, mieux qu'Henri III, en tout cas avant lui, qu'on ne pouvait désormais plus rien attendre des extrémistes; que le seul parti d'avenir était celui des Politiques. Pour sa part, il avait déjà fait son choix. D'ailleurs, les événements immédiats ne purent que conforter son opinion. L'entreprise du duc d'Alençon fit long feu. Le gouverneur du Languedoc, Damville, s'allia avec le prince de Condé amenant d'Allemagne une troupe de mercenaires. En Poitou, en plusieurs autres provinces, catholiques et protestants modérés se donnèrent la main contre les enragés. Il était, dans la conjoncture, impossible de refaire l'unité, et même de concevoir un plan d'action susceptible d'aboutir. Peu après, le duc d'Alençon entrait en pourparlers avec sa mère; il avait cessé d'être dangereux: il serait aisé de le détacher de ses nouveaux amis, de l'acheter.

1. Comme elle le raconte dans ses Mémoires.
2. Qui n'avait alors que vingt-deux ans!

D'Aubigné, qui était l'écuyer d'Henri de Navarre, se flatte de l'avoir décidé à sortir de son inaction. A l'en croire, il aurait prononcé un discours: «Sire, est-il donc vrai que l'esprit de Dieu travaille et habite encore en vous? Vous soupirez à Dieu pour l'absence de vos amis et fidèles serviteurs et, en même temps, ils sont ensemble soupirant pour la vôtre, et travaillant à votre liberté. Mais vous n'avez que des larmes aux yeux, et eux les armes aux mains... Quel esprit d'étourdissement vous fait choisir d'être valet ici, au lieu d'être le maître là? Le mépris des méprisés où vous seriez le premier de tous ceux qu'on redoute? N'êtes-vous point las de vous cacher derrière vous-même, si le cacher était permis à un prince né comme vous? Vous êtes criminel de votre grandeur et des offenses que vous avez reçues... Encore si les choses honteuses vous étaient sûres; mais vous n'avez rien à craindre tant que de demeurer. Pour nous deux, nous parlions de nous enfuir demain, quand vos propos nous ont fait tirer le rideau. Avisez, sire, qu'après nous, les mains qui vous serviront n'oseraient d'employer sur vous le poison et le couteau.»

Il n'était point besoin d'user de cette menace ni de ce ton de psalmiste (où excellait Agrippa!) pour convaincre le roi de Navarre. Mais la fuite d'Alençon avait réveillé les soupçons et il convenait de redoubler de prudence. Toutefois le temps pressait. Le projet d'évasion fut étudié chez Fervaques, que l'on croyait sûr. On fixa la date au 3 février, le prétexte étant une partie de chasse. Pour déconcerter les agents du roi, son beau-frère, Henri s'offrait le luxe de disparaître, d'inquiéter, de rassurer. Pierre de L'Estoile:

«Deux jours avant son évasion, il avait couru un bruit à la cour et par Paris que le roi de Navarre s'en était fui. Et, de fait, le roi et la reine mère en eurent opinion, pour être informés qu'il n'avait couché à Paris, et ne savoir ce qu'il était advenu, jusqu'à ce que le lendemain matin, bien tard, lorsqu'ils ne l'attendaient plus, il vint à l'improviste trouver, tout botté, Leurs Majestés, à la Sainte-Chapelle, et leur dit en riant à sa manière accoutumée, «qu'il avait ramené celui qu'ils cherchaient et pour lequel ils étaient en peine; qu'il lui était bien aisé de le faire, s'il en eût eu envie; mais que jamais il ne lui était tombé au cœur. Ce qu'il leur avait bien voulu faire paraître, afin que, dorénavant, ils n'eussent plus de telles opinions...».

Le 3 février, le roi de Navarre éprouve le besoin de visiter Guise et de l'accompagner à la foire Saint-Germain, le suppliant de venir à la chasse. Si le Balafré avait accepté, qu'aurait-il fait de lui? Quel piège lui tendait-il? Il saute à cheval et galope vers la forêt de Senlis, flanqué d'Espalongue et de Saint-Martin, deux fidèles d'Henri III. Dès l'aube, on doit lancer le cerf. D'Aubigné est au Louvre. Il assiste au coucher d'Henri III. Il aperçoit Fervaques «collé à l'oreille du roi et le roi attentif à son discours». Dès qu'il le peut, il quitte le Louvre avec Roquelaure et fonce en pleine nuit vers Senlis. Il rencontre enfin son maître, lui annonce que Fervaques a trahi, l'exhorte à risquer le tout pour le tout: «Le chemin de la mort et de la honte, c'est Paris, ceux de la vie et de la gloire sont partout ailleurs.» Belle formule, si jamais elle a été prononcée, car, dans la circonstance, il est douteux qu'Aubigné ait pris le temps de discourir. Les Navarrais veulent supprimer Espalongue et son confrère. Henri les en empêche. Il se contente d'envoyer les deux agents porter un message au Louvre. Le projet prévoyait un itinéraire vers Sedan. Pour égarer les poursuivants, on fonce vers l'ouest, en direction de Pontoise. Quelques gentilshommes seulement forment l'escorte avec d'Aubigné. Ce dernier s'est délecté à noter les péripéties du voyage, à pimenter son récit de gaillardises. Il raconte qu'à Montfort-l'Amaury, au cours d'une étape, le roi de Navarre, pris d'un besoin pressant, entra dans une maison et, faute de mieux, fit dans une met. Une vieille survint derrière lui. Elle lui eût fendu la tête d'un coup de serpe si d'Aubigné ne l'avait arrêtée. Et tous ces jeunes hommes de rire!

– Si vous aviez eu cette honorable fin, dit Agrippa, je vous eusse donné un tombeau dans le style de Saint-Innocent:

> *Ci-gît un roi, par merveille*
> *Qui mourut, comme Dieu permet,*
> *D'un coup de serpe d'une vieille*
> *Comme il chiait dans une met.*

Ce soir-là, on couche à Châteauneuf-en-Thymerais qui appartient à Henri. Ensuite, par Senonches et Mortagne, on gagne Alençon, où l'on se repose quatre jours.

Réaction imprévue: Henri III et sa mère renoncent à le poursuivre; ils semblent se désintéresser; bien plus, on délivre des passeports pour ses serviteurs et ses meubles personnels. Toutefois, la reine Margot témoigne de la colère d'Henri III. Elle dit que, sans l'intervention de la reine mère, il eût fait exécuter «quelque cruauté». Elle n'était pourtant point coupable pour cette fois, Henri ne l'ayant pas mise dans la confidence, étant même parti sans lui dire adieu. Il n'empêche qu'Henri III la fit enfermer dans sa chambre et garder étroitement, afin qu'elle ne pût rejoindre son mari.

Le 26 février, ce dernier arrivait à Saumur, où deux cents gentilshommes se rassemblèrent à son appel. Il était désormais libre de ses actes, et résolu à devenir le chef qui manquait, non seulement à son parti, mais à tout le royaume.

Mais quel chemin lui reste-t-il à parcourir, traversé d'obstacles, d'embûches et de revers! Il a vingt-trois ans; il n'aura pas moins du double de son âge quand il reparaîtra au Louvre...

VI

LA SAINTE LIGUE

Le temps avait travaillé contre le roi de Navarre. Son évasion de Paris augmentait la suspicion des catholiques à son égard. Sa conversion forcée au catholicisme le rendait suspect aux yeux des protestants. Ces derniers estimaient par surcroît qu'il avait montré peu d'empressement à les rejoindre. Les austères, de l'espèce de Duplessis-Mornay, condamnaient ouvertement ses liaisons tapageuses, ses dissipations de toute sorte, bref, sa participation aux excès de la cour. A peine arrivé à Saumur, on lui fit comprendre qu'il ne pouvait jouer que les seconds rôles. Le prince de Condé osa même répondre à Ségur, son envoyé: «Que le roi de Navarre laisse donc les huguenots faire leurs affaires et ne les empêche point. Nous nous en sommes bien passés jusqu'ici.»

Or Henri de Navarre se croyait attendu; il se flattait de rallier tous les opposants à la clique des Guise, qu'ils fussent catholiques ou protestants; il n'exigeait d'eux que la bonne volonté. Dans cette perspective, il ne se hâtait point d'abjurer la foi catholique pour se reconvertir au calvinisme. Cette attitude, pourtant significative et comme exemplaire, fut mal interprétée par la huguenoterie. Ses chefs l'exploitèrent, qui n'avaient aucune envie de partager le gâteau avec le nouveau venu. Car il s'agissait en fait de cela: Condé voulait le gouvernement de Picardie, avec des pouvoirs réguliers; Damville (qui était l'un des Montmorency), celui du Languedoc, et «Monsieur», ci-devant duc d'Alençon, espérait se tailler un apanage composé de l'Anjou, du Berry et de la Touraine. Quant à l'allié allemand de Condé, le duc Jean-Casimir, qui était venu avec ses reîtres au secours des protestants, il demandait la restitution des Trois-Evêchés: Metz, Toul et Verdun. Accessoirement, il faudrait bien obtenir quelques concessions pour les fidèles et leurs ministres: après tout, ils étaient les troupes... Henri III n'ayant ni les moyens ni le goût d'abattre la rébellion, préféra négocier. Il céda à peu près sur tous les points. Condé, Damville et Monsieur eurent satisfaction. Celui-ci prit dès lors le titre de duc d'Anjou, naguère porté par son frère. Le culte protestant était autorisé. Huit places de sûreté lui étaient accordées. Mais le duc Jean-Casimir n'eut pas les Trois-Evêchés; il dut se contenter de trois cent mille écus, afin de solder ses reîtres... qui s'étaient déjà largement payés sur le pays, car, en ce temps-là, la guerre nourrissait la guerre. Henri de Navarre fut quasi oublié; on le confirma simplement dans son gouvernement de Guyenne. Le roi consentait à lui rendre sa sœur, Catherine de Navarre, mais non sa femme; il gardait Margot en otage. Il s'applaudissait si fort de son habileté qu'il fut sur le point de faire chanter un *Te Deum* à Notre-Dame. Apparemment il avait atteint son objectif qui était de discréditer son frère en le couvrant d'honneurs et de mettre fin à la dangereuse alliance des catholiques et des protestants modérés. Mais cette paix, dite de Monsieur et signée le 7 mai 1576, il était le seul à y croire. La défiance des protestants s'en trouvait accrue, car ils entrevoyaient un piège. Les catholiques regardaient la libre célébration du culte hérétique comme une menace et une souillure. Les chefs rebelles ne songeaient point à revenir à la cour. Ils se méfiaient d'ailleurs les uns des autres. Lorsque le nouveau duc d'Anjou voulut faire son entrée à Bourges, en compagnie du prince de Condé, son allié d'hier, ce dernier se récusa: «Je connais le peuple de Bourges, si mal affectionné à ceux de ma religion; il s'y pourrait trouver quelque coquin, qui, faisant semblant de viser ailleurs, me donnerait dans la tête; le coquin serait pendu, mais le prince de Condé serait mort. Je vous prie, Monsieur, que je ne fasse pas pendre de coquin pour l'amour de moi!» N'est-ce pas joli et symptomatique?

Cependant, Condé ne put prendre possession de son gouvernement de Picardie. Il s'y heurta à une ligue solidement constituée. Même difficulté quand il se présenta devant Cognac et Saint-Jean-d'Angély, villes qu'il avait obtenues en échange de Péronne. Cette ligue prospérait à vue d'œil. Elle groupait les catholiques militants, répartis par cantons. Les ligueurs se déclaraient unis pour maintenir les lois et la religion antiques de la monarchie. Ils s'engageaient à obéir aveuglément à leurs chefs, à recruter pour le mouvement les gentilshommes, soldats, marchands, laboureurs désireux «de se conserver». Ils juraient le secret. On aperçoit ici la puissance et la souplesse d'une telle organisation ramifiée à l'extrême. A Paris, la Ligue eut beaucoup de succès. Son chef était Hennequin, président au Parlement et ami des Guise. Le mystère dont s'entourait cette association ajoutait à son attrait. On y était admis comme dans un ordre militaire. Le récipiendaire devait dire:

«Je jure devant Dieu le Créateur, touchant cet Evangile, et sous peine d'anathème et damnation éternelle, que j'entre en cette association catholique, selon la forme du traité qui m'a été lu présentement, justement, loyalement et sincèrement, soit pour y commander ou y obéir et servir; et promets sur ma vie et mon honneur de m'y conserver jusqu'à la dernière goutte de sang, sans y contrevenir, ou m'en tirer pour quelque mandement, prétexte, excuse, ni occasion qui soit.»

Au bout de peu de mois, la Ligue disposait d'au moins 50 000 cavaliers et 30 000 fantassins. Sans doute prétendait-elle restaurer l'autorité du roi en même temps que la religion romaine. Mais elle était toute aux Guise, avec, pour chef occulte, le Balafré. Il s'en fallait de beaucoup que l'organisation protestante pût balancer une telle force; elle n'était même pas unifiée; elle se divisait en plusieurs tendances; c'était un parti sans tête, donc sans directives, partant sans efficacité. Le duc d'Anjou, depuis qu'il était à Bourges, méprisait ses anciens amis. Le roi de Navarre, bien qu'il eût abjuré (pour la cinquième fois!), n'avait reçu des Rochelais qu'un accueil assez froid. Où était le temps de Jeanne d'Albret? Damville et Condé, estimant avoir mieux servi le parti, prenaient le contrepied du roi de Navarre, trop enclin, selon eux, à la conciliation.

Dans le parti adverse, Guise dissimulait à peine ses intentions, qui étaient d'obtenir du pape et de l'Espagne la destitution du roi Valois coupable de pactiser avec les hérétiques. En cas de succès, tous les calvinistes seraient passés au fil de l'épée. Henri III, parfaitement informé des agissements des Guise, leur faisait bon visage; il comptait sur les Etats généraux pour rétablir la situation.

Ils se réunirent à Blois, le 6 décembre 1576. Henri III prononça un remarquable discours, qui était un appel à la conciliation, à la paix sans guerre, mais travestissait perfidement sa pensée, car l'objectif d'Henri III n'était rien moins que de devancer les ligueurs en demandant la suppression de la religion protestante et, par là, d'annuler l'influence de Guise. Autrement dit, le roi prenait ainsi la tête du mouvement catholique. Le coup était habile, mais lourd de conséquences. La majorité des états étant ligueuse, la suppression fut votée. Instantanément, ce vote ralluma la guerre civile. Henri de Navarre, qui s'occupait à administrer la Guyenne et s'efforçait de rétablir l'ancienne prospérité de cette province, mobilisa ses troupes. Par bonheur les états lanternèrent à voter les subsides nécessaires pour lever une grande armée. Cependant, les ligueurs, commandés par le duc d'Anjou (ce qui était un comble!) prirent La Charité et Issoire. Le duc de Mayenne s'empara, presque sans résistance, de Rochefort, Tonnay-Charente, Marans, Brouage. La flotte huguenote des Rochelais fut détruite, aisément, par la flotte bordelaise. L'île d'Oléron fut prise. La Rochelle était à la veille de subir un siège en règle. La situation des réformés semblait désespérée. Qu'eût-elle été si Henri III avait eu de l'argent! Mais il n'avait nulle envie d'écraser le parti adverse. Toujours la politique de bascule, chère à Catherine de Médicis! La survie des protestants paralysait, partiellement, l'action des guise. Il transporta donc la cour à Poitiers, non pour prendre le commandement de l'armée, mais pour négocier. La paix, dite de Bergerac, fut signée le 17 septembre 1577. Elle confirmait, à peu de choses près, le paix de Monsieur, accordant aux réformés le libre exercice de leur culte et des places de sûreté. Elle prononçait la dissolution de la Sainte Ligue et de la Confédération protestante. Ses articles secrets définissaient les conditions juridiques et administratives de la cohabitation entre les catholiques et les religionnaires.

Comme on pouvait s'y attendre, ce traité empreint de sagesse mécontenta tout le monde. Les ligueurs reprochèrent à Henri III d'avoir bâclé la paix pour retourner plus vite à ses débauches, à ses mignons et à ses petits chiens. Il va sans dire que le clan des Guise orchestrait ces calomnies. Les protestants reprochaient à Henri de Navarre d'avoir trop cédé aux catholiques, afin d'obtenir des garanties personnelles. Jamais sa situa-

LE ROI DES CAPITAINES

tion n'avait été plus médiocre, plus contestée au sein même de son parti. Personne ne prêta attention au fait qu'Henri III et lui s'étaient rencontrés sur le même terrain : celui de la conciliation pour le salut public, au-delà de la religion et de la politique. Ils y prirent, à n'en pas douter, un sentiment d'estime réciproque. Henri de Navarre comprit parfaitement qu'Henri III, malgré ses perles et ses pendants d'oreilles, était un véritable roi. Et ce dernier, qu'il n'avait plus à se méfier de l'ambition du Béarnais, parce qu'ils étaient finalement animés du même désir. Désormais, leur ennemi commun, c'était Guise.

VII

LA COUR DE NERAC

Henri conduisit sa sœur Catherine au château de Pau. Lui-même se fixa à Nerac, qui était au centre de son gouvernement de Guyenne. Nérac était un château que ses ancêtres d'Albret n'avaient cessé d'embellir; son grand-père et sa célèbre grand-mère, Marguerite de Valois-Angoulême, l'avaient aimé. Flanqué de six tours, il dominait la petite rivière de Baïse. Un vaste jardin, planté de lauriers et d'orangers, s'étendait à ses pieds. Il y avait sur l'autre rive une garenne giboyeuse dont les touffeurs et la sauvagerie contrastaient avec les parterres bien ordonnés et les alignements d'arbustes taillés. La maison, naguère richement meublée, avait été occupée par les soudards de Monluc. Mais le roi de Navarre n'était pas un homme d'intérieur. Il n'attachait pas plus d'importance au décor qu'aux vêtements. C'était, on le répète, un gentilhomme campagnard, un homme de cheval et de grand air. Rien ne lui plaisait tant que d'être le cul sur la selle et de galoper au hasard des chemins, de promener sur les êtres et les choses un regard sagace, d'observer, d'enrichir son infaillible mémoire, mais aussi de courre le cerf ou le sanglier, et de pratiquer la volerie (chasse au faucon), mais encore, est-il besoin de le dire? de chasser un autre gibier. «Privé» de Margot, il vivait en garçon et courait l'aventure au hasard de ses déplacements. Il aima de la sorte, tout à trac, Mlle de Montégu, ci-devant maîtresse de Monluc, la femme du charbonnier Capchicot, de fraîches et prestes filles rencontrées dans les bals champêtres et qui cédaient à son charme très réel plus qu'à son titre de roi et à l'appât de l'argent: car il était pingre et toujours un peu gêné! Un temps il fut vraiment amoureux de la petite Tignonville: la légende veut qu'elle ait attendu pour céder d'être mariée au baron de Pangeas. N'importe! De même que son grand-père, on l'invitait sans façon aux mariages et aux baptêmes, aux assemblées de villages et aux enterrements. On l'appelait familièrement «Long-Nez» et «le Moulinier de Barbâtre»: c'était un gros moulin fortifié, hérité des d'Albret. Chemin faisant, il s'arrêtait volontiers pour parler au premier venu, l'interroger malicieusement, échanger des plaisanteries un peu grasses. Les anecdotes ne se comptent pas sur les bons tours qu'il jouait. Nous n'en citerons qu'une, la plus significative. Au cours d'une chasse, il perdit sa suite et aperçut un paysan assis au pied d'un arbre. Il lui demanda ce qu'il faisait là. Le paysan lui répondit qu'il guettait le passage du roi, qu'il n'avait jamais vu.

— Si tu veux, dit Henri, monte en croupe et je te conduirai là où tu le verras à ton aise.

Le bonhomme ne se le fit pas dire deux fois. Au bout d'un moment, il demanda à quoi il reconnaîtrait le roi. Réponse:

— Tu n'auras qu'à regarder celui qui aura son chapeau, pendant que les autres auront tête nue.

On rejoignit la chasse et toute la suite mit chapeau bas. Henri se mit à rire.

— Eh bien! qui est le roi?

— Ma foi, Monsieur, il faut que ce soit vous ou moi. Il n'y a que nous deux à avoir notre chapeau...

Ces plaisantes historiettes circulaient d'une ferme à l'autre, voletaient par les villages, se racontaient devant les cheminées, le soir, et la popularité du roi de Navarre grandissait. Démagogie? Non, encore une fois! L'attitude d'Henri n'était pas de commande. Sa bonhomie coulait de source. Ses rires étaient l'expression d'une vraie gaieté. Car, en dépit de ses infortunes et de ses malheurs, il ne donnait point dans la mélancolie, gardait un optimisme intact et se méfiait des gens tristes, estimant que leur tristesse s'expliquait par le mécontentement qu'ils avaient d'eux-mêmes: on dirait aujourd'hui qu'ils se sentaient mal dans leur peau. Et pourtant les préoccupations ne lui manquaient pas et sa position, sur l'échiquier politique, restait inconfortable. Ses fidèles eux-mêmes, ceux qui se déclaraient ses amis, et ils l'étaient, lui créaient des complications. Certains étaient catholiques et d'autres protestants. Il fallait aplanir les rivalités, arbitrer les disputes, éviter les duels. Il en allait de même de son gouvernement de Guyenne: certaines villes, dont Bordeaux, qui en était la capitale, lui restaient hostiles. Sully: «Le roi de Navarre se trouvait bien empêché à concilier tant d'esprits et de fantaisies diverses, lui échappant quelquefois de dire qu'il lui semblait avoir plus d'obligations aux catholiques que non pas aux huguenots, d'autant que ceux-ci le servaient et assistaient à cause des intérêts de leurs personnes et de leur religion, au lieu que les autres n'y étaient menés que par la seule affection qu'ils portaient à sa grandeur et à sa fortune, au préjudice de leur propre créance et religion.» Certes, Sully fut un grand ministre, mais presque toutes ses phrases sont de ce bois compact; il faut un certain courage pour lire ses *Economies royales* jusqu'au bout.

La popularité, les progrès d'Henri en Guyenne inquiétaient Catherine de Médicis. Elle fit désigner le maréchal de Biron comme gouverneur de Bordeaux, mais avec les pouvoirs de commander à toute la Guyenne en l'absence du roi de Navarre, redoutable subterfuge! Naturellement, Biron avait reçu des instructions précises pour surveiller les agissements d'Henri et pour entraver son action. Catherine fit mieux. Elle décida de reconduire elle-même sa fille Margot à son époux, non dans l'espoir d'une réconciliation durable entre ceux-ci, mais avec le secret dessein de brouiller son gendre avec ses amis, voire de le ramener à Paris. Le roi de Navarre montra peu d'enthousiasme; il n'avait aucune confiance en ces deux femmes, mais il ne pouvait opposer un refus. Il poussa même la courtoisie jusqu'à se rendre à La Réole pour les accueillir, mais avec une escorte de cent cinquante cavaliers en armes. Ce fut de La Réole que la reine mère envoya ces étranges lignes à son fils: «... Après le bon accueil que vous pouvez bien penser que nous lui avons fait, et nous étant entretenus un peu de temps de propos communs, nous sommes descendus de ladite salle et montés en mon chariot, où il est entré et venu avec nous jusqu'en ce lieu, faisant toujours et nous à lui la plus grande démonstration d'aise et de contentement qu'il est possible. Il m'a toujours accompagnée dans ma chambre et a voulu mener votre sœur, la reine de Navarre, en son logis qui est de l'autre côté de la rue, où ils logent et coucheront ensemble; mais, de peur de lui donner peine, votre dite sœur n'a été plus loin que mon-dit logis et lui, qui avait fort grand chaud, et pour ce qu'il a fait aujourd'hui très grande chaleur, s'est allé rafraîchir et madite fille et lui sont revenus en ma chambre, où étaient mes cousins, le cardinal de Bourbon et le duc de Montpensier, où nous avons commencé à parler de l'occasion de notre voyage, et du grand et ferme désir que vous avez de l'entretien de la paix, et de l'aimer parfaitement, comme CELUI QUI EST, NON SEULEMENT VOTRE BEAU-FRERE, MAIS HERITIER APRES VOTRE FRERE...»

Le premier objectif de Catherine était de réconcilier Biron et Henri ou plutôt de faire accepter Biron comme lieutenant général en Guyenne à ce dernier. L'entrevue eut lieu, à Saint-Bazille. Le vieux maréchal avait un caractère irascible et tenait le roi de Navarre pour un blanc-bec. Henri n'entendait point se mettre à ses ordres. Margot apaisa la querelle, du moins le crut-elle. Car, à partir de Saint-Bazille, son époux s'abstint de suivre le cortège de sa belle-mère. Celle-ci projetait d'organiser une conférence, afin de régler la question des places fortes indûment occupées par les calvinistes; elles devaient être remises aux troupes royales en application de la paix de Bergerac, mais le roi de Navarre faisait la sourde oreille. On convint finalement de se réunir à Auch. Mais pendant que l'on dansait aux sons des violons, on prévint Henri que les royaux venaient de se saisir par surprise du château de La Réole! La riposte fut prompte: la nuit du même jour, il s'empara de Fleurance, place catholique. «Je vois bien, dit Catherine, que la prise de Fleurance est la revanche de La Réole, et que le roi de Navarre a voulu faire chou par chou, mais le mien est plus pommé!»

Après cet incident, on se transporta au château de Nérac et les conférences purent recommencer, ou plutôt les conseillers et les légistes disputailler, avec une égale mauvaise foi. Les protestants accablaient Henri de leur exigences, de leurs préventions. Les catholiques pressaient la reine mère de ne rien céder, d'imposer au contraire la stricte application de la paix de Bergerac, en tout cas la remise immédiate des places de sûreté. Trop demander, c'était affaiblir la position du roi de Navarre au sein de son propre parti: or, Catherine avait compris que son gendre freinait le zèle des réformés. Trop accorder, c'était nuire à Henri III, donner des arguments aux Guise et à la Sainte Ligue. Belle mère et gendre transigèrent donc et obtinrent, non sans peine, l'adhésion des députés de l'une et l'autre faction. Mais ce fut en vain qu'elle essaya de le décider à venir à la cour. Elle quitta donc Nérac, un peu déçue, se dirigeant vers la Provence. A Fanjaux, elle eut la surprise de voir réapparaître son gendre. Il venait, par une courtoisie extrême, prendre à nouveau congé de la vieille reine «de la plus honnête et plus humble façon que j'eusse su désirer, écrit-elle, et, à mon avis, avec sincérité de cœur». Quoi qu'elle en eût, cette démarche quasi filiale l'avait touchée. Eut-elle, à cet instant, l'intuition de ce qu'il serait un jour? Et l'admira-t-elle soudain d'allier à sa jeunesse tant d'habileté?

Il semble que, durant une brève période, par ordre de sa mère ou par inclination, Margot ait réellement cherché à se remettre bien avec son époux. Elle ferma les yeux sur la liaison d'Henri avec Dayelle, l'une des filles d'honneur de Catherine, et plusieurs autres passades lui paraissant sans importance. Les difficultés du ménage commencèrent à Pau, d'où Jeanne d'Albret avait extirpé le culte romain. Margot restée catholique, voulait entendre la messe. Elle fut en butte à l'hostilité générale et dut se satisfaire d'offices quasi clandestins, célébrés dans la chapelle du château. Quelques fidèles, s'étant introduits dans cette chapelle, furent appréhendés et jetés en prison. A cet incident s'ajouta la nouvelle liaison du roi de Navarre avec Mlle de Rebours, une des suivantes de sa femme. «Et pour empirer ma condition, gémit-elle dans ses mémoires, depuis que Dayelle s'était éloignée, le roi, mon mari, s'était mis à rechercher Rebours, qui était une fille malicieuse, qui ne m'aimait point et qui me faisait tous les plus mauvais offices qu'elle pouvait...»

Le ménage royal quitta donc la ville de Pau et s'installa à Nérac. Ce séjour paraît avoir enchanté Margot; il lui laissa en tout cas des souvenirs dont ses Mémoires font état. Il est vrai qu'Henri fit un réel effort pour rendre le vieux château de ses pères digne d'une fille et sœur de si grands rois! On remeubla la demeure. On la décora. On recruta des domestiques. On embellit les jardins. Le roi consentit même à renouveler sa garde-robe et à soigner sa personne. D'Aubigné lui fait dire, dans son *Divorce satyrique*: «Ne vous étonnez pas si, poudreux et suant au retour de la chasse, ma femme avait mal au cœur de me caresser, jusqu'à faire changer les draps où n'avions seulement demeuré qu'un quart d'heure ensemble!» Désormais il se lavait, se parfumait et soignait sa coiffure passablement brouissailleuse. Lui qui était si près de ses sous, comme son grand-père, il offrait de somptueux cadeaux à Margot. Celle-ci ne songeait guère qu'à s'amuser: d'où les concerts de luths et de violons, les spectacles de comédiens, les bals et les festins, attirant la gentilhommerie du pays au point qu'on en oubliait presque les guerres et la religion. Sully: «La cour y fut, un temps, fort douce et plaisante: car on n'y parlait que d'amour et des passe-temps qui en dépendent.» Quant à d'Aubigné, il céda, comme les autres, à l'ambiance de galanterie; ce qui ne l'empêcha pas d'écrire: «La cour de Nérac se faisait florissante en brave noblesse, en dames excellentes, si bien qu'en toutes sortes d'avantages de nature et de l'acquis, elle ne s'estimait pas moins que l'autre[1]. L'aise y amena les vices, comme la chaleur les serpents. La reine de Navarre eut bientôt dérouillé les esprits et fait rouiller les armes. Elle apprit au roi, son mari, qu'un cavalier était sans âme quand il était sans amour, et l'exercice qu'elle en faisait n'était nullement caché, voulant par là que la publique confession sentît quelque vertu, et que le secret fût la marque du vice. Ce prince, tendre de ce côté, eut bientôt appris à caresser les serviteurs de sa femme, elle, à caresser les maîtresses du roi, son mari.» Henri courtisait «Fosseuse» (Françoise de Montmorency-Fosseux), un tendron de dix-sept ans. Margot avait des bontés pour le vicomte de Turenne et quelques autres, selon la chronique scandaleuse. Le ménage vivait «comme frère et sœur», mais ne formait plus un couple.

Ce fut alors qu'éclata cette guerre impréparée, ridicule, que beaucoup d'historiens ont appelée «Guerre des amoureux», inventant on ne sait quelle fable selon laquelle les dames de Nérac auraient décidé leurs amants à combattre pour elles à la façon des chevaliers de jadis. De fait, ce fut le prince de Condé qui, en s'emparant par surprise de La Fère, ralluma le conflit. Le roi de Navarre ne voulut pas être en reste. Il lui fallait agir pour affirmer sa position de chef des Réformés, position toujours aléatoire et remise en cause par l'initiative brusquée de

---

1. D'Aubigné veut dire que la cour de Nérac rivalisait avec celle du Louvre.

LE ROI DES CAPITAINES

Condé. Par surcroît, il y vit l'occasion de régler ses comptes avec le vieux Biron. Divisés, les protestants n'aboutirent à rien. Heureusement pour eux, les troupes royales étaient peu combatives, quand elles ne ménageaient pas ouvertement les rebelles. Le seul fait d'armes de cette misérable entreprise fut la prise de Cahors par le roi de Navarre, après un âpre combat où il paya de sa personne. Le duc d'Anjou, appelé dans les Flandres, dont il espérait devenir souverain, se posa en médiateur. La paix de Fleix, signée le 26 novembre 1580, laissait aux huguenots leurs places de sûreté pendant six ans, au lieu de six mois.

VIII

CORISANDE

Rien dans le comportement du duc d'Anjou n'était jamais gratuit. S'il avait hâté la conclusion de la paix, ce n'était point par amour pour les religionnaires ou par complaisance envers un beau-frère embarqué dans une méchante affaire. C'était pour entraîner celui-ci dans son entreprise flamande, recruter plus commodément les gentilshommes protestants et leurs soldats démobilisés. Le roi de Navarre ne se laissa pas abuser. Il fit une réponse de Béarnais, ou de Normand! Puisque le duc d'Anjou haïssait à ce point Philippe II, pourquoi l'aller chercher en Flandre et ne pas l'attaquer en Espagne? Le duc d'Anjou n'insista pas et s'en fut courir la grande aventure de sa vie. Henri de Navarre regagna sagement Nérac, où la vie reprit son cours paisible. De Fleix, Marguerite emportait un regret cuisant: elle avait eu un véritable coup de foudre pour le premier écuyer du duc d'Anjou, Harlay de Champvallon. Aussi n'avait-elle pas repris le chemin de Nérac de gaieté de cœur. Au contraire, Henri se réjouissait fort de retrouver sa chère Fosseuse. Mais la mignonne n'allait pas tarder à lui créer des complications. A force de lui accorder privautés et caresses, elle devint enceinte. Les médecins ne trouvèrent rien de mieux que de lui prescrire une cure pour guérir «son mal d'estomac». Ingénument, ou cyniquement – on ne sait quel terme choisir, s'agissant de ce faune couronné! – Henri proposa à sa femme de chaperonner sa maîtresse. Margot avait l'esprit libéral. Elle estima pourtant que son cher époux passait les bornes et refusa. Que fit-il? Il chaperonna lui-même la belle, en compagnie de Mlle de Rebours, son ancienne maîtresse. Bientôt, Fosseuse ne put dissimuler son état. Margot suggéra que, par discrétion, elle fît ses couches dans un petit château de la contrée. Fosseuse refusa. Elle était fière de porter un enfant du roi, ne doutait pas que ce serait un fils et croyait, la pauvrette, qu'il répudierait Margot et l'épouserait. Un matin, le roi vint éveiller sa femme et lui dit tout bonnement : « M'amie, je vous ai celé une chose qu'il faut que je vous avoue. Je vous prie de m'en excuser et de ne vous point souvenir de tout ce que je vous ai dit pour ce sujet. Mais obligez-moi tant de vous lever tout à cette heure, et allez secourir Fosseuse qui est fort malade. Je m'assure que vous ne voudriez, la voyant en cet état, vous ressentir de ce qui s'est passé... Vous savez combien je l'aime. Je vous prie, obligez-moi en cela. »

Margot ne se fit pas trop prier. Elle expédia, par décence, son mari et les gentilshommes de sa suite à la chasse et s'occupa de Fosseuse. Au retour des chasseurs, tout était terminé. Fosseuse avait accouché, non d'un dauphin de Navarre, mais d'une petite fille mort-née. Ses songes s'envolaient.

Catherine de Médicis connaissait l'histoire de Fosseuse. Elle savait que sa fille supportait de plus en plus mal le séjour de Nérac. Elle manœuvra pour la faire revenir à Paris, mais en emmenant Fosseuse dans sa suite. Ainsi, pensait la vieille reine, son benêt de mari[1], serait-il forcé de quitter Nérac. Malgré son âge et ses infirmités, elle partit au-devant du couple, comptant bien cette fois ramener son gendre. Henri se fit un devoir de convoyer sa femme et sa maîtresse jusqu'en Poitou. Tout le long de la route, il fut la gaieté et la prévenance mêmes, toutefois sans dévoiler ses intentions. Le 28 mars 1582, à La Mothe-Saint-Héray, il rencontra sa belle-mère et s'agenouilla devant elle comme un bon fils devait le faire. Seulement une fois les effusions passées, il tourna le dos à Fosseuse et aux deux reines et s'en revint gaiement en Navarre. Il passa par le château de Pau, visiter sa sœur Catherine. Il y fut assez gravement malade pour inquiéter son entourage. Ce fut pendant ce séjour qu'il rencontra Diane d'Andoins, comtesse de Gramont, celle que les poètes nommèrent Corisande. Elle était veuve et belle, mais non de ses tendrons dont il faisait sa pâture ordinaire. Descendante des comtes de Foix, à ce titre lointaine cousine

---

1. Qui n'a pas encore trente ans.

d'Henri, elle paraissait si altière et si froide qu'elle l'intimida. Il lui fit cependant un brin de cour, par habitude peut-être, mais retourna à ses amours faciles. Or, à sa grande surprise, il reçut plusieurs lettres de la reine Margot déplorant son absence de la cour. Etait-elle sincère, ou agissait-elle par ordre? Comment débrouiller l'inextricable écheveau de ce cœur? Dans une autre lettre, elle écrivait, pour le tenter: «Vous regagnerez les serviteurs que vous aviez, par la longueur de ces troubles, perdus, et en acquerrez plus en huit jours, étant ici, que vous ne feriez en toute votre vie demeurant en Gascogne. Vous y pourrez avoir les dons du roi pour accommoder vos affaires, et pourrez plus faire pour ceux de votre parti par une parole, étant, comme vous y serez, bien auprès du roi, que tous ceux qui s'y emploieront ne sauraient faire par leurs sollicitations. Il est très nécessaire, pour toutes ces raisons, que vous y fassiez au moins un voyage.»

Cette insistance, tout à fait inexplicable, irrita Henri. Ayant appris que Margot avait congédié Fosseuse, il lui fit savoir, sans beaucoup de courtoisie, qu'il n'irait pas au Louvre tant qu'elle n'aurait pas rappelé Fosseuse. Fureur de Margot, qui répondit: «Je crois, Monsieur, que si vous me commandiez, comme vous dites le vouloir faire, de tenir avec moi une fille à qui vous eussiez fait un enfant, au jugement de tout le monde, vous trouveriez que ce me serait une honte double, pour l'indignité que vous me feriez et pour la réputation que j'en acquerrais. Vous m'écrivez que, pour fermer la bouche au roi, aux reines et à ceux qui m'en parleront, que je leur dise que vous l'aimez et que je l'aime pour cela. Cette réponse serait bonne parlant d'un de vos serviteurs ou servantes, mais de votre maîtresse! Si j'étais née de condition indigne de l'honneur d'être votre femme, cette réponse ne me serait mauvaise; mais étant telle que je suis, elle me serait très mal séante...»

La reine mère intervint, croyant ramener son gendre à la décence: «Car vous n'êtes pas le premier mari jeune et non pas bien sage en telles choses, lui écrivait-elle; mais je vous trouve bien le premier et le seul qui fasse, après un tel advenu, tenir tel langage à sa femme. Ce n'est pas la façon de traiter les femmes de bien et de telle maison, de les injurier à l'appétit d'une putain publique et leur mander un tel langage, lequel je ne puis croire qu'il vienne de vous; car vous êtes trop bien né et de la maison dont elle est issue, pour ne savoir comment devez vivre avec la fille de votre roi et la sœur de celui qui à présent commande à tout ce royaume et à vous...»

Il accepta l'algarade, mais ne se laissa pas fléchir lorsque Margot renouvela, de la part d'Henri III, l'invitation de venir à Paris. Elle lui répétait, en bonne secrétaire, l'extrême envie que son frère avait de l'avoir près de lui. Elle lui décrivait les parties de chasse, où le roi regrettait son absence, les concerts, les parties de cartes. Tout de même il finit par hésiter et réunit son conseil. L'avis unanime fut qu'en se rendant à la cour il risquait sa réputation et peut-être sa vie. Or cette réputation ne faisait que grandir, non seulement parmi les Réformés, mais parmi les catholiques français. Les puissances étrangères commençaient à s'intéresser à lui; les princes allemands, l'Angleterre, l'Espagne. Il devenait un personnage important et s'exerçait à la diplomatie. Son attitude raisonnable contrastait fort avec les extravagances du duc d'Anjou et les incohérences apparentes d'Henri III. Sans heurts, sans bruit, en suivant son bonhomme de chemin, il était devenu «un interlocuteur valable», une «puissance» sans proportion avec le petit royaume de Navarre, la principauté de Béarn et autres seigneuries. Henri III n'avait donc pas tort, évidemment quant à lui, de l'attirer à Paris. C'eût été le remettre dans son rôle de prince du sang, et annuler son influence. Henri de Navarre fit semblant d'écouter ses conseillers. En réalité il apercevait fort bien les intentions de son beau-frère. Il n'ignorait pas davantage que Margot se consolait de la séparation dans les bras du beau Champvallon, son «soleil» et son «lys», et qu'elle-même passait pour être enceinte de lui. Mais, surtout, il était éperdument amoureux de Corisande. Sa nouvelle maîtresse avait su le faire languir assez pour transformer le désir en passion. Elle n'était point, comme Fosseuse et les autres, de ces jolis corps un peu vides. Elle avait, on l'a dit plus haut, une intelligence supérieure. Et puis elle l'aimait, d'un cœur désintéressé et sincère. Henri n'avait point encore rencontré de femme vraiment amoureuse de lui, si les plaisirs ne lui avaient pas manqué. Corisande était de surcroît une alliée. Elle voulait sa réussite, sa grandeur. Elle le stimulait dans ses entreprises, le dirigeait avec pertinence et sagacité. Il pouvait lui confier ses projets, ses impressions. Il lui parlait comme un mari à une femme. Les lettres qu'il lui écrivait sont parmi les plus belles ; elles reflètent mieux que de l'amour, une tendresse réelle. Elle répondait de cette plume inspirée : « N'oubliez rien qui puisse servir à votre conservation et à votre grandeur, et, si vous êtes forcé de courir une malheureuse fortune, faites voir à vos serviteurs et à vos ennemis un visage constant et assuré au milieu des désastres. Cela servira à ceux qui vous aiment de les rendre encore plus vôtres qu'ils ne sont et à ceux qui vous veulent nuire de songer à eux devant que d'attaquer une personne que la mort même ne saurait étonner. »

Henri III rendit sa sœur responsable du refus du roi de Navarre de venir à Paris. Il prit brusquement prétexte de la vie scandaleuse qu'elle menait pour la chasser ignominieusement de la cour et la renvoyer à son mari. Mais ce dernier peu pressé de la reprendre, lui intima l'ordre de s'arrêter à Jarnac et d'attendre ses ordres. Henri III lui avait écrit pour expliquer, fort crûment, les motifs du renvoi. Il lui écrivit à nouveau pour atténuer, si faire se pouvait, le mauvais effet de sa première lettre, disant que « les princesses les plus vertueuses et la feue reine de Navarre elle-même n'avaient pas été exemptes de calomnies ». Le roi de Navarre éclata de rire en lisant ces lignes ; il s'écria : « Le roi me fait beaucoup d'honneur par toutes ses lettres ; par les premières, il m'appelle cocu et par les dernières, fils de putain ! Je l'en remercie ! »

Henri III lui envoya Bellièvre pour arranger les choses. Dès lors, le roi de Navarre se sentit le maître et fit connaître son intention de négocier le retour de Margot. Pour appuyer son argumentation, il s'empara par surprise, le 21 novembre 1583, de Mont-de-Marsan, place qu'on aurait dû lui rendre en application du traité de Fleix. La prise de cette ville, au point du jour, par une soixantaine d'hommes, sous une pluie battante, fut un exploit qu'Agrippa d'Aubigné s'est délecté à raconter. Ensuite, le roi de Navarre voulut bien reprendre ses entretiens avec Bellièvre, autrement dit poser ses conditions. Il consentait à réhabiliter officiellement Margot, si Henri III retirait ses troupes des places indûment occupées et s'il laissait aux protestants celles qu'ils devaient restituer. Henri III préféra céder et sa sœur reprit la route de Nérac. A vrai dire, il avait les meilleures raisons de traiter avec le roi de Navarre. Son frère d'Anjou venait de rentrer de ses expéditions aux Pays-Bas. Il avait, selon sa nature félonne, trahi ses amis flamands et failli provoquer une guerre entre la France et Philippe II. Il avait pareillement échoué dans son projet de mariage avec Elisabeth d'Angleterre : la noble reine l'avait renvoyé avec une bague et un cadeau de cent mille écus d'or. A Anvers, il s'était fait reconnaître comme duc de Brabant, mais l'enthousiasme de ses sujets se changea bientôt en haine sous l'impulsion des agents de Philippe II. Il rentrait donc au Louvre, pourvu d'un titre inutile, et crachant le sang. Les médecins déclarèrent qu'il ne lui restait pas deux mois à vivre. La disparition prochaine de son dernier frère, jointe au loyalisme dont le roi de Navarre venait de lui donner la preuve, inclinait Henri III à la conciliation. En effet, après avoir essayé par deux fois de faire assassiner le roi de Navarre (par Gavarret, protestant converti au catholicisme et par le spadassin Louro expédié de Fontarabie), Philippe II lui avait offert son alliance contre le roi de France. Il avait envoyé Mendoza lui proposer quatre cent mille écus par an pour solder des mercenaires et combattre Henri III, bien entendu avec le concours des armées espagnoles. En réponse, le roi de Navarre expédia d'urgence Sully à Paris, afin d'avertir Henri III.

Après dix ans de mariage, le roi de France n'a pas d'enfant et il est douteux qu'il en ait jamais, malgré les pèlerinages ostentatoires, les vœux solennels et les processions. Il sait que Monsieur se meurt de phtisie. Le 14 avril 1584, Duplessis-Mornay, envoyé en mission au Louvre, peut écrire à son maître : «Ces jours passés, Sa Majesté, après son dîner, étant devant le feu, Monsieur du Maine présent et grand nombre de gentilshommes, après un long discours de la maladie de son Altesse, dit ces mots : «Aujourd'hui, je reconnais le roi de Navarre pour mon seul et unique héritier. C'est un prince bien né et de bon naturel. Mon naturel a toujours été de l'aimer, et je sais qu'il m'aime. Il est un peu colère et piquant, mais le fonds en est bon. Je m'assure que mes humeurs lui plairont et que nous nous accommoderons bien ensemble.»

Et le roide Duplessis ajoute :

«Pardonnez encore un mot à vos fidèles serviteurs, sire ; ces amours si découvertes, et auxquelles vous donnez tant de soins, ne semblent plus de saison. Il est temps, sire, que vous fassiez l'amour à toute la chrétienté et particulièrement à la France.»

I

L'EQUIPEE DE MARGOT

Héritier présomptif de la couronne, Henri de Navarre l'était en droit, en vertu de la loi salique, loi théorique, d'ailleurs, sans fondement réel, et qui, naguère, avait été le prétexte de la guerre de Cent Ans. C'était davantage une jurisprudence exprimant alors le vœu unanime de la nation. Après la mort du troisième fils de Philippe le Bel, dernier Capétien direct, elle avait permis aux Valois d'accéder au trône, en prononçant une fois pour toutes l'exclusion des femmes à l'héritage des lys. L'extinction prévisible, prochaine, de la dynastie des Valois appelait au trône leur plus proche parent par les mâles, qui était Henri de Bourbon, roi de Navarre. S'il avait été catholique, cette accession n'aurait posé aucun problème. Mais le roi de France était l'oint du Seigneur; le sacre faisait de lui une sorte d'évêque, confirmait sa vocation de fils aîné de l'Eglise (bien entendu de l'Eglise romaine), de monarque très chrétien. L'alliance entre l'Eglise et le roi de France avait toujours été étroite, et effective, malgré les dissensions. Le roi de France n'était donc pas un prince ordinaire; il était une personne «sacrée». Bien plus, il existait entre lui et son peuple une union quasi mystique. Or, à ce point des guerres de Religion, la France restait catholique, dans une large majorité, cependant que le roi de Navarre était protestant. Il tombait sous le sens que, tant qu'il resterait simplement chef des Réformés, donc d'un parti minoritaire, il ne pourrait devenir roi de France. Notons au passage qu'il faudra attendre la Révolution pour que se dégage le principe de la séparation de l'Eglise et de l'Etat.

Henri III avait trop de sens politique pour ne pas comprendre ces choses. Il avait en outre un urgent besoin de s'entendre avec Henri de Navarre, pour tenir les Guise et les ligueurs en respect. Il lui envoya donc, en mission officieuse, le duc d'Epernon, l'un de ses «mignons». Le roi de Navarre accueillit ce dernier fastueusement, à Pau, puis à Nérac. D'Epernon ne manquait ni d'habileté ni d'éloquence. Il montra à Navarre les dangers d'une recrudescence de la Sainte Ligue entretenue par l'or de Philippe II, le péril qui en résultait pour le royaume, l'isolement dans lequel se trouvait Henri III, et lui suggéra de se convertir au catholicisme, pour ensuite revenir à la cour et aider le roi à combattre les Guise. Henri fut tenté de céder, sachant bien qu'il n'existait, en fin de compte, aucune autre solution. Il réunit donc ses fidèles conseillers, dont on observera que certains étaient catholiques, comme Roquelaure. Ce dernier fit valoir que la conversion du roi de Navarre lui donnerait la France entière, alors qu'un refus lui attirerait la haine des catholiques et provoquerait sans doute la victoire de la Ligue. «Sitôt, dit-il, qu'on aura ouï dire en cour que le roi de Navarre aura ouï une messe, vous verrez, en un instant, toute la France accourir pour lui offrir ses forces, ses richesses et tous ses moyens, pour en disposer comme bon lui semble.» Vues par trop optimistes et faciles, contrecarrées par le pasteur Marmet. Selon lui, le roi de Navarre n'avait pas le droit de trahir sa foi ni d'abandonner ses amis. En se rendant à la cour, ne s'exposait-il pas à un attentat? S'il se convertissait, il faudrait exiger la nomination du prince de Condé comme lieutenant général en Guyenne et le châtiment des bourreaux de la Saint-Barthélémy. Le chancelier de Navarre, du Ferrier, fut plus nuancé. Il souligna que la conversion de son maître ne motiverait pas en sa faveur; qu'elle ne serait même pas crédible et décevrait les deux partis. «Devenu catholique, déclara-t-il, le roi serait abandonné des uns, mal servi par les autres: abandonné des uns, et c'est quelque chose de perdre un parti si éprouvé et assuré que celui de ceux de la religion; mal servi des autres, qui ne croiraient pas à sa sincérité.»

Telle était d'ailleurs l'opinion d'Henri de Navarre. Dans la conjoncture, cette conversion l'eût déshonoré et eût, vraisemblablement, réduit à rien son influence. Il se souvenait de son évasion de la cour, en 1576, de la méfiance dont il avait été l'objet de la part des religionnaires. Huit ans s'étaient écoulés depuis lors, et le fanatisme ne semblait pas près de s'éteindre ; le fruit n'était pas mûr ; l'isolement d'Henri III n'était point si total que le duc d'Epernon le laissait entendre. Sa réponse fut donc négative. Cependant, en contrepartie, il offrait à Henri III son alliance inconditionnelle et immédiate contre le parti des Guise.

Cette proposition détermina chez Henri III un sursaut d'énergie. En avril 1585, il parut même résolu à lutter pied à pied contre les Guise : en Poitou, en Normandie, à Gien, à Orléans. Il s'en fallut de peu que le roi de Navarre et son parti ne donnassent la main aux lieutenants du roi de France. Mais celui-ci, renonçant brusquement à cette lutte, signa, le 7 juillet 1585, la paix de Nemours avec les ligueurs. Le roi de Navarre lui écrivit : « Et maintenant, Monseigneur, quand j'ouïs dire tout à coup que Votre Majesté a traité une paix avec ceux qui se sont élevés contre votre service, à condition que vos édits soient rompus, vos loyaux sujets bannis, les conspirateurs armés, et armés de votre force et de votre autorité contre vos très obéissants et fidèles sujets et contre moi-même, qui ai cet honneur de vous appartenir... je laisse à juger à Votre Majesté en quel labyrinthe je me trouve et quelle espérance me peut plus rester qu'au désespoir. »

Henri III dépêcha une nouvelle ambassade à son beau-frère pour l'amener à se convertir. Le roi de Navarre maintint évidemment son refus. Après quoi, le 9 septembre de la même année, Henri laissa publier la bulle du pape excommuniant les deux chefs protestants, Navarre et Condé.

A la même époque, Margot entrait en rébellion contre son mari ; elle avait ouvert les portes d'Agen aux ligueurs et recrutait une petite armée grâce aux subsides de Philippe II. Mais il nous faut revenir en arrière. On se souvient qu'au terme de laborieuses, et fructueuses négociations, Henri de Navarre avait accepté de reprendre sa femme. Il faut croire que, d'entrée de jeu, il ne lui laissa pas d'illusions. La Huguerie raconte ainsi le souper des retrouvailles entre les époux : « C'était fort tard. Je vis cette princesse fondre incessamment en larmes, de telle sorte que je ne vis jamais visage plus lavé de larmes, ni d'yeux plus rougis de pleurs, et me fit cette princesse grande pitié, la voyant assise près du roi, son mari, qui se faisait entretenir de je ne sais quels discours vains par des gentilshommes qui étaient alentour de lui, sans que lui, ni autre quelconque, parlât à cette princesse.»

Le roi de Navarre n'avait point, en effet, l'intention d'aliéner sa liberté, ni de se séparer de Corisande, ni même de changer quoi que ce fût à son existence quotidienne. Il savait en outre sa femme toujours amoureuse de Champvallon et la soupçonnait d'intrigues secrètes. Essaya-t-elle vraiment de rentrer en grâce, ainsi que la reine mère le lui suggérait? Il semble que non. Elle fit même des difficultés pour recevoir le duc d'Epernon, quand il vint à Nérac, car elle le détestait pour d'obscures raisons. L'heure était dépassée pour elle des divertissements et des cadeaux. Elle était considérée comme une intruse par ses sujets, haïe par Catherine de Navarre et par Corisande, son amie. Elle n'était plus qu'une étrangère aux yeux de son mari. Très certainement il y eut entre eux des scènes fréquentes, malignement suscitées par leur entourage. Aussi, quand elle demanda à Henri la permission de se retirer à Agen, sous un prétexte de dévotion, il acquiesça avec joie. Elle commença à rassurer les notables d'Agen par sa piété. Elle les convainquit ensuite des dangers (chimériques) auxquels l'exposait la perfidie de la comtesse de Guiche (Corisande) et du roi de Navarre. Elle recruta donc, pour se garder, deux compagnies de volontaires commandées par le capitaine d'Aubiac (Jean de Lart, fils du seigneur d'Aubiac et de Birac) et par son lieutenant Ligardes. Le duc de Guise écrivit à Philippe II de lui accorder un secours de quarante à cinquante mille écus, pour lui permettre d'étoffer «son armée» et de combattre les hérétiques. Mais les habitants d'Agen prirent les devants. Ils attaquèrent si bien la garnison de Margot que ce fut une vraie débandade et qu'il ne resta plus à la reine de Navarre qu'à «se sauver de vitesse» avec quelques serviteurs. «A peine se put-il trouver, relate un témoin narquois, un cheval de croupe pour l'emporter; ni des chevaux de louage ni de poste, pour la moitié de ses filles, dont plusieurs la suivaient à la file, qui sans masque, qui sans devantiers et telles sans tous les deux, avec un désarroi si pitoyable qu'elles ressemblaient plus à des garces de lansquenets, à la route d'un camp, qu'à des filles de bonne maison.»

Et Paris célébra cette fuite par une chanson, comme il se doit:

> *Le roi a la tête si grise*
> *Qu'il ne fait plus que radoter,*
> *Sa sœur veut trop d'hommes porter,*
> *Elle est vraie fille de sa mère,*
> *Si ne prend-elle la chimère*
> *Sans honte au roi navarrain*
> *Qui ne dépend d'une putain*
> *Et ne la tient pour sa garce!*

Malgré tout, aux yeux des provinciaux, elle restait reine et sœur d'Henri III. Au surplus, Agen, comme Carlat, faisait partie de son apanage: on lui devait obéissance! Le seigneur de Marcé, gouverneur de Carlat et frère du bailli d'Auvergne Lignérac, informé de sa déconfiture, vint au-devant d'elle avec quelques centaines de cavaliers. Margot prit donc ses quartiers dans la vieille forteresse de Carlat, laquelle ressemblait davantage «à la tanière du larron qu'au palais d'une reine». Les habitants d'Agen, trop heureux d'être débarrassés de sa présence, lui expédièrent ses meubles et ses serviteurs, avec quelque argent. Mais, en acceptant la fugitive dans son bailliage, Lignérac croyait faire une bonne opération. Il pratiqua à l'égard de Margot le plus vulgaire chantage, l'accusant d'avoir emprisonné Marcé qu'elle avait séduit, poignardant le fils d'un apothicaire qu'il trouva dans son lit, menaçant de la livrer au roi de France. Le duc de Guise renouvela sa demande de subsides à Philippe II, expliquant que la reine de Navarre n'avait pu conserver Agen faute d'argent, mais qu'elle était prête à recruter des volontaires et à pourchasser l'hérétique. En attendant, elle mit ses bijoux en gage. Puis elle essaya d'un trafic de vin, demanda à son mari un passeport (hors taxes!) pour cinq cents tonneaux. «C'est se déclarer ivrognesse en parchemin, écrivit-il. De peur qu'elle ne tombât de si haut que le dos de ses bêtes, je lui ai refusé. C'est être gargouille à toute outrance...» Ne sachant à quel saint se vouer, Margot demanda au capitaine d'Aubiac de la délivrer de Lignérac. Ce pauvre benêt, la première fois qu'il l'avait vue, s'était écrié: «Je voudrais coucher avec elle, à peine d'être pendu quelque temps après!» Paroles imprudentes... Ayant eu ce qu'il voulait, il s'empressa de recruter des complices pour jeter hors du château Lignérac et la garnison. Lignérac, ivre de fureur, injuria la reine et menaça de faire jeter Aubiac par la fenêtre. Elle préféra vider les lieux pour suivre son amant. On la vit partir en croupe derrière Aubiac, suivis de Mlle d'Aubiac, sœur de celui-ci. Elle trouva refuge au château d'Ybois, qui appartenait à la reine mère. Cette fois, elle était perdue; le piège se refermait sur elle. Le marquis de Canillac, gouverneur de haute Auvergne, survint avec une troupe en armes. Margot tenta de sauver Aubiac en le faisant raser et cacher. L'oiseau fut promptement découvert et, sur ordre d'Henri III, mené pendre, selon ses vœux, quoiqu'il fût gentilhomme. On raconte qu'à l'instant de son supplice, ce fol baisait un manchon de velours ras bleu que lui avait donné Margot, et disait: «L'autorité du roi me fait perdre la vie, non mon démérite». La reine était désespérée: non seulement de la perte de son amant, mais de celle de sa liberté. Bien plus, elle pouvait craindre pour sa propre vie, connaissant mieux que personne la perfidie d'Henri III. La reine mère et lui l'avaient utilisée, exploitée, autant que faire se pouvait: ils l'avaient sacrifiée à la politique, donnée, reprise, rendue au roi de Navarre. Désormais, elle ne représentait plus rien, ne pouvait servir à rien. Son équipée d'Agen et de Carlat l'avait totalement démonétisée. Dès lors, la fille et sœur de rois n'était plus qu'un objet encombrant, dont la disparition eût satisfait aussi bien Henri III et sa mère que le roi de Navarre. Que fit-elle? Ce qu'en pareille situation font toutes les filles. Elle appela sa mère au secours. Catherine de Médicis se laissa apitoyer. De son côté, Henri III ne pouvait charger sa sœur de tous les torts. Le refus de se convertir au catholicisme opposé par le roi de Navarre sauva peut-être Margot du poison. «Il ne faut pas, dit Henri III, qu'il s'attende qu'on traite sa femme inhumainement, ni qu'on lui permette de la répudier pour en épouser une autre, d'autant que ce serait contraire à notre religion et que je ne souffrirais en aucune sorte, tant qu'elle vivra. Je voudrais qu'elle fut mise en un lieu où il pût la voir quand il voudrait, pour essayer d'en tirer des enfants.» Toujours, chez lui, cette préoccupation dynastique! Mais aussi quelle dérision que d'espérer un enfant légitime de cette femme moralement et physiquement corrompue!... On l'assigna finalement à résidence au château d'Usson, rude forteresse, avec, pour geôlier, Canillac. Il semble qu'elle ait réellement regretté le pauvre Aubiac, du moins dans les premiers temps de son séjour. Il eut droit, comme naguère Champvallon, à des soupirs en forme de stances:

> *Rigoureux souvenir à une joie passée,*
> *Qui logez les ennuis du cœur en la pensée,*
> *Vous savez que le ciel me privant de la vie*
>   *M'a privée de désir.*
>
> *Si quelque envieux, informé de ma plainte,*
> *S'étonne de me voir si vivement atteinte,*
> *Répondez simplement pour prouver qu'il a tort:*
>   *Le bel Athys est mort.*
>
> *Athys, de qui la perte attriste les années,*
> *Athys, digne des vœux de tant d'âmes bien nées,*
> *Que j'avais élevé pour montrer aux humains*
>   *Une œuvre de mes mains.*
>
> *Quand le temps (mais pourtant cette crainte soit vaine)*
> *Permettrait qu'un oubli fît adoucir ma peine,*
> *Je persiste aux serments diverses fois conclus.*
> *Si je cesse d'aimer, qu'on cesse de prétendre,*
> *Je ne veux désormais être prise ni prendre;*
> *Et consens que le ciel puisse éteindre mes feux.*
>   *Rien n'est plus digne d'eux...*

Ce n'était là, pour faire un mauvais jeu de mots, que licence poétique. Elle avait un tempérament trop exigeant pour se satisfaire de rêveries tristes. Canillac succéda au bel Athys, un jeune choriste à Canillac, etc. Margot n'était pas difficile. L'eau de cire et de chaux dont elle enduisait son visage cachait mal ses plaques de couperose. Et l'huile de jasmin, dont elle s'aspergeait, ne pouvait dissiper l'odeur que dégageait son corps envahi par les mauvaises graisses. Sa beauté si fameuse n'était plus qu'un souvenir.

II

COUTRAS
ou la première victoire

La paix de Nemours rendait la guerre inévitable. Dès le mois de juillet 1585, Henri de Navarre confiait à Sully : « Vous voyez, Monsieur de Béthune, il va me tomber sur les bras et à tous ceux de la religion une grande, fort dangereuse et longue guerre. Je voudrais bien pouvoir la jeter dans leurs entrailles et l'approcher de Paris, ou, pour le moins de la rivière de Loire, car c'est là le seul moyen de les mettre à raison. » et, ajouterais-je, le seul moyen qui lui restât de tenir tête à la Ligue, aux armées qui convergeraient bientôt, simultanément, vers la Guyenne. Autrement dit, il s'agissait pour Henri de passer à l'offensive, malgré la disproportion des forces. Que les armées de la Ligue l'attaquassent avec ensemble, il était irrémédiablement écrasé. Au contraire, il pouvait vaincre successivement des armées dispersées, vieux principe de l'art militaire. Bien entendu, les ligueurs commirent la seule faute qu'ils auraient dû éviter : ils restèrent divisés. Le maréchal de Matignon parut, avec une avant-garde de 3 000 à 4 000 hommes. Il passa la Garonne sans coup férir et s'avança gaillardement jusqu'à Nérac. Henri n'avait pas achevé ses préparatifs (du moins simulait-il cette impréparation, car il avait, d'ores et déjà, arrêté son plan tactique) ; il ne disposait que de 350 cavaliers et de 2 000 arquebusiers. A la tête de cette petite troupe, il chargea comme un hussard et bouscula Matignon. Celui-ci se replia vers Castats, qu'il se mit en devoir d'assiéger. Henri, par une attaque impérieuse, le força à lever le siège. Ensuite, nul ne put l'empêcher de galoper, avec une faible escorte, jusqu'à

Pau, pour embrasser Corisande. Il revint ensuite à Nérac et fut à deux doigts d'être capturé. Cerné de toutes parts, il fit descendre son cheval et ceux de vingt gentilshommes par l'escalier d'une tour, puis, avec une audace incroyable, traversa les lignes ennemies. Le 17 mars, il était à Sainte-Foy, en sûreté ; le 2 avril, à Bergerac, où il passa tout le mois, s'occupant à organiser la résistance en Guyenne et notamment le vicomte de Turenne lieutenant général pour le remplacer en cas de besoin. Le 1er juin 1586, il était à La Rochelle. Désormais, comme il l'avait annoncé à Sully, la guerre allait se rapprocher de la Loire ; l'actuelle région de Poitou-Charente en serait le boulevard. Il faut dire cependant que le roi de Navarre avait une raison supplémentaire, toute personnelle, de se rendre à La Rochelle. Ce n'était rien de moins que le retour de son rival et cousin, le prince de Condé. L'année précédente, Condé avait assiégé Brouage avec l'aide des Rochalais. Au moment de prendre cette place, lâchant la proie pour l'ombre, il avait essayé d'occuper le château d'Angers. Ce fut pour le trouver occupé par les ligueurs et faire décimer son armée. Après quoi, il avait été contraint de fuir en Angleterre, d'où il était revenu à La Rochelle au début de 1586. Malgré ce cuisant échec, il prétendait encore au commandement des Réformés. Mais s'il était animé d'une foi inébranlable, on pouvait, certes, mettre en doute ses talents de soldat. Il avait, en tout cas, perdu la confiance des Rochelais. Le roi de Navarre, dont les talents et les exploits étaient connus, fut donc chaleureusement accueilli dans «la citadelle de la Réforme». L'armée de Biron progressait alors en Poitou ; elle avait pris Lusignan, Chizé et Melle. Elle descendait vers Marans, dont Biron comptait s'assurer avant de se diriger vers La Rochelle. Mais le roi de Navarre avait eu le temps d'organiser la défense de cette île située dans le marais poitevin. Il l'avait pourvue de munitions, de ravitaillement et de troupes. Ce fut de là qu'il écrivit à Corisande la plus belle de ses lettres d'amoureux, presque de poète. Pour nous, elle présente un attrait particulier, car elle ajoute une touche au portrait du futur Henri IV. Pour la bien comprendre, il faut s'imaginer ce chef de guerre s'apprêtant à livrer un combat décisif contre un adversaire dangereux, ayant pris ses dernières dispositions de défense et distribué ses ordres ultimes, puis, la plume à la main, rêvant à Corisande :

« J'arrivai arsoir *(hier au soir)* de Marans, ma chère maîtresse, où j'étais allé pour pourvoir à la défense de celui-ci. Ha ! que je vous y souhaitais ! C'est le lieu le plus selon votre humeur que j'aie jamais vu. C'est une île renfermée de marais bocageux, où, de cent en cent pas, il y a des canaux pour aller chercher le bois par bateau. L'eau claire, peu courante ; les canaux de toutes largeurs ; les bateaux de toutes grandeurs. Parmi ces déserts, mille jardins où l'on ne va que par bateau. L'île a deux lieues de tour, ainsi environnée ; passe une rivière par le pied du château, au milieu du bourg, qui est aussi logeable que Pau. Peu de maison qui n'entre de sa porte dans son petit bateau. Cette rivière s'étend en deux bras qui portent, non seulement grands bateaux, mais les navires de cinquante tonneaux y viennent. Il n'y a que deux lieues jusqu'à la mer. Certes, c'est un canal, non une rivière. Contre mont vont les grands bateaux jusqu'à Niort, où il y a douze lieues ; infinis moulins et métairies insulés ; tant de sortes d'oiseaux qui chantent, de toute sorte de ceux de mer. Je vous en envoie des plumes. De poisson, c'est une monstruosité que la quantité et le prix : une grande carpe, trois sols et cinq, un brochet. C'est un lieu de grand trafic, et tout par bateaux. L'on y peut être plaisamment en paix et sûrement *(en toute sécurité)* en guerre. L'on s'y peut réjouir avec ce que l'on aime, et plaindre une absence. Ha ! qu'il y fait bon chanter ! »

Mais ce fut une autre chanson que celle des soldats de Biron ! Dévorés par les moustiques, enfiévrés, affamés et décimés, ils abandonnèrent le siège de Marans au bout de quelques semaines, et se débandèrent selon la coutume du temps. En Guyenne, l'armée du duc de Mayenne s'épuisa à réduire quelques places sans valeur stratégique. Il en était de même de l'armée du duc de Joyeuse dans le Gévaudan. L'argent manquait pour verser les soldes promises, mais aussi les munitions et les vivres. La campagne de 1586 s'achevait sur un échec. Les forces du roi de Navarre restaient intactes. Ce fut probablement, ce qui décida Catherine de Médicis à se rendre en Poitou pour rencontrer son gendre. Henri de Navarre accepta d'autant plus facilement la trêve qu'on lui proposait que, désormais, le temps travaillait pour lui. Il finassa davantage sur la rencontre avec la reine mère, dont il se méfiait toujours extrêmement. Au surplus, il savait qu'elle n'avait rien d'autre à lui proposer que de se convertir et d'aller à Paris, afin d'aider Henri III à se débarrasser de la Ligue. Cette rencontre, à la fois comique et tragique, eut lieu au château de Saint-Brice, entre Cognac et Jarnac. Le roi de Navarre vint au rendez-vous avec une escorte de 400 cavaliers! Au début de l'entrevue, la vieille Catherine lui chatouilla, paraît-il, les côtes. Elle voulait savoir si son gendre avait mis une cotte de mailles. Devinant sa pensée, et tout en riant, Henri déboutonna son pourpoint et montra sa poitrine nue: «Voyez, Madame, je ne sers personne à couvert.» Ensuite, on commença à parler. Dialogue qu'il est aisé de reconstituer, avec une exactitude absolue, à partir de la lettre-compte rendu de Catherine à Henri III:

— Et bien, mon fils, ferons-nous quelque chose de bon?
— Il ne tiendra pas à moi, Madame; c'est ce que je désire.
— Il faut donc que vous disiez ce que vous désirez pour cela!
— Mes désirs, Madame, ne sont que ceux de Vos Majestés.
— Laissons ces cérémonies, et me dites ce que vous demandez.
— Madame, je ne demande rien et ne suis venu que pour recevoir vos commandements.
— Là, là, faites quelque ouverture.
— Madame, il n'y a point d'ouverture pour moi.
— Mais quoi! voulez-vous être la cause de la ruine de ce royaume? Ne considérez-vous point que nul autre que vous, après le roi, n'y a plus d'intérêt?
— Madame, ni vous ni lui ne l'ont cru, ayant dressé huit armées pour essayer de me ruiner.
— Quelles armées? Mon fils, vous vous abusez. Pensez-vous que, si le roi eût voulu vous ruiner, il ne l'eût pas fait? La puissance ne lui a pas manqué, mais il n'en a jamais eu la volonté.
— Excusez-moi, Madame, ma ruine ne dépend pas des hommes; elle n'est ni au pouvoir du roi ni au vôtre.
— Ignorez-vous la puissance du roi et ce qu'il peut?
— Madame, je sais bien ce qu'il peut et encore mieux ce qu'il ne pourrait faire.
— Eh quoi donc! Ne voulez-vous pas obéir à votre roi?
— J'en ai toujours eu la volonté; j'ai désiré de lui en montrer les effets, et l'ai souvent supplié de m'honorer de ses commandements pour m'opposer, sous son autorité, à ceux de la Ligue

qui s'étaient levés en son royaume au préjudice de ses édits, pour troubler son repos et la tranquillité publique.

– Ne vous abusez point, mon fils ; ils ne se sont point ligués contre le royaume ; ils sont Français et tous les meilleurs catholiques de France qui appréhendèrent la domination des huguenots ; et, pour vous le dire tout en un mot, le roi connaît leur intention et trouve bon ce qu'ils ont fait. Mais laissons cela ! Ne parlez que pour vous, et demandez tout ce que vous voulez, le roi vous l'accordera.

– Madame, je ne demande rien, mais si vous me demandez quelque chose, je le proposerai à mes amis, et à ceux à qui j'ai promis de ne rien faire, ni traiter sans eux.

– Or bien, mon fils, puisque vous le voulez comme cela, je ne vous dirai autre chose, sinon que le roi vous aime et vous honore, et désire vous voir auprès de lui et vous embrasser comme son bon frère.

– Madame, je le remercie très humblement, et vous assure que jamais je ne manquerai au devoir que je lui dois ;

– Mais quoi ! ne voulez-vous dire autre chose ?

– Et n'est-ce pas beaucoup que cela ?

– Vous voulez donc continuer d'être la cause de la misère et à la fois de la perte de ce royaume ?

Ce dialogue de sourds se prolongea de la sorte. Chacun détestait l'autre, mais, si l'on peut dire, cette haine solide s'exprimait à fleurets mouchetés, l'émotion comme le courroux étant simulés et les adversaires de force égale. Il n'en sortit rien, sinon peut-être, un surcroît d'estime de la vieille élève de Machiavel pour l'irréductible roi de Navarre. Elle voyait bien qu'il avait mûri et crû en malice, cependant que son pauvre fils Henri III déclinait. Pour elle, c'était un constat douloureux, et qui ajoutait à son échec. Il lui fallait se rendre à l'évidence : le chef de guerre se doublait d'un diplomate avisé et d'un politique subtil. On se sépara sur ces mots cruels :

– Madame, vous ne me pouvez accuser que de trop de fidélité. Je ne me plains pas de votre foi, mais je me plains de votre âge qui, faisant tort à votre mémoire, vous fait facilement oublier ce que vous m'aviez promis.

Ils ne devaient plus se revoir.

La partie n'était point gagnée pour autant. A Paris, la situation d'Henri III s'aggravait, par suite des outrances de la Ligue et du manifeste des Politiques proclamant qu'avec l'aide des huguenots ils le délivreraient de la tyrannie de Guise. Il fit une ultime tentative pour imposer son arbitrage aux extrémistes. Il envoya Guise afin de barrer la route aux mercenaires allemands venus renforcer l'armée du roi de Navarre et le duc de Joyeuse contre ce dernier. Il se réserva le commandement de l'armée de réserve cantonnée à Gien. Ainsi pouvait-il intervenir d'un côté ou de l'autre. Or, précisément, le plan du roi de Navarre était d'opérer sa jonction avec les renforts allemands avant de passer à l'offensive. Il a durement besogné à s'emparer des places poitevines (Chizé, Sanzay, Saint-Maixent, Fontenay-le-Comte), pour assurer ses arrières et risqué sa vie comme un simple capitaine. Il a été parfois quinze jours sans se coucher dans un lit. On l'a vu, au cours d'un siège, taper de la pioche dans une tranchée et dormir, rompu de fatigue, dans une charrette à bœufs...

Apprenant l'arrivée de la Joyeuse, il le laisse venir, calmement. Cette inaction est un piège. Le duc usera son armée toute neuve à des sièges sans importance. De fait, Joyeuse s'empare successivement de Saint-Maixent, Chizé, Tonnay-Boutonne, Maillezais. Il croit qu'il a conquis le poitou. Mais ses troupes sont épuisées et affamées, au point qu'il doit les envoyer en Touraine «se rafraîchir», selon l'expression du temps. Le roi de Navarre les harcèle sans répit. Il réoccupe les places perdues. Furieux, Henri III renvoie Joyeuse en Poitou avec des troupes fraîches. Ce que veut Navarre, c'est le devancer, joindre les Allemands dont l'approche est signalée en Bourgogne. Suit un chassé-croisé entre les deux adversaires, l'un essayant de franchir les rivières de l'Isle et de la Dronne, l'autre de l'en empêcher. La rencontre, inévitable, a lieu dans la plaine de Coutras quasi fortuitement. Les forces en présence s'équivalent : 5 000 fantassins et 1 800 chevaux de chaque côté.

Joyeuse et Navarre s'observent; ils prennent leurs dispositions sans se hâter. Toutefois, l'artillerie protestante est en batterie sur une hauteur; elle domine la plaine. L'aile gauche s'appuie sur un cours d'eau, la droite, sur un bois flanquant un fossé où s'embusquent des arquebusiers. Trois escadrons se tiennent en réserve derrière les canons. Le corps central affecte la forme d'un croissant, afin de faciliter la manœuvre d'enveloppement. De plus, des arquebusiers s'intercalent entre les cavaliers, ce qui est une innovation. Nous sommes le 20 octobre 1587, au matin.

Selon d'Aubigné, Henri de Navarre prononce cette harangue : « Mes compagnons, il y va de la gloire de Dieu, de l'honneur et des vies, soit pour se sauver ou pour vaincre. Le chemin en est devant nous. Allons, au nom de Dieu, pour qui nous combattons ! »

Est-ce alors l'instant mémorable où son armée entonna d'une seule voix le chant tiré du psaume 118 :

> *La voici, l'heureuse journée*
> *Que Dieu a faite à plein désir...*

Les canons huguenots ouvrent le feu, renversent les cavaliers de Joyeuse. Ces derniers chargent impétueusement. La première ligne huguenote plie sous le choc. Mais les escadrons de Joyeuse se heurtent aux cavaliers placés en réserve. Le tir des arquebusiers fait de terribles ravages. Le flanc gauche de Joyeuse est « incommodé » par les tireurs du fossé. Au centre, l'assaut s'est changé en corps à corps. Il désavantage les catholiques récemment dotés de lances. Leur infanterie lâche pied, presque sans combattre. Un moment, le roi de Navarre est en danger de périr ou d'être pris. Frontenac le sauve de justesse. Le duc de Joyeuse est mort, ainsi que son frère Saint-Sauveur. Son armée se débande et commence une fuite éperdue. Elle laisse 2 000 hommes sur le terrain, la totalité de ses bagages, une profusion de chevaux sans maître. Le roi de Navarre interdit que l'on massacre les prisonniers et que l'on achève les blessés. Il traite avec honneur la dépouille du beau Joyeuse et celle de son frère. Puis, à la surprise complète de ses lieutenants, il renonce à poursuivre les vaincus, à rejoindre les Allemands, bref à poursuivre une campagne si bien commencée. Car, enfin, c'était la première grande victoire des huguenots depuis le début des guerres de Religion ; elle effaçait Jarnac et Moncontour. Agrippa d'Aubigné : « Ce fut un grand mécontentement à tous les capitaines réformés, quand le roi de Navarre, n'ayant donné que le lendemain à voir son gain, méprisant les villes de Saintonge et de Poitou, qui ne lui pouvaient manquer, ou, selon le désir de plusieurs, au lieu d'aller tendre la main à son armée étrangère, qui dès lors approchait la rivière de Loire, il donna toutes ces paroles au vent et sa victoire à l'amour; car, avec une troupe de cavalerie, il perça toute la Gascogne pour aller porter vingt-deux drapeaux d'ordonnance et quelques autres à la comtesse de Gramont, lors en Béarn. »

Mais abandonnait-il ainsi son armée pour revoir sa belle Corisande et lui apporter les drapeaux de Joyeuse? Et, sinon, quel était son but inavoué? Peut-être de ne pas accabler Henri III. A partir de Coutras, il avait les plus sérieuses chances de détruire l'armée royale. Vaincre le roi de France, il ne le pouvait ni ne le voulait. L'esprit dynastique s'éveillait en lui et prenait le pas sur le partisan.

III

LES BARRICADES

Les mercenaires allemands, commandés par le baron Dohna, refusèrent de s'engager dans le Bourbonnais et les monts d'Auvergne pour rejoindre les vainqueurs de Coutras. Dès lors, le prince de Condé ne pouvait exploiter cette victoire, ce qu'il n'eût pas manqué de faire, puisqu'il restait le seul chef par suite du départ du roi de Navarre pour Nérac. Ce que voulaient les reîtres et les lansquenets de Dohna, c'était vivre sur de gras pays et piller sauvagement. Ils se laissèrent surprendre par l'armée de Guise, une première fois, à Vimaury. Ils cuvaient leur vin, n'avaient pris aucune précaution, par mépris pour les Français. Ainsi châtiés mais encore redoutables, ils se rapprochèrent de la Loire, mais se heurtèrent à l'armée royale sous les ordres du duc d'Epernon. Les Suisses recrutés par Dohna aperçurent 8000 de leurs compatriotes sous les bannières d'Henri III; ils tournèrent casaque d'autant plus volontiers que le versement de la solde tardait! Devant cette situation, il ne restait plus à Dohna qu'à retraiter. Le 11 novembre 1587, il se laissa surprendre à nouveau au château d'Auneau, à mi-chemin entre Paris et Chartres. Dohna s'était flatté de terroriser Paris, voire d'en tirer une énorme rançon. Guise fit un horrible massacre, puis se retira à Etampes. Il n'avait point encore détruit l'armée ennemie. Mais celle-ci avait perdu sa combativité. Henri III préféra négocier avec Dohna, qui accepta de se retirer vers la frontière. Les prédicateurs tonnaient contre le roi; ils l'accusaient d'avoir épargné les hérétiques, alors que Guise voulait les exterminer jusqu'au dernier. En acceptant la capitulation des Allemands, Henri III espérait diminuer le prestige de Guise. Quand il revint à Paris, le 23 décembre, il croyait être accueilli en triomphateur. N'avait-il pas finalement sauvé son royaume d'une invasion et délivré Paris d'une terrible menace? Mais les prédicateurs, agents du duc de Guise et de la Ligue, veillaient à orienter l'opinion. Pierre de L'Estoile:

« Il fut chanté un second *Te Deum,* et furent faits feux de joie, mais sans grande réjouissance. Cependant, les prédicateurs criaient que, sans la prouesse et constance du duc de Guise, l'arche serait tombée entre les mains des Philistins, et que l'hérésie eût triomphé de la religion... Il n'y eut prédicateur qui ne criât que Saül en avait tué mille et David dix mille, dont le roi fut mal content... Là-dessus la Sorbonne, c'est-à-dire trente ou quarante pédants, maîtres ès arts crottés, qui, après grâce, traitent des sceptres et des couronnes, firent en leur collège, le 16 du présent mois, un résultat secret, qu'on pouvait ôter le gouvernement aux princes qu'on ne trouvait pas tels qu'il fallait, comme l'administration au tuteur qu'on avait pour suspect. »

Le roi convoqua les docteurs en Sorbonne au Louvre et, en présence du Parlement, les morigéna: mais il n'osa les punir. Pendant ce temps, le duc de Guise avait réuni toute sa parenté et ses lieutenants à Nancy. D'un commun accord, on avait rédigé des « propositions » à l'intention du roi. Propositions adoptées à l'incitation de Mendoza, ambassadeur de Philippe II en France. Elles visaient, d'une part, à isoler davantage Henri III, en l'incitant à congédier plusieurs de ses fidèles, d'autre part, à le contraindre d'accepter la Sainte Inquisition dans son royaume afin d'extirper l'hérésie, enfin d'adhérer pleinement à la Ligue en accordant des places de sûreté et divers avantages pécuniaires aux partisans de Guise. Bref, il s'agissait d'un véritable ultimatum. Henri III le reçut sans broncher et, selon son habitude, réserva sa réponse. L'inaction du roi de Navarre en Poitou et dans le Midi lui donnait quelque espérance du côté des protestants. En outre, la mort brutale du prince de Condé, le 5 mars 1588, à Saint-Jean-d'Angély laissait désormais le roi de Navarre seul chef des huguenots[1]. Cependant l'orage mena-

---

1. On accusa laidement sa femme, Charlotte de La Trémoille, de l'avoir empoisonné; elle évita de peu l'exécution et ne fut réhabilitée qu'en 1594.

çait de toutes parts. Les curés dans leurs sermons enflammés, les agents des Guise s'employaient à semer le désordre, attaquant sans relâche le roi et son favori, le duc d'Epernon. La propre sœur du duc de Guise, la duchesse douairière de Montpensier, excitait l'opinion contre Henri III et ses mignons. Elle étalait les vices secrets de la cour. On la voyait rameutant la populace, brandissant les ciseaux qu'elle portait à la ceinture, disant qu'elle les destinait à tailler au roi sa troisième couronne. Il était roi de France et de Pologne ; il ne lui manquait plus que la tonsure pour être couronné moine ! Hypocritement, le duc de Guise condamnait ces excès, affectait envers la majesté royale une soumission exemplaire et une courtoisie parfaite. Au surplus, il nourrissait à l'endroit du faible Henri III un tel mépris, il était tellement sûr de gagner la partie qu'il ne voulait point usurper le trône par un coup de force. Il préférait se laisser porter au trône par l'opinion et ceindre la couronne avec une apparence de légalité.

Tel n'était point l'avis des Seize, comité insurrectionnel qui s'était formé de lui-même et ne voulait rien de moins que la subversion totale de l'Etat, bien entendu au profit du duc de Guise, qui, en secret, tirait les ficelles. Selon la déposition d'un de ses membres, Nicolas Poulain, lieutenant de la prévôté, le conseil des Seize avait décidé de provoquer un soulèvement à la faveur duquel on eût enlevé Henri III. On l'eût ensuite enfermé dans un monastère selon le vœu de la duchesse de Montpensier. Certains opinaient pour une mise à mort immédiate. Mais, averti par un traître (peut-être le même Nicolas Poulain, jouant, contre espèces sonnantes, les agents doubles), le roi se tenait sur ses gardes et s'abstenait de sortir du Louvre ; il fit même apporter au palais une grande quantité d'armes et de cuirasses. Les Seize se sentirent trahis et, en attendant l'arrivée de Guise – qu'ils ne cessaient d'ailleurs de réclamer ! – ils se tinrent sur l'expectative. La duchesse de Montpensier prit la relève. Elle fit aposter sur la route de Vincennes, dans une maison nommée Bel-Ebat, cinq ou six spadassins. Ils devaient surprendre le roi et l'égorger. Mais, prévenu encore une fois, Henri III renforça son escorte. Enfin les Seize reçurent du duc de Guise l'ordre d'insurrection, avec des directives précises. Par mesure de précaution, et pour ne pas laisser cette poignée de bourgeois maîtres de la capitale, il nomma lui-même les cinq colonels qui devaient commander chacun un secteur de la ville, et envoya un renfort de 500 chevaux avec le duc d'Aumale. Informé de ces choses, le roi fit venir 4 000 Suisses. Alors, Guise jeta le masque et partit pour Paris. Il n'était, au début de son voyage, accompagné que de sept cavaliers. Mais, selon Davila, «son cortège, comme une boule de neige, grossissait à chaque pas, chacun abandonnant sa maison ou sa boutique pour le suivre avec des applaudissements et des cris de joie». Il eut bientôt une escorte de 30 000 personnes; puis la foule devint si dense, qu'il pouvait à peine avancer. Le peuple de Paris était fou de joie. Il criait «Vive Guise!», plus et mieux qu'il n'avait jamais crié «Vive le roi!»

Journal de L'Estoile: «L'un l'embrassait, un autre le remerciait, un autre se courbait devant lui; on baisait les plis de ses vêtements, et ceux qui ne pouvaient l'atteindre s'efforçaient du moins, en élevant les mains, et par tous les mouvements de leur corps, de témoigner leur allégresse. On en vit plusieurs qui, l'adorant comme un saint, le touchaient de leur chapelet, qu'ils portaient ensuite à leur bouche ou à leurs yeux; de toutes les fenêtres, les femmes répandaient des fleurs et bénissaient son arrivée; l'une d'elles, abaissant son masque lui cria: «Bon prince, puisque tu es ici, nous sommes tous sauvés.» Pour lui, le sourire sur la bouche, montrant à tous un visage prévenant, il répondait à chacun d'une manière affectueuse, ou par des paroles, ou par le geste, ou par le regard. Il traversait la foule la tête découverte, et n'omettait rien pour se concilier toujours plus la bienveillance et l'applaudissement populaires.»

Mais il ne suffisait pas de jouer au roi de Paris. Guise descendit de cheval à Saint-Eustache et se rendit au palais de Catherine de Médicis, proche de cette église. La reine, quoique pâle et tremblante, ne perdit point sa présence d'esprit. Elle dit à Guise qu'elle le revoyait avec plaisir, toutefois qu'elle eût préféré une autre circonstance. Il osa répondre, tout en affectant la plus parfaite soumission, qu'il était prêt à sacrifier sa vie pour le salut commun et celui de la Sainte Eglise. Après un échange de propos ambigus, en lesquels la menace se voilait de courtoisie, la reine mère prit place dans sa chaise à porteur et, Guise marchant près d'elle, se rendit au Louvre. Une foule hostile et grondante s'ouvrait sur son passage et, certes, on ne peut refuser le courage à cette vieille dame. Ainsi le Balafré se

L'HÉRITIER PRÉSOMPTIF

laissa-t-il conduire comme un benêt. Le palais était garni d'archers et de Suisses. Guise, craignit pour sa vie, mais fit bonne contenance. A vrai dire, si l'on avait attenté à sa vie, ou même à sa liberté, c'eût été l'émeute ; une foule anxieuse, et armée, entourait le Louvre, prête à tout.

Henri III reprocha à Guise d'être venu à Paris sans autorisation. Guise protesta de son loyalisme et déclara qu'il était simplement venu pour se laver des calomnies répandues sur son compte. Le roi répliqua que son innocence apparaîtrait d'elle-même si Paris restait calme. Il hésitait à faire arrêter le duc sur-le-champ. La reine mère perçut sa colère et craignit qu'il ne prît une décision trop prompte. Guise s'empressa de prendre congé et se retira dans son hôtel de la rue Saint-Antoine. Prenant enfin conscience de son imprudence, il craignit d'être arrêté pendant la nuit et fit garder militairement sa maison. C'était laisser le temps au roi de renforcer la garnison au Louvre. Le lendemain, Guise retourna au palais, mais escorté par quatre cents gentilshommes, pistolets sous le manteau. Dans l'après-midi, il retourna chez la reine mère, pour y rencontrer à nouveau Henri III et parler librement avec lui. Feignant toujours la soumission, il exhorta le roi à exterminer les hérétiques, au lieu de tolérer leur existence, voire de pactiser avec eux. Le roi rétorqua que personne ne haïssait plus les hérétiques que lui, mais qu'il ne pouvait lever des troupes sans argent : or, les ligueurs demandaient sans cesse la réduction des impôts ! Il s'éleva ensuite contre l'attitude des Parisiens, mais sans reprocher quoi que ce fût à Guise, au contraire en mettant les troubles sur le compte des étrangers qui résidaient en trop grand nombre dans la capitale. On convint d'organiser sans retard des visites domiciliaires, afin d'expulser les indésirables.

Le lendemain, 11 mai, les visites commencèrent, sans donner de résultats, comme on pouvait s'y attendre. Le roi, convaincu de la duplicité de Guise, fit entrer les Suisses dans Paris, ainsi que les gardes-françaises cantonnées en banlieue. Toute la garde du Louvre fut consignée. Henri III escomptait alors rétablir l'ordre par la force. Ce qu'apprenant, Guise n'hésita plus et prépara le soulèvement. Afin d'exciter l'indignation des Parisiens, il fit circuler une liste de cent vingt noms ; ceux des ligueurs les plus compromis que le roi devait faire arrêter et pendre. Chaque Parisien se sentit personnellement menacé, donc prêt à agir. Les Seize arrêtèrent les dernières dispositions.

Le 12 mai, le roi reçut les Suisses et les gardes-françaises à la porte Saint-Honoré et prononça une allocution. Les premiers prirent position au nord de la Seine : place de Grève, Marché-Neuf et cimetière des Innocents. Les seconds, dans l'île de la Cité et sur les ponts. Les Seize réagirent immédiatement : des foules armées se rassemblèrent place Maubert et place Saint-Antoine. La reine mère envoya Davila (le frère de l'historien) aux nouvelles, sous prétexte de complimenter le duc de Guise. Davila nota les attroupements, les boutiques fermées, les tonneaux remplis de terre et les amas de bois devant les portes, la présence des officiers de Guise ici et là. Il rendit compte au roi de l'imminence de la bataille. On résolut alors, un peu tard, d'occuper militairement les places Maubert et Saint-Antoine. Mais les barricades, promptement élevées par les insurgés, empêchèrent les royaux d'approcher. Bientôt, toutes les rues principales de Paris eurent leurs barricades faites de solives, de tonneaux, de vieux meubles, de paillasses formant parapet. Elles furent en outre barrées de grosses chaînes. Il était alors midi. Jusque-là, les Parisiens étaient restés sur la défensive. Ils passèrent soudain à l'attaque dans le quartier des Innocents. Les Suisses furent submergés de pierres lancées des fenêtres. Trente-six d'entre eux périrent de la sorte, misérablement. Leurs camarades se laissèrent désarmer et conduire en prison. Ailleurs, il en était de même. Quant aux gardes-françaises, on les obligea à éteindre la mèche de leurs arquebuses et à mettre leurs armes en faisceaux.

Désormais, tout espoir semblait perdu pour Henri III. Il était à la merci de l'insurrection, cerné dans son palais, qui pouvait être attaqué d'un instant à l'autre, si le Balafré en donnait l'ordre. Mais ce dernier s'en abstint. Il se croyait déjà maître de tout et jugeait superflu de se charger d'un crime de lèse-majesté. Il laissa donc sottement le roi venir à lui. Ce fut la reine mère qui parut. La vieille sirène voilée de noir se fit porter à l'hôtel de Guise. Elle traversa bravement les barricades, munie d'un sauf-conduit délivré par les Seize. Le duc la reçut respectueusement. Puis l'entretien commença. Le duc se plaignit de ce que le roi, pris de soupçons injustes, ait voulu nuire à sa bonne ville de Paris et attenter à la vie de bons catholiques. Catherine répondit que ce tumulte n'avait aucun sens; qu'il résultait d'un malentendu, le roi n'ayant pris ses mesures que dans le seul dessein d'expulser les étrangers. Le duc répliqua que le roi avait néanmoins résolu la perte des grands seigneurs, à preuve les faveurs dont il gratifiait ses mignons, les commandements et les charges qu'il leur distribuait. Il demandait donc qu'Henri III le nommât lieutenant général du royaume et que cette nomination fût confirmée par les états généraux: c'était là, la reine mère le comprit fort bien, le subterfuge juridique envisagé par Guise pour s'emparer du trône; il ne l'usurperait pas, puisque les états le lui donneraient! Il demandait en outre qu'Henri de Navarre fût déclaré, dès à présent, déchu comme hérétique de ses droits à la couronne. Il demandait enfin l'éviction immédiate du duc d'Epernon et des autres «mignons» de leurs charges. La reine mère se borna à dire que ces demandes étaient si exorbitantes qu'elle ne pouvait les accepter sans avoir consulté son fils et ses conseillers.

Elle revint donc au Louvre, où l'on débattit de la situation, sans prendre, apparemment, de décision. Le matin du 13 mai, Catherine retourna à l'hôtel de Guise. Le duc était encore plus âpre que la veille dans ses exigences. La vieille reine savait qu'en cas de refus il ferait donner l'assaut au Louvre. Elle l'emmena donc, doucement, à préciser chaque article du traité, en prenant le temps de discuter. Sa maîtrise en ces sortes de débats était incomparable. Tantôt elle cédait sur un point, pour aussitôt revenir sur l'accord et se perdre en arguties subtiles. Le Balafré, qui était surtout un soldat, se laissa prendre dans cette glu. Au bout de deux heures, un de ses officiers vint lui apprendre qu'Henri III s'était enfui par les jardins des Tuileries. «Madame, tonna le duc, je suis trahi! Pendant que Votre Majesté cherche à m'amuser ici, le roi est parti de son palais avec l'intention de me faire la guerre.» La vieille reine se récria, avec toutes les apparences de la surprise. Elle ignorait cette décision du roi, prise en son absence. Néanmoins, elle ne s'attarda pas à l'hôtel de Guise et rentra au Louvre.

Son fils galopait vers Chartres. Il y fut chaleureusement accueilli par la population et par le gouverneur Chiverny. Les compagnies de gardes-françaises, les régiments de Suisses l'y rejoignirent. A Paris, les Seize révoquaient le prévôt des marchands et s'emparaient du pouvoir.

IV

L'EXECUTION DES GUISE

Pendant une brève période, le destin parut encore hésiter. On ignorait les intentions du roi. Elles étaient diverses et contradictoires, d'ailleurs à l'image de ses conseillers dont les uns voulaient la lutte à outrance contre le duc de Guise et les autres opiniaient pour la négociation. Henri III les écoutait, ensemble ou séparément, mais ne décidait point; il cherchait un moyen de sortir d'une situation apparemment sans issue. Le Parlement de Paris lui envoya une délégation pour l'assurer de son loyalisme. Les Seize firent de même, et tentèrent de justifier l'insurrection parisienne par le danger hypothétique couru par l'Eglise romaine et la prétendue perfidie du duc d'Epernon; ils proposaient une réconciliation solennelle, au nom de l'Union ligueuse. Henri leur écrivit que nul monarque au monde n'était plus que lui résolu à extirper définitivement l'hérésie et à assurer le bonheur de son peuple. Il annonçait pour le 15 août (1588) la réunion des états généraux. Peu après, il sacrifia Epernon et nomma à son gouvernement de Normandie le duc de Montpensier. Cette volte-face ne fut pas comprise, et ne pouvait l'être, ni par les partisans du roi ni par ceux de Guise. Mais Henri III ne confiait à personne le projet qu'il mûrissait. En outre, il avait appris le prochain appareillage de l'énorme flotte de guerre, baptisée par avance «Invincible Armada», par laquelle Philippe II se flattait d'écraser l'Angleterre. Sachant les accointances de Guise et du roi d'Espagne, ne pouvait-il craindre un débarquement sur les côtes françaises? Cette année-là, 1588, l'événement capital fut bel et bien l'échec de l'«Invincible Armada», qui sauva l'Angleterre et le protestantisme, en modifiant du tout au tout le rapport des forces en présence. L'expédition eût-elle réussi, il est probable que l'histoire de l'Europe eût pris un autre cours. Or cette flotte, de 150 navires, transportant 8 000 marins, 20 000 soldats (cavaliers et fantassins), 2 600 pièces d'artillerie, avait mis à la voile le 29 mai. L'intérêt d'Henri III commandait un rapprochement avec Guise, le moindre faux pas risquant de tout perdre. Proposer un traité au chef de la Ligue, c'était l'endormir dans une fausse sécurité et gagner un temps précieux, car on ne pouvait établir un document de cette nature sans discuter, longuement, de ses articles, lesquels, selon l'usage, s'accompagnaient de clauses secrètes. Guise donna dans ce piège; il croyait lui-même amuser le roi: pendant que l'on négociait, les ligueurs organisaient méthodiquement l'élection des députés aux états généraux. Le traité ne fut signé qu'en juillet. Il portait le nom significatif d'Edit d'union. Le roi y renouvelait son serment de vivre et de mourir dans la religion catholique, apostolique et romaine. Il s'engageait à extirper l'hérésie de son royaume, à écarter de sa succession tout prince hérétique ou ancien hérétique, à veiller à ce qu'aucun hérétique ne pût détenir une charge quelconque. Il amnistiait ses sujets coupables d'associations, notamment les ligueurs parisiens et leur comité... Poursuivant dans cette voie, il nomma le duc de Guise lieutenant général du royaume. Guise était déjà grand maître de la maison du roi; il voulait le titre de connétable, marchepied du trône.

L'«Invincible Armada» avait essuyé une forte tempête dans le golfe de Biscaye et perdu huit vaisseaux: ces galions à tourelles n'étaient guère marins; leurs superstructures offraient trop de prise au vent. Elle fut obligée de relâcher à La Corogne, d'où elle ne repartit que le 21 juillet. Une semaine après, sans autre incident, elle entrait dans la Manche et, longeant la côte méridionale de l'Angleterre, se dirigeait vers Portsmouth. Jamais de mémoire d'homme on n'avait vu pareil déploiement de voiles. Les amiraux anglais, Howard Effingham et Francis Drake, n'en furent pas effrayés. Ils adoptèrent la seule tactique possible, qui était de refuser le combat, d'attaquer la queue ou les éléments isolés de cette formidable flotte. L'amiral espagnol, duc de Medinaceli, croyait pouvoir écraser la totalité des navires anglais à Portsmouth même. Il rencontra ceux-ci en mer, si bas sur l'eau, si misérables, qu'il ne douta pas de les détruire promptement. Les deux flottes naviguèrent quatre jours vers l'est, en escarmouchant. Les Anglais avaient si peu de hauteur que les volées de boulets espagnols passaient au-dessus d'eux. Ils savaient, par ailleurs, qu'ils n'auraient pu prendre à l'abordage ces forteresses flottantes dont, précisément, le défaut essentiel était la pesanteur, la lenteur de manœuvre. Ils les attaquaient donc brusquement, puis se retiraient, un peu à la manière d'un escadron de cavalerie légère opposé à un corps cuirassé d'infanterie. Le 6 août au soir, l'«Invincible Armada» mit l'ancre devant Calais. D'ordre de Philippe II, le duc de Parme avait amené une armée dans ce port; elle devait renforcer le corps de débarquement. Medinaceli, négligeant la croisière anglaise, attendait donc cette armée. Or ces rudes soudards tremblaient de peur à la seule idée de traverser le détroit. D'où retard, mis à profit par les amiraux anglais. Dans la nuit du 7 au 8 août, ils sacrifièrent huit de leurs vaisseaux transformés en brûlots, les laissant dériver vers la flotte espagnole et provoquant une incroyable pagaille. Car les Espagnols, voulant éviter l'incendie, appareillaient en catastrophe, au hasard, s'entrechoquant et, parfois, se coulant les uns les autres, ou s'échouant sur les hauts-fonds. La plupart d'entre eux mirent cap au nord, mais certains virèrent de bord, furent pris ou détruits par les navires anglais. Les jours suivants, Medinaceli tenta de s'approcher des côtes flamandes. Un vent défavorable s'éleva. Les Espagnols couraient le risque de s'échouer; ils rebroussèrent chemin et laissèrent porter vers le nord. Quant aux Anglais, ils regagnèrent Portsmouth, après avoir nettoyé la Manche des derniers traînards. Quel était le but de Medinaceli? On ne sait. L'eau venant à manquer, ses équipages jetèrent à la mer les mules et les chevaux. On ne sait davantage pourquoi, quand il eut doublé les Orcades, Medinaceli ordonna à ses capitaines de rallier la côte de Biscaye, aussi bien qu'ils pourraient. Ce fut alors que la tempête talonna les navires durement éprouvés et acheva de démoraliser les matelots et les soldats. Nombre de vaisseaux furent jetés à la côte et leurs équipages tués par la population, principalement en Ecosse. Il ne rentra en Espagne qu'une cinquantaine de navires. Medinaceli en avait perdu presque cent. Quatorze mille hommes avaient péri. L'Espagne ne se releva pas de cet échec. Philippe II avait dépensé en vain 120 millions de ducats. Le

Trésor était épuisé. L'Angleterre, sauvée par la médiocrité de l'amiral espagnol, pouvait enfin respirer et les religionnaires relever la tête.

Cependant la tempête secoua aussi, en cette heure capitale, le trône d'Henri III. Très certainement, lorsque, le 2 octobre 1588, les états généraux se réunirent à Blois, il savait déjà que l'amiral espagnol n'avait pas écrasé la flotte d'Elisabeth et qu'il n'avait pu embarquer le duc de Parme, non plus qu'envahir l'Angleterre. Sa position s'en trouvait singulièrement confortée. Néanmoins, les ligueurs avaient si bien travaillé l'opinion par leurs manifestes, leurs circulaires et leurs menaces qu'ils étaient en majorité dans les trois ordres. La minorité se composait de politiques, c'est-à-dire de modérés. Il n'y avait aucun protestant parmi eux. Au cours des séances préliminaires, ce furent trois ligueurs que les députés se donnèrent comme présidents: Brissac, qui avait commandé les Barricades, pour la noblesse; le cardinal de Guise, frère du Balafré, pour le clergé et La Chapelle-Marteau, l'un des Seize, pour le tiers état. Ensuite on prétendait retirer au roi son droit de veto, ce qui, par avance, neutralisait ses initiatives et subordonnait toute décision au vote de l'assemblée. Autrement dit, une partie des députés, principalement dans le tiers état, cherchait à instaurer une monarchie constitutionnelle. Mais cette prétention heurta des habitudes trop solidement ancrées pour qu'elle prévalût. Il y eut donc, dès les premiers jours, de sérieux désaccords au sein même du parti ligueur. A la séance d'ouverture, le duc de Guise s'assit devant le trône, «en sa chaire, habillé de satin blanc, la cape retournée à la bizarre, perçant de ses yeux tout l'épaisseur de l'assemblée, pour reconnaître et distinguer ses serviteurs, et d'un seul élancement de sa vue, les fortifier en l'espérance de l'avancement de ses desseins, de sa fortune et de sa grandeur, et leur dire sans parler: Je vous vois». Le roi parut dans un pourpoint noir, avec le collier bleu du Saint-Esprit pour tout ornement. Il avait tant de majesté que l'assemblée entière se leva pour le saluer. Il prononça un remarquable discours, en lequel il renouvela ses serments de servir l'Eglise, d'écarter de sa succession tout prince suspect d'hérésie, etc. Il se déclara prêt à adopter des lois capables d'assurer la paix. «Je ne suis ici, dit-il, que pour apaiser toutes les misères de mon peuple, qui serait maudit toutefois s'il ne se ralliait à moi pour m'offrir de combattre le désordre et la corruption.» Et il rappela que, désormais, les fauteurs de troubles seraient convaincus du crime de lèse-majesté et punis en conséquence. Dans cette perspective, il prononça quelques phrases équivoques, vaguement menaçantes, qui déplurent au duc de Guise. Mais il accepta qu'on les retirât du procès-verbal de la réunion.

Il était d'ailleurs sans réelle importance que le discours royal ait favorablement impressionné les députés. Le Balafré, son frère le cardinal et l'état-major de la Ligue agirent sans tarder. Il serait fastidieux, et parfaitement inutile, de relater les débats qui suivirent, au surplus dans la confusion la plus totale. On peut les résumer en quelques mots: les états exigeaient la destruction immédiate et entière des huguenots, mais, en même temps; la réduction massive des impôts; Henri III étant dès lors dans l'impossibilité de lever des troupes, on lui reprocherait sa mauvaise foi, voire sa trahison; on l'accuserait à nouveau de pactiser avec les calvinistes. Procédé vieux comme le monde, et cher à notre époque!... Le respect des premiers jours laissait place à la suspicion, à la dérision même. Quelques députés, chauffés à blanc par Messieurs de Lorraine, osèrent injurier grossièrement le roi. Si le duc de Guise affectait envers lui quelque déférence, d'ailleurs mêlée d'ironie, et semblait se tenir à l'écart des échauffourées verbales des députés, le cardinal s'agitait comme un diable pour entretenir le désordre et achever de dégrader la situation. Cependant, malgré les humiliations qu'il subissait, le péril croissant auquel il était exposé, Henri III luttait pied à pied. Il s'agissait pour lui moins de sauver sa personne que de préserver le principe monarchique. Au contraire, le duc de Guise détruisait ce principe même en aspirant à la royauté, car, s'il eût réussi à renverser Henri III, il aurait été un roi élu, autrement dit le chef d'un parti, une sorte de dictateur couronné.

Par surcroît la faction qui l'aurait élu n'était point unanime, mais déjà travaillée de courants contraires; elle pouvait à tout moment remettre en cause cette décision. En outre, Guise se serait certainement heurté à la résistance désespérée des huguenots appuyés par les politiques. Il tombait donc sous le sens que l'éviction d'Henri III eût déchaîné une guerre civile encore plus implacable que la guerre religieuse. De cela le roi avait pleinement conscience. Il savait aussi ne pouvoir compter que sur lui-même. En cette alternative tragique, il devait prendre seul la décision et il s'abstint même de consulter la vieille Catherine, qui n'eût pas manqué de suggérer de nouvelles concessions. Or il avait épuisé les possibilités d'accord. Il ne s'agissait plus de gagner du temps, de manœuvrer pour diviser les états ou pour amadouer les frères de Lorraine.

Le 17 décembre, au cours d'un dîner, l'imprudent cardinal porta un toast à son frère, en disant: «Je bois à la santé du roi de France!» On applaudit chaleureusement. Le lendemain, Henri III fut informé par un espion. Il réunit secrètement quelques fidèles, leur demanda leur avis. Ils convinrent de l'extrême gravité de la situation et conseillèrent de faire arrêter le duc et le cardinal dans les délais les plus brefs. Cette arrestation parut impossible: Guise était grand maître de la Maison du roi; par ses fonctions il avait la responsabilité des gardes et des chefs du palais. Le roi ne disposait que d'une poignée de gentilshommes: les fameux quarante-cinq, redoutables bretteurs d'un courage et d'un loyalisme éprouvés. Mais en supposant que Guise fût arrêté, que ferait-on de lui? L'emprisonner? Il se serait évadé immédiatement. Le juger? Devant quelle cour de justice? Quel magistrat aurait eu l'audace de l'interroger, de requérir contre lui? D'ailleurs, ses partisans eussent déclenché une émeute en sa faveur. Il ne restait en fin de compte que l'assassinat, ou plutôt l'exécution, de Guise. Le roi, en sa qualité de juge suprême, pouvait se dispenser de tribunal, prononcer lui-même la sentence et en ordonner l'application. Il ne commettrait point de crime, mais restait dans son rôle de justicier. Ce fut donc la mort qui fut résolue.

Le secret transpira, comme il était inévitable en ce palais de Blois truffé de ligueurs et d'espions de Guise. Le duc fut prévenu, mais il dédaigna, croyant Henri III incapable de prendre une décision pareille. L'ambassadeur Mendoza, averti par ses propres agents, l'incita à se garder ou, sinon, à devancer le roi. Le duc accepta l'idée de soulever ses partisans et de s'emparer du pouvoir, mais il restait si sûr de lui qu'il ne manifesta aucune hâte. Peut-être, dans son bizarre souci de légalité, espérait-il encore que les états déposeraient enfin le roi et l'éliraient à sa place. Le 21 décembre, il demanda audience à Henri III, offrit sa démission de lieutenant général, pour tâter le terrain. Henri III le pria de conserver sa charge, l'assura de son amitié. Le lendemain, ils se rencontrèrent à nouveau au chevet de la reine mère et firent assaut de courtoisie. D'une voix calme, le roi prévint Guise que le Conseil se réunirait de bonne heure, en raison de la proximité des fêtes et de l'abondance des affaires. Le duc s'en fut ensuite souper chez les dames. Il trouva sous son assiette un avertissement anonyme, griffonna dans la marge : « Il n'oserait ! » Puis il suivit la marquise de Noirmoutier (qui était Mme de Sauve !) dans sa chambre et passa la nuit avec elle. Le roi dormit avec la reine : mais put-il trouver le sommeil ?...

Vers 4 heures du matin, il rejoint ses amis : Bellegarde, Aumont, Maintenon, Rambouillet. Les quarante-cinq descendent en silence ; ils ignorent l'objet de cette convocation insolite. Tout paraît calme dans le vaste château. Le roi prend alors la parole. « Vous savez, leur dit-il, les insolences et les injures que j'ai reçues du duc de Guise depuis quelques années, lesquelles j'ai souffertes jusqu'à faire douter de ma puissance et de mon courage. Vous avez vu en combien de façons je l'ai obligé, pensant, par ma douceur, ralentir et arrêter le cours de cette violente et furieuse ambition, de peur qu'en procédant par des voies contraires, celles des guerres civiles, mon Etat ne se prît derechef d'un tel embrasement... J'en suis venu à telle extrémité que, ce matin, il faut qu'il meure ou que je meure. Ne voulez-vous pas me promettre de me servir et m'en venger, en lui ôtant la vie ? »

Il s'en faut de peu que n'éclatent leurs vivats. Le roi les arrête. Il distribue ses ordres, répartit les tâches, si l'on peut dire. Tous ont noté le changement qui s'est opéré dans sa personne : il semble rajeuni, il a retrouvé sa voix et son allure de chef de guerre, sa majesté. Ils ignorent pourtant l'angoisse qui l'oppresse. Les quarante-cinq vont occuper la place qui leur a été assignée. Les membres du Conseil entrent dans leur salle. Il ne reste plus qu'à attendre le duc. Il arrive vers 7 heures dans un justaucorps gris, toujours aussi élégant et hautain. Il entre dans la salle du Conseil et sursaute : ceux qui sont là ne sont pas ses amis. Mais, presque aussitôt, son frère le cardinal, Montholon, garde des Sceaux, Gondi, l'évêque de Paris, et le cardinal de Vendôme apparaissent. Le duc a un bref malaise. Ses excès nocturnes avec l'experte marquise l'ont épuisé. On lui donne des prunes de Brignoles, qu'il grignote machinalement. Le secrétaire d'Etat Revol le demande de la part du roi et s'esquive. Le duc se lève, emportant son drageoir, le manteau sur le bras. Il n'éprouve aucune appréhension. Certains des quarante-cinq sont là, feignant de jouer aux échecs. Ils se lèvent, comme pour lui faire honneur, et le suivent. Quand il entre dans le Cabinet vieux, il aperçoit, au lieu du roi, un autre groupe des quarante-cinq. Il hésite, se retourne. Sur un signe de Langnac, on se rue sur le duc. Il essaie en vain de tirer son épée, de se défendre. Les coups pleuvent sur lui. Il est si fort que, mortellement blessé, il entraîne la meute de ses meurtriers vers le Cabinet neuf où se trouve Henri III. Percé de dix blessures, le centaure reste debout, se cabre, fait face! On l'entend gronder: «Quelle trahison, messieurs! Quelle trahison!... Quelle trahison!» Du Gast lui enfonce son poignard dans l'estomac. Le duc ne tombe pas encore. Il marche en titubant vers Langnac, le chef de ses assassins. Langnac le repousse violemment. Le blessé s'effondre enfin, mais il vit encore. «Monsieur, lui dit Bellegarde qui s'est approché, cependant qu'il vous reste une étincelle de vie, demandez pardon à Dieu et au roi.» Guise murmure: «Miserere mei, Deus[1]...» et meurt. Il n'est pas vrai qu'Henri III ait prononcé la célèbre phrase: «Dieu! qu'il est grand, encore plus grand mort que vivant!» Par contre, il commanda de fouiller les poches de Guise. On y trouva ce billet, de son écriture: «Pour entretenir la guerre en France, il faut 700 000 livres tous les mois...»

Ensuite, Henri III se rend chez la reine mère qui souffrait d'un accès de goutte. Il lui dit:

– Monsieur de Guise est mort. Je l'ai fait tuer, n'ayant fait que prévenir le même dessein qu'il avait formé contre moi.

– Quoi donc? Vous avez fait mourir le duc de Guise? Dieu veuille que vous ne soyez pas devenu ainsi roi de néant! Vous avez taillé; il faut coudre.

C'est du moins la version donnée par Davila. Cependant, le diplomate Cavriana prétend qu'elle fut incapable de prononcer une seule parole.

Le lendemain, Henri III faisait hallebarder le cardinal de Guise: s'il l'avait laissé vivre, le terrible prélat eût vengé son frère par n'importe quels moyens. On arrêta les ligueurs les

---

1. Dieu, aie pitié de moi.

plus importants, les députés les plus compromis. Ils en furent quittes pour la peur, mais le coup avait porté. La misérable assemblée de conspirateurs et de verbeux était comme frappée de stupeur. Apprenant ce renversement de situation, le roi de Navarre écrivit à Corisande:

«Le roi triomphe; il a fait garotter en prison le cardinal de Guise... L'on se bat à Orléans et encore plus près d'ici, à Poitiers, d'où je ne serai demain qu'à sept lieues. Si le roi le voulait, je les mettrais bien d'accord. Je n'attends que l'heure de ouïr que l'on aura envoyé étrangler la feue reine de Navarre. Cela, avec la mort de sa mère, me ferait bien chanter le cantique de Siméon... Bonsoir, mon âme, je te baise cent millions de fois.»

V

LA RECONCILIATION

Les premiers mois de 1589 furent difficiles. La reine mère mourut le 5 janvier, après une douloureuse agonie: elle avait vu mourir son mari et trois de ses fils, déchoir peu à peu sa fille Margot, se défaire la royauté, échouer tragiquement sa politique, conciliatrice et son dernier fils Henri III se détourner d'elle. Sa vie si pleine d'événements, de chagrins et de luttes n'avait été qu'un lent naufrage et rien, dans la situation, ne permettait vraiment d'espérer. Dans le parti réformé, malgré la disparition de Guise et du cardinal, l'optimisme ne régnait pas. Depuis Coutras, le roi de Navarre s'était tenu dans l'expectative, suivant avec attention l'évolution de la crise chez l'adversaire et tenant simplement la main à maintenir ses positions en Guyenne et en Poitou. Les calvinistes auraient voulu que, profitant de la désunion des catholiques, il passât réellement à l'action. Pendant que les états généraux siégeaient à Blois, l'Eglise réformée se réunissait en synode à La Rochelle. On y dénonça sans ménagement ses frasques amoureuses, son inaction. Contesté au sein même de son parti, décrété, comme hérétique et relaps, incapable de succéder à Henri III, la position du roi de Navarre n'était, on le voit, guère plus enviable que celle de son beau-frère. Il parvint cependant à rallier la majorité des députés protestants, mais quelle patience et quelle habileté ne lui avait-il pas fallu! Il écrivait à Corisande: «Vraiment, s'il se refaisait encore une assemblée, je deviendrais fol!» Il se remit ensuite en campagne avec sa petite armée. Il s'empara de Niort et se dirigea vers La Garnache, qu'il voulait assiéger. Chemin faisant, sous la pluie glacée, il attrapa une grippe qui dégénera en pleurésie. Pendant plusieurs jours, on le crut perdu, et d'autant que dans sa jeunesse il avait eu trois accès de cette maladie. Sa forte constitution le sauva, une fois encore, mais, comme il l'écrivit non sans humour, il avait vu «les cieux ouverts». Peu après, le retrait des troupes royales du Poitou lui permit d'occuper plusieurs villes fortes. Le 4 mars, parfaitement informé des événements qui accablaient Henri III, il lança son fameux appel à la concorde et à l'union de tous les Français, quels que fussent leur rang, leur fortune et leur religion. Ces pages justement célèbres, rédigées avec le concours de Duplessis-Mornay, mériteraient d'être citées intégralement, car Henri de Navarre y exprime sa vérité profonde, ses idées sur la paix, son action en vue d'y parvenir. Elles sont comme le brouillon de l'Edit de Nantes. Déplorant, avec des expressions incomparables de sincérité et de force, les malheurs de ces guerres continuelles, inutiles car sans issue, la ruine du peuple, l'abaissement de la monarchie:

«Quelle sera, écrit-il, la face de cet Etat si ce mal continue? Que fera la noblesse, si notre gouvernement se change, comme il le fera indubitablement, et vous le voyez déjà? Que deviendront les villes quand, sous une apparence vaine de liberté, elles auront renversé l'ancien ordre? Que feront les principaux habitants qui tiennent tous les offices de la monarchie ou aux finances, ou à la justice, ou à la police, ou aux armes? Cela est perdu, si la monarchie se perd! Qui leur donnera le libre exercice de la marchandise? Qui leur garantira leurs possessions aux champs? Qui tiendra l'autorité de leur justice? Qui commandera leurs armées?... Et toi, peuple, quand ta noblesse et tes villes seront divisées, quel repos auras-tu? Peuple, le grenier du royaume, le champ fertile de cet Etat, de qui le travail nourrit les princes, la sueur les abreuve, les métiers les entretiennent, l'industrie leur donne les délices, à qui auras-tu recours quand la noblesse te foulera, quand les villes te feront contribuer? Au roi? Il ne commandera ni aux uns ni aux autres. Aux officiers de justice? Où seront-ils? A ses lieutenants? Quelle sera leur puissance? Aux chefs de la noblesse? Quel ordre parmi eux? Pitié, confusion, désordre, misère partout. Et voilà le fruit de la guerre!...»

A Paris, la nouvelle de l'exécution des Guise avait provoqué des rassemblements populaires. L'émotion se fût peut-être calmée, si les prédicateurs ne s'étaient chargés de souffler sur les braises. Avec des gestes pathétiques et les effets de voix appropriés, ils exhortaient leurs ouailles à verser jusqu'à la dernière goutte de leur sang pour venger la mort des deux martyrs de la foi, le duc et son bon frère, et pour punir le Vilain Hérode, anagramme d'Henri de Valois. Oubliant un peu l'Evangile et la charité chrétienne, ils incitaient les fidèles à prêter un serment de vengeance, presque de vendetta, sans craindre d'ajouter aux misères des pauvres en relançant la guerre civile. Encore fallait-il qu'une haute autorité religieuse les cautionnât. A défaut du pape, qui eût peut-être désapprouvé ces appels au meurtre, ils pouvaient tabler sur la complaisance et la nullité politique, pour ne pas dire plus, des docteurs en Sorbonne. Comme ils l'avaient fait pendant la guerre de Cent Ans, sous le règne de Charles VII, ils choisirent la plus mauvaise cause, et la plus dommageable au bien de l'Etat. Considérant que le roi avait assassiné un cardinal, ils n'hésitèrent pas à le déclarer hérétique et à délier ses sujets de leur devoir d'obéissance envers lui. Ils furent soixante-dix maîtres en bonnet carré, présumés détenteurs de toute sagesse et de toute science, à prendre cette décision hors du sens commun, mais la lâcheté y était pour quelque chose. Le bon peuple répéta docilement: «Le roi est hérétique et excommunié. Nous n'avons plus de roi.» Il lacéra ses portraits. Il enleva partout son double blason de France et de Pologne, et le piétina furieusement. Le conseil des Seize exploita remarquablement cette confusion. Il épura le Parlement, dont il redoutait le loyalisme et les remontrances, et fit arrêter plusieurs conseillers. Il s'érigea en Comité de salut public avant la lettre et prit les mesures les plus sévères, en même temps qu'il envoyait manifestes et circulaires aux villes de province. Sous cette impulsion et celle des chefs ligueurs, la révolte – qui prenait le caractère d'une véritable révolution – s'étendit à Chartres, Lyon, Orléans, Toulouse, Rouen, gagna les cités de moindre importance, s'accompagna d'émeutes, de coups de force et de meurtres. A Blois, Henri III tentait de prendre appui sur les états généraux; il n'en put rien tirer de positif et les congédia. Il essaya de même d'organiser le procès posthume des Guise, mais il y renonça parce que, simultanément, Catherine de Clèves, veuve du duc de Guise, saisissait le Parlement de l'assassinat de son mari et sollicitait l'ouverture d'une enquête. Dans la même période, la duchesse de Montpensier s'en fut chercher son frère, le duc de Mayenne. Le 15 février, ce dernier faisait son entrée à Paris, avec 500 gentilshommes et 4 000 soldats. On l'accueillit triomphalement: au XVIe siècle, les têtes étaient encore si peu «républicaines» que l'on ne pouvait guère concevoir un gouvernement sans monarque! Mayenne avait des idées bien arrêtées. Il tint à l'hôtel de ville une grande réunion, où il montra la nécessité d'établir un conseil suprême de la Ligue dont l'autorité ne se limiterait pas à la capitale, mais s'étendrait à toute la France. Les membres en furent nommés sur-le-champ; quinze d'entre eux avaient été choisis par le duc. Le conseil suprême désigna Mayenne comme lieutenant général du royaume, avec les prérogatives d'un souverain; il confia le gouvernement de Paris au duc d'Aumale et décida de convoquer les états généraux pour le 15 juillet suivant.

Déposé de fait par les ligueurs, Henri III ne savait quel parti prendre. Malgré la mort des Guise, il était devenu, selon le pronostic de sa mère, un «roi de néant». Parmi ses conseillers, les uns lui suggéraient de renchérir sur le fanatisme des ligueurs en pourchassant les protestants. Les autres, de se rapprocher du roi de Navarre et de rechercher une alliance, qui leur paraissait la seule planche de salut. Le duc d'Epernon lui envoya un premier renfort de 120 gentilshommes, 1 500 arquebusiers à cheval et 600 fantassins. Cette petite troupe, bientôt suivie de plusieurs autres, réconforta le roi. Il y vit, à juste raison, la preuve qu'en dépit de ses adversaires une fraction de son peuple lui restait fidèle et que l'attitude des Seize heurtait par ses outrances le bon sens français. Blois étant trop exposé, il décida alors le repli de l'administration royale à Tours. Il y eut donc, de même qu'au temps de Charles VII, deux parlements, deux Chambres des comptes, deux chanceliers. Simultanément, les diplomates d'Henri III sollicitaient le pardon du pape Sixte Quint pour le meurtre du cardinal de Guise. Le pape – quoique parfaitement renseigné sur les activités et le caractère belliqueux du cardinal – menaçait le roi d'excommunication. Condamné par le pape, menacé par le duc de Mayenne, Henri III n'avait pas le choix. S'il voulait sauver l'Etat, c'est-à-dire alors la monarchie, il lui fallait traiter avec le roi de Navarre.

Il va sans dire que les huguenots connaissaient la détresse du roi et qu'ils espéraient en tirer parti. Cependant ils n'étaient point unanimes, car les intransigeants refusaient de souiller leur cause par une alliance avec Henri III. Tel n'était point l'avis du roi de Navarre qui voyait au contraire dans cette situation l'occasion unique d'abattre ses adversaires, tout en se rapprochant du trône. Il envoya son meilleur conseiller, Duplessis-Mornay, à Tours, pour y rencontrer Henri III et lui offrir l'aide des religionnaires. Imagine-t-on le drame de conscience chez ce prince ardemment catholique, haïssant sincèrement l'hérésie? Il dut certainement se dire qu'en acceptant l'alliance des huguenots, il mettait son âme en péril. Toutefois la raison d'Etat, le tout-puissant désir de sauver la monarchie, l'emportèrent sur sa foi. D'ailleurs les huguenots montraient peu d'exigences: une trêve en bonne et due forme, un *statu quo* de six mois pour l'exercice de leur religion et une place de sûreté sur la Loire qui leur permettrait de retraiter en cas de graves revers. Henri III leur donna Saumur, où le roi de Navarre entra le 21 avril. L'entrevue de réconciliation entre les deux rois eut lieu le 30 avril, à Plessis-lez-Tours, le château où naguère Jeanne d'Albret avait été «nourrie» et enfermée par les soins de son oncle. Pour rassurer ses amis, qui se défiaient de la perfidie d'Henri III et lui rappelaient sans cesse la Saint-Barthélémy, le roi de Navarre emmena une forte escorte de lanciers et d'arquebusiers. Il parut devant le roi dans sa tenue ordinaire de soldat: un pourpoint usé aux épaules par la cuirasse, un haut-de-chausses en velours feuille morte, un manteau d'écarlate, un chapeau gris surmonté d'un panache blanc. La foule, criant: «Vivent les rois!», se pressait sur son passage. Selon de Thou, il se serait agenouillé devant Henri III, qui l'aurait relevé en l'embrassant. Au cours de l'entretien qui suivit, les deux rois arrêtèrent leur plan de campagne. Ce qu'apprenant, le duc de Mayenne tenta de surprendre Tours. Un instant encore, le destin balança, et il s'en fallut de peu qu'Henri III ne fût capturé. Mais il appela Navarre à son secours et les renforts huguenots arrivèrent si promptement que Mayenne ordonna la retraite.

De jour en jour l'armée royale grossissait. Nombre d'hésitants – «la majorité silencieuse» des Politiques – vinrent se ranger sous les bannières d'Henri III. Il en fut de même des huguenots qui, ruinés par tant d'années de guerre, sortaient de leurs tanières depuis qu'ils étaient assurés de recevoir solde et nourriture. Parallèlement, certaines villes, jusque là ligueuses ou neutres, se prononcèrent pour le roi. Enfin, Harlay de Sancy ramenait en France un important corps de Suisses et d'Allemands recrutés avec les diamants de la couronne. Ce fut à Conflans qu'Henri III passa cette armée en revue. Ses lieutenants, les maréchaux de Biron et d'Aumont, le duc de Montbazon et le marquis d'O, convergeaient vers Paris avec leurs troupes respectives. Il en était de même du roi de Navarre, commandant l'avant-garde, et du duc d'Epernon, avec l'arrière-garde. Jamais, depuis son avènement, Henri III n'avait disposé de forces aussi importantes et aussi résolues. Désormais, les différences étaient effacées et l'on fraternisait entre catholiques et religionnaires. Seul comptait l'objectif, qui était, selon la volonté de deux rois, d'assiéger la capitale afin de restaurer la monarchie. Tout au contraire, les désertions de plus en plus nombreuses amenuisaient l'armée du duc de Mayenne. On était convenu d'attaquer Paris le 2 août, Henri III par le nord, Navarre par le sud. Plein d'une ardeur retrouvée, le roi logeait à Saint-Cloud dans la maison de Gondi. De ses fenêtres, il apercevait la ville rebelle et Pierre de L'Estoile lui prête ces paroles : « C'est le cœur de la Ligue ; c'est droit au cœur qu'il faut frapper. Ce serait grand dommage de ruiner une si belle et bonne ville ; toutefois, il faut que j'aie raison des rebelles qui sont dedans et qui m'en ont ignominieusement chassé. » Mais L'Estoile parle par ouï-dire ; il était alors enfermé dans Paris, doutant que Mayenne pût résister, avec les milices bourgeoises, aux assauts conjugués de tant d'hommes de guerre, craignant le pire, attendant le meilleur, comme tout un chacun, et se gaussant en secret de l'outrecuidance des Seize.

Le 31 juillet au soir, un moine de vingt-deux ans, Jacques Clément, originaire de Sens, sortit de la ville et se dirigea vers Saint-Cloud. Il avait obtenu – par quelles complaisances ou quelles menaces ? – une recommandation du président de Harlay retenu prisonnier par la Ligue. C'était un illuminé, dont la faible cervelle avait été échauffée à blanc par les sermons des prédicateurs. Il se croyait investi d'une mission de justicier. Il semble bien que ses supérieurs ne l'aient point découragé, sans aller cependant jusqu'à l'autoriser à commettre le crime. Parvenu à Saint-Cloud il présenta ses lettres de recommandation au procureur La Guesle, qui faisait office d'auditeur et filtrait les visites. Il identifia l'écriture du président Harlay et, connaissant le loyalisme de celui-ci, crut qu'il avait un message important à communiquer au roi. On savait que Paris comptait un grand nombre de royalistes et l'on espérait qu'ils pourraient agir. Le moine insistait pour parler seul à seul au roi. La Guesle lui dit qu'il était trop tard pour être reçu, mais qu'il verrait le roi le lendemain. Il offrit l'hospitalité à Clément, dans le dessein d'étudier plus à fond son comportement, car un doute l'avait effleuré. Le moine soupa et dormit comme un brave homme. Il répondit adroitement aux questions-pièges qui lui furent posées. Le lendemain, 1 août, vers 8 heures du matin, La Guesle l'amena donc chez le roi. Ce dernier était sur sa chaise percée, une robe de chambre jetée sur les épaules. C'était la coutume bizarre du temps que de donner audience en cet appareil, et nul ne s'en choquait! Cependant les gardes firent difficulté pour introduire le moine. Entendant les éclats de voix, le roi ordonna de le faire entrer. Le moine – c'était un jacobin – s'avança, tenant dans sa manche le couteau à manche noir avec lequel on l'avait vu, la veille, trancher son pain. Le roi se leva pour le recevoir. Clément le salua bien bas, lui remit une lettre et dit qu'il était chargé d'un message secret. Henri III pensa aux royalistes de Paris. Il demanda donc qu'on les laissât seuls. Il commença ensuite à lire la lettre. Le moine, de toutes ses forces, lui enfonça son couteau dans le ventre, au-dessus du nombril. Henri III retira le couteau, en frappa Clément au sourcil gauche, en criant: «Ha! le méchant moine, il m'a tué, qu'on le tue!»

Les gardes, les gentilshommes de la suite accoururent à l'instant et massacrèrent le jacobin qui tomba aux pieds d'Henri III.

Les chirurgiens soudèrent la blessure et la jugèrent sans gravité réelle. Comme on redoutait néanmoins que la nouvelle de la mort ne se répandît, provoquant à nouveau le désordre entre catholiques et huguenots, le roi dicta une sorte de communiqué, ou de lettre-circulaire, en lequel il relatait l'attentat manqué: «Mais Dieu, écrivait-il, qui a soin des siens, n'a voulu que, pour la révérence que je porte à ceux qui se disent versés à son service, je perdisse la vie; ainsi me l'a-t-il conservée par sa grâce, et empêché son damnable dessein, faisant glisser le couteau de façon que ce ne sera rien, s'il plaît à Dieu, espérant que dans peu de jours il me donnera ma première santé.»

Au cours de cette matinée, le roi de Navarre avait appelé Sully (qui ne se nommait encore que Rosny) pour lui reprocher de hasarder «indiscrètement» sa vie. Pendant qu'il le réprimandait à sa manière amicale, un gentilhomme arriva au galop et lui dit quelques mots à l'oreille. «Mon ami, reprit Navarre, le roi vient d'être blessé d'un coup de couteau dans le ventre; allons voir ce que c'est; venez avec moi.» Ils partirent avec une escorte de vingt-cinq cavaliers, et trouvèrent Henri III au lit, faisant bonne contenance. Les médecins lui avaient fait donner un clystère, qu'il avait rendu «sans sang ni douleur», à ce que rapporte Sully. Il déclara au roi de Navarre qu'il espérait que cette blessure ne serait rien et remerciait Dieu de l'avoir protégé. Rasséréné, le roi de Navarre regagna son quartier général qui était à Meudon. Cependant, au cours de l'après-midi, l'état du blessé s'aggrava brusquement, compliqué d'une fièvre intense. Les médecins et chirurgiens examinèrent à nouveau la plaie, et déclarèrent, cette fois, que le roi était perdu. On dressa un autel dans sa chambre et le chapelain célébra une messe qu'il suivit avec ferveur. Ses fidèles se tenaient autour de son lit: d'Epernon, Bellegarde, d'O, Mirepoix, et les autres. Il se confessa et reçut l'absolution. Ici, les versions diffèrent sensiblement, les mémorialistes attribuant au mourant des discours qu'il n'était certes pas en mesure de tenir. Nous ne retiendrons donc que le récit d'Agrippa d'Aubigné, parce qu'il paraît le plus crédible. Il écrit que «ses derniers propos furent au commencement des regrets de sa vie, des vengeances de sa mort, et commanda l'union des siens près de la personne du roi son beau-frère, qu'il déclara son successeur, non par une harangue continue, comme on lui attribue, mais par mots entrecoupés de gémissements et de sanglots, le tout en bons termes pourtant». Quoi qu'il en soit, les témoignages concordent sur un point essentiel: Henri III mourant désigna le roi de Navarre comme son successeur et recommanda aux Grands de lui obéir comme tel. C'était là sa volonté ultime et il importe fort peu qu'il ait, ou non, prononcé une harangue, ou quelques phrases. Quant aux gémissements et aux sanglots relatés par d'Aubigné, ils paraissent assez naturels chez un homme mourant de perforation intestinale.

Le 2 août, qui devait être le jour du grand assaut contre Paris

L'HÉRITIER PRÉSOMPTIF

– quelle singulière coïncidence – il s'éteignit, vers 2 heures du matin, après avoir récité le *Miserere*. Il n'avait pas encore trente-huit ans.

Pendant la nuit, Sully avait été à nouveau appelé par le roi de Navarre. Le secrétaire Féret lui avait dit:

– Monsieur, le roi de Navarre et, peut-être, roi de France, vous demande. Car M. d'Ortoman lui mande qu'il se diligente de venir à Saint-Cloud, s'il veut trouver le roi en vie.

Sully s'était précipité chez son maître:

– Mon ami, on me mande que le roi est mort, ou autant vaut. Que vous semble de l'état des affaires? Je crois que nous y verrons de grandes confusions, à cause de la diversité des religions.

– Sire, j'espère que Votre Majesté sera un jour paisible et bien heureuse, mais ce ne sera pas sans beaucoup travailler et sans courir de grands hasards...

Henri de Navarre et trente cavaliers, sautèrent promptement en selle, portant cuirasse «sous la jupe». Quand ils arrivèrent à Saint-Cloud, vraisemblablement à l'aube, on leur annonça qu'Henri III allait bien et on les pria de déposer leurs armes. Mais un homme survint, criant: «Ha, mon Dieu, nous sommes tous perdus!... Le roi est mort!» En se rendant au logis du feu roi, Henri de Navarre rencontra les gardes écossais. Ils s'agenouillèrent et dirent: «Ha, sire, vous êtes à présent notre roi et notre maître!» Ensuite, ce furent les gentilshommes de la suite, les familiers du dernier Valois, qui, dans un premier mouvement, l'entourèrent, protestant de leur fidélité. Il était devenu Henri IV, premier roi Bourbon.

A Paris, un rimailleur au service de la Ligue écrivait ces alexandrins:

> *Deux Henri, tous deux rois sans royaume en la France,*
> *En un même destin vont un pas merveilleux,*
> *Tous deux sont fils de roi qu'un même sang avance,*
> *Et tous deux ont quitté la trace des aïeux.*
> *Tous deux sont ravageurs de nos pauvres provinces,*
> *Et tous deux sont bourreaux de bons et nobles princes,*
> *Et tous deux n'ont de Dieu, n'ont de foi, n'ont de loi:*
> *Tous deux gâtent l'Eglise, affaiblissent la foi;*
> *Tous deux rompent promesse, embrassant le mensonge,*

Et tous deux la vertu pensent n'être qu'un songe.
Tous deux sales, paillards, incestes, voués au mal,
Et tous deux sont frappés par le foudre papal.
Mais l'un cachait son vice, et l'autre en fait la montre,
L'un par un moine est mort et l'autre mourera (sic)
Par la main d'un bourreau qui le couronnera.

QUATRIÈME PARTIE

LA RECONQUETE

I

LE ROI DES BRAVES

Ce qui caractérise par-dessus tout les hommes, les événements de cette époque, c'est une mobilité extrême. Dès le lendemain de la mort d'Henri III et des protestations de fidélité de ses officiers et familiers envers son successeur, l'union prétendument fraternelle entre huguenots et catholiques se trouva remise en cause. D'Aubigné:

«Au lieu des acclamations et des «Vive le roi!» accoutumés en tels accidents, Henri IV voyait en même chambre le corps mort de son prédécesseur, deux minimes aux pieds, avec des cierges, faisant leur liturgie, Clermont d'Antragues tenant le menton; mais tout le reste, parmi les hurlements, enfonçant leurs chapeaux, ou les jetant par terre, fermant le poing, complotant, se touchant la main, faisant des vœux et des promesses, desquels on oyait *(entendait)* pour conclure: Plutôt mourir de mille morts!»

Admettons que d'Aubigné exagère – c'était du calviniste enragé, détestant les catholiques –, ou qu'il stylise un peu la scène. De toute manière, il apparaît indubitable qu'Henri IV se heurta à une attitude résolument hostile, voire insolente. Lui qui ne craignait personne et qui avait l'art de retourner les situations n'osa insister, préféra se retirer dans un cabinet voisin. Fut-il surpris? Certainement pas. Il avait accoutumé de recevoir les coups de la Fortune: depuis sa jeunesse, elle ne l'avait pas ménagé! Il laissa donc les courtisans délibérer à leur aise. Ils chargèrent le duc de Longueville d'être leur porte-parole; il se récusa. Le sieur d'O, surintendant des Finances, s'offrit à le remplacer. Il avait à se faire pardonner une vie passablement crapuleuse, ses malversations, son péculat éhonté. Il n'était donc pas fâché de paraître comme représentant de la noblesse. En présence de ses pairs, il déclara à Henri IV qu'il lui fallait choisir entre le royaume de France et le royaume de Navarre ; qu'il ne pouvait être roi de France qu'avec l'approbation et l'appui des grands, des princes du sang et des trois états ; que tous ceux-ci étaient catholiques ; que pas un d'entre eux ne se prêterait à la ruine de l'Eglise romaine ; en un mot, qu'il ne pouvait régner sans abjurer le protestantisme.

Devant cette mise en demeure, Henri IV pâlit de colère, mais se ressaisit et, toujours selon d'Aubigné, fit cette réponse :

« Parmi les étonnements auxquels Dieu nous a exercé depuis vingt-quatre heures, j'en reçois un de vous, messieurs, que je n'eusse pas attendu. Vos larmes sont-elles déjà essuyées ? La mémoire de votre perte et les prières de votre roi, depuis trois heures, sont-elles évanouies avec la révérence qu'on doit aux paroles d'un ami mourant ? Si vous quittez le chemin de venger le parricide, comment prendrez-vous celui de conserver vos vies et vos conditions ? Qui est-ce de vous qui aura dans Paris le gré d'avoir parfait leur joie et détruit une armée de 30 000 hommes pour y avoir jeté la confusion ? Il n'est pas possible que tout ce que vous êtes ici consentiez à tous les points que je viens d'entendre. Me prenant à la gorge sur le premier pas de mon avènement, à une heure si dangereuse, me traîner *(me contraindre)* à ce qu'on n'a pu forcer à faire tant de simples personnes, parce qu'elles ont su mourir ! Et de qui pouvez-vous attendre une telle mutation en la croyance de celui qui n'en aurait point ? Auriez-vous plus agréable un roi sans Dieu ? Vous assurerez-vous en la foi d'un athée, et aux jours de bataille suivrez-vous d'assurance les vœux et les auspices d'un parjure et d'un apostat ? Oui, le roi de Navarre, comme vous dites, a souffert de grandes misères, et ne s'en est pas étonné ; peut-il dépouiller l'âme et le cœur à l'entrée de la royauté ? Or afin que vous n'appeliez ma constance opiniâtreté, non plus que ma discrétion lâcheté, je vous réponds que j'appelle des jugements de cette compagnie, à elle-même, quand elle y aura pensé, et quand elle sera complète de plus de pairs de France et officiers de la Couronne que je n'en vois ici. Ceux qui ne pourront prendre une plus mûre délibération, que l'application de la France et leurs craintes chassent de nous, et qui se rendent à la vaine et brève prospérité des ennemis de l'Etat, je leur baille congé librement pour aller chercher leur salaire sous des maîtres insolents. J'aurai, parmi les catholiques, ceux qui aiment la France et l'honneur. »

Cet habile discours, faisant appel de la décision prise par la noblesse présente, la remettant à plus tard, quand il serait possible de réunir la totalité des grands et des pairs de France, ne produisit pas l'effet désiré. Il ébranla cependant la volonté de quelques-uns. Le jeune Givry entra alors, prit la jambe et la main du roi (selon l'usage à l'égard du souverain) et dit d'une voix forte: «Je viens de voir la fleur de notre brave noblesse, sire, qui réservent à pleurer sur le roi mort, quand ils l'auront vengé; ils attendent avec impatience les commandements du vivant. Vous êtes le roi des braves, et ne serez abandonné que des poltrons.» Peu après, les régiments suisses, exhortés par Biron et Sancy, firent savoir qu'ils resteraient fidèles. Dans les heures qui suivirent, il reçut individuellement plusieurs dignitaires. Ceux-ci consentaient à rester avec lui, mais à condition que certains avantages leur fussent garantis ou que certaines charges leur fussent octroyées. Ce qui inquiétait le plus les courtisans, habitués aux récompenses et aux gratifications, c'était en effet la pauvreté, pour ne pas dire le dénuement, du Béarnais. Sa garde-robe était si maigre qu'il s'était approprié celle du défunt roi. Bien plus, il venait d'endosser le pourpoint violet, hâtivement retaillé, que portait Henri III en deuil de Catherine de Médicis. Par ailleurs, la suite huguenote le pressait de ne pas céder au chantage, lui pronostiquait le lâchage immédiat des religionnaires, s'il se convertissait au catholicisme. Le dilemme était donc, pour nous résumer, celui-ci: ou bien Henri IV persistait dans sa religion, et jamais les catholiques ne l'accepteraient pour roi, car il ne pourrait être sacré comme ses prédécesseurs; ou bien il devenait catholique et ses amis lui tourneraient le dos et feraient sécession dans le royaume. Toutefois, dans l'hypothèse même où il se convertirait, pour autant désarmerait-il les ligueurs? Rien n'était moins sûr, car ils l'accuseraient promptement de tiédeur, d'indulgence coupable envers les calvinistes.

Un peu plus tard, une délégation de la noblesse revint à la charge. Henri IV se montra plus nuancé. Il ne récusa plus le principe de sa conversion, mais démontra qu'il était opportun de la différer. Il se déclara prêt à réunir un concile national, avec des représentants de l'Eglise romaine et des ministres protestants, afin d'étudier un *modus vivendi* et d'établir une vraie paix religieuse. Il promettait, dans l'immédiat, de veiller au libre exercice de deux confessions, sans avantager les huguenots en quoi que ce fût. Ces conversations aboutirent à la déclaration du 4 août, dans laquelle les engagements pris étaient définis avec la plus grande netteté. En contrepartie, les grands reconnurent solennellement «pour leur roi et prince naturel, selon la loi fondamentale du royaume, Henri IV, roi de France et de Navarre, lui promettant tout service et obéissance...»

Ce qui n'empêcha point le duc d'Epernon de se retirer brusquement dans son gouvernement d'Angoulême, le baron de Vitry de passer à la Ligue avec ses soldats, et maints autres seigneurs d'imiter ces exemples. Il n'y eut pas jusqu'aux huguenots qui, fâchés par les engagements souscrits et ne pressentant que trop la conversion prochaine, ne rentrèrent chez eux. La Trémoille se fit un devoir de regagner le Poitou avec deux cents gentilshommes de cette province. Ainsi, croyant bien faire, le nouveau roi perdait des deux côtés et devait renoncer à ses plans.

A Paris, le duc de Mayenne hésitait sur la conduite à tenir. Il éprouvait à l'égard d'Henri IV une sorte d'admiration instinctive et de respect dynastique. Il osa prendre sous sa sauvegarde ceux des Parisiens qui avaient servi le feu roi et cru devoir lui rester fidèles. Il ne put aller au-delà, car Paris avait allumé des feux de joie en apprenant l'assassinat d'Henri III ! Car les prédicateurs de service tonnaient en chaire et, saisis de délire, proclamaient la «sainteté» du jacobin Clément ! Car enfin la duchesse de Montpensier parcourait les rues de la capitale, en répétant: «Bonne nouvelle, mes amis, bonne nouvelle ! le tyran est mort; il n'y a plus d'Henri de Valois en France !» ou encore: «Je ne suis marrie que d'une chose, c'est qu'il n'ait pas su, avant de mourir, que c'était moi qui l'avais fait faire !» Quant aux pamphlétaires, stipendiés ou convaincus, ils répandaient d'une seule plume leurs venins et leurs obscénités. Le pape lui-même, Sixte Quint, compara l'action de Clément à un miracle.

Le miracle, ce n'était point «la délivrance de l'Eglise», mais bien la levée du siège de Paris. Dans la semaine qui suivit la mort d'Henri III, l'imposante armée royale de 40 000 tomba à 20 000 hommes. Dans ces conditions, le nouveau roi ne pouvait affronter l'armée de la Ligue. A vrai dire, que pouvait-il faire ? Où pouvait-il aller ? Comme il le dit lui-même par boutade : « Roi sans royaume, général sans argent, mari sans femme », il n'était reconnu pour souverain que par le sixième de son royaume ! Il eut la tentation de renoncer, de se replier sur son petit royaume de Navarre, pour goûter enfin la tranquillité. Il songea aussi à se retirer au sud de la Loire. Givry répliqua : « Qui vous croira roi de France, quand il verra vos ordonnances datées de Limoges ? » Soudain, car telle était sa surabondante nature, il eut un sursaut d'énergie et, puisque le destin lui barrait une nouvelle fois la route, de renverser l'obstacle. Il prit la décision de reconquérir pièce à pièce ce royaume qui lui échappait. Secousse électrique qui se communiqua à l'assistance et rendit courage à l'armée. Il prit à l'instant ses premières mesures. Puisque les ligueurs avaient eu la perfidie de reconnaître pour roi, sous le nom de Charles X, son oncle, le vieux cardinal de Bourbon, il chargea Duplessis-Mornay de l'enlever à Chinon et de le conduire à Fontenay-le-Comte, où il serait gardé comme otage. Il ordonna le maintien à Tours du Parlement et de la Chambre des comptes. Après avoir convoyé la dépouille d'Henri III à Compiègne (en attendant de l'inhumer à Saint-Denis), il divisa son armée en trois corps : l'un devait se diriger vers la Picardie, avec Longueville et La Noue, pour chefs ; l'autre vers la Champagne, avec le maréchal d'Aumont ; le troisième, commandé par Henri IV, comprenant 4 000 fantassins et moins d'un millier de cavaliers, vers la Normandie. La situation était à son point le plus critique. Mayenne disposait d'une armée intacte ; il attendait des renforts espagnols et pouvait d'un jour à l'autre passer à l'offensive.

Quelle était l'attitude d'Henri IV ? Selon l'historien Davila, « il s'efforçait de satisfaire tout le monde, et de se concilier la bienveillance de chacun par la vivacité de son esprit, la promptitude de ses reparties, l'aisance de ses paroles et la familiarité de sa conversation. Il faisait plus le compagnon que le prince, et il suppléait à la pauvreté de ses moyens par la prodigalité de ses promesses. A chacun tour à tour, il protestait que c'était à lui seul qu'il devait la couronne, et que la grandeur des récompenses serait proportionnée à la grandeur des services qu'il confessait. Aux huguenots, il protestait qu'il leur ouvrait son cœur, et leur confiait ses sentiments les plus intimes, comme à ceux sur qui il fondait ses plus solides espérances ; aux catholiques, il témoignait toutes les déférences extérieures ; il leur parlait avec une singulière vénération du souverain pontife et du siège apostolique. Avec eux il laissait percer tant d'inclination pour la religion romaine qu'il leur faisait prévoir une prompte et indubitable conversion. Il témoignait aux bourgeois des villes, aux paysans des campagnes, la pitié qu'il ressentait pour leurs charges, et pour les calamités dont la guerre les accablait ; il s'excusait sur la nécessité de nourrir ses soldats, et il en rejetait toute la faute sur ses ennemis. Il se faisait le compagnon des gentilshommes, qu'il appelait les vrais Français, les conservateurs de la patrie, les restaurateurs de la maison royale. Il mangeait en public, il admettait chacun à parcourir ses plus secrets appartements ; il ne cachait point sa pénurie actuelle, et il tournait en plaisanterie tout ce qu'il ne pouvait faire passer pour des propos sérieux».

Ce portrait semble pris sur le vif. Il y avait alors dans le personnage d'Henri IV quelque chose de picaresque, une jeunesse persistante. A trente-six ans, il avait le corps aussi agile que l'esprit, mais déjà sa chevelure et sa barbe de faune grisonnaient. Il restait étonnamment fidèle au type de gentilhomme champêtre de ce temps. Au fond, ce n'était encore qu'un prince-soldat, plus à l'aise à cheval que dans un salon.

Le duc de Mayenne avait plus de manières, et, somme toute, plus de majesté. Mais sa volonté manquait de fermeté et il n'était pas fait pour assumer le rôle qu'on entendait lui faire jouer. En outre, aimant les bons repas, il était devenu fort gros et dormais avec excès. Aussi le pape Sixte Quint doutait qu'il pût vaincre le trépidant Henri IV.

II

ARQUES

Henri IV – appelons-le désormais par commodité Henri – fut déçu par la Normandie. Cette province avait naguère adhéré au calvinisme pour moitié, mais les religionnaires n'y étaient plus en faveur. Il avait cru que Rouen lui ouvrirait ses portes. Il n'en fut rien. Faute de mieux, il s'installa à Darnetel. Si l'armée vivait sur le pays, le manque d'argent se faisait cruellement sentir. Est-il besoin d'ajouter que, pour retenir ses soldats, surtout les Suisses, Henri devait, comme le signale non sans malice Davila, «faire le compagnon», multiplier les promesses, tenir à chacun le langage convenable? C'était bien alors le roi de néant et le prince du vent, et l'on imagine le courage qu'il lui fallut pour poursuivre une entreprise perdue d'avance. Mais sans doute pensait-il lui aussi qu'il n'est pas besoin d'espérer pour entreprendre et que le courage est la lumière de l'adversité. Par bonheur pour lui, les événements allaient vite et le forçaient à agir. Bien que l'échec de l'«Invincible Armada» eût appauvri le Trésor espagnol, Philippe II ne s'en croyait pas moins le fléau de Dieu, destiné à extirper l'hérésie : les créatures animées de convictions pareilles sont un danger pour l'humanité entière! La mort d'Henri III, la dévolution toute théorique du trône au Béarnais, le décidèrent à intervenir. Au surplus appuyer l'action de Mayenne – dont il avait parfaitement jugé le caractère –, c'était, à brève échéance, exercer sur la France une influence prédominante, peut-être même provoquer son démembrement, en tout cas neutraliser pour longtemps sa puissance en Europe. Il finança donc le recrutement de mercenaires allemands. Ceux-ci, pénétrant en

France, se joindraient aux forces de la Ligue pour abattre Henri IV. Cependant, Mayenne poussé par ses partisans, se crut assez fort pour écraser la petite armée royale, sans attendre les renforts promis par Philippe II. Avec 4 500 chevaux, 12 000 arquebusiers, 4 000 fantassins et 6 000 Suisses, il sortit de Paris le 1er septembre 1589. Par Poissy, Mantes et Vernon, il se dirigea vers la Normandie.

Henri n'était pas en mesure d'affronter en rase campagne une armée de cette importance, en grande partie composée, non de miliciens de Paris, mais de soldats de métier, de surcroît fanatiques. On lui avait laissé entendre que Dieppe lui était favorable. S'assurer de ce port présentait un double avantage : avant de livrer bataille au duc de Mayenne, on userait ses troupes dans un siège ; en outre, il serait facile de recevoir les secours promis par Elisabeth d'Angleterre. Car la misère de ces guerres religieuses, ç'avait été, c'était, l'aide militaire (et pécuniaire) des étrangers : Philippe II pour les catholiques, Elisabeth pour les protestants. Bref, informé des préparatifs de Mayenne, Henri fit plier les tentes et se mit en route vers Dieppe, où il entra sans coup férir le 26 août. Il séduisit d'emblée les Dieppois par sa simplicité : « Mes amis, dit-il en souriant, point de cérémonies ! Je ne veux que vos amitiés, bon pain, bon vin et bon visage d'hôte. » Que fût-il advenu si les Dieppois ne lui avaient pas ouvert leurs portes ? Sans perdre un instant, Henri travailla, payant comme toujours de sa personne, aux fortifications de la ville et du château. La direction prise par Mayenne, la topographie des lieux, semblaient indiquer que l'armée ligueuse emprunterait la vallée de la Béthune. Un mot d'explication : la Béthune est une petite rivière à l'embouchure de laquelle, sur la rive gauche, la ville de Dieppe est bâtie, ainsi que le château ; la rive droite est occupée par le faubourg du Pollet. Au confluent de la Béthune et de l'Arques, se dresse le château du même nom, à faible distance de la ville. Henri décida de faire de ce château une défense avancée ; il l'augmenta de retranchements et y plaça l'artillerie. Un système de tranchées le relia à la ville.

Mais le duc de Mayenne, certainement renseigné par ses espions, modifia son itinéraire. Henri ne tarda pas à apprendre, par des cavaliers envoyés en reconnaissance, que son adversaire allait vers le nord. Il comprit que l'attaque aurait lieu, non par la vallée de la Béthune, mais par le faubourg du Pollet. Toutefois, Mayenne était obligé d'emprunter une autre vallée, celle de l'Eaulne. Or, à l'endroit où elle se jette dans la Béthune, s'élève un éperon boisé. Henri s'empressa d'occuper et de fortifier cet éperon et d'aménager un système de tranchées analogue à celui de la rive gauche. Ces travaux terminés, Dieppe se trouvait protégée par un retranchement dont les quatre angles étaient le faubourg du Pollet, le château de Dieppe, l'éperon de l'Eaulne et le château d'Arques.

Ce que l'on appelle bataille d'Arques, c'est en réalité la tentative du duc de Mayenne d'emporter l'une ou l'autre de ces positions, tentative qui, avec des fortunes diverses, ne dura pas moins de trois semaines. Les mémorialistes soulignent unanimement «l'humeur vigilante» d'Henri, qui ne donnait «aucune relâche à son esprit, ni repos à son corps», son ardeur communicative, son optimisme viscéral et son don d'ubiquité: partout, à tout instant, on le voyait paraître sur son cheval blanc. Il trouvait encore le temps d'écrire à Corisande: «Mon cœur, c'est miracle que je sois encore vivant, tant j'ai d'ouvrage sur les bras. je vais bien et mes affaires aussi.» Il n'avait pas que de l'ouvrage sur les bras, mais toute la chrétienté romaine, le pape, Philippe II, Mayenne, la quasi-totalité de la France. Son royaume se réduisait alors à la cité de Dieppe et aux collines sur lesquelles trottait si gaiement son cheval! Et son seul espoir tenait à l'arrivée des secours anglais.

Mayenne quitta Eu le 15 septembre. A Neuville, son armée se divisa en deux corps; le premier, sous son commandement, se dirigea vers le faubourg du Pollet; le second, avec le duc de Nemours, prit la vallée de l'Eaulne, en direction du château d'arques. Ce qui signifiait que Mayenne avait l'intention d'attaquer simultanément sur deux points.

Les combats commencèrent le 16. Mayenne ne put s'emparer du Pollet, dont Henri assuma lui-même la défense: 600 ligueurs périrent dans cet assaut. Dans le secteur de l'Eaulne, Nemours réussit mieux; il parvint à occuper le village de Martin-l'Eglise tout proche de l'éperon: c'était une excellente base de départ. Devant ces résultats, Mayenne renonça, provisoirement, à s'emparer du Pollet et concentra ses forces sur l'Eaulne. Il ne doutait point de la victoire, car il disposait, rappelons-le, de 25 000 hommes au moins, alors que le roi n'en avait tout au plus que 8 000. Toutefois, l'armée de ce dernier avait l'avantage de la position; elle s'appuyait sur un système défensif continu et remarquablement organisé. Pendant quatre jours, les adversaires s'étudièrent. Le 20 septembre, Henri prit ses dernières dispositions. En première ligne, il plaça l'infanterie française; en seconde ligne, au fond de la vallée, les chevaux-légers et les compagnies d'ordonnance; en réserve, les Suisses. Avant l'aube, une patrouille captura un officier ligueur, M. de Belin, qui fut conduit au roi et déclara en riant:

— Sire, dans deux heures vous aurez sur les bras 30 000 hommes de pied et 10 000 chevaux! Je ne vois pas là des forces suffisantes pour leur résister.

— Vous ne les voyez pas toutes, répliqua Henri, car vous ne comptez pas Dieu ni le bon droit qui m'assistent.

Selon les témoins, on apercevait déjà «les mèches des arquebusiers qui brillaient dans l'ombre comme des vers luisants».

Le 21, vers 6 heures du matin, les ligueurs se ruèrent à l'assaut du bois de l'Eaulne. Or la première vague était composée de lansquenets: le bruit avait couru dans l'armée royale qu'on les avait enrôlés de force et qu'ils s'étaient mutinés contre Mayenne. Parvenus au retranchement, ils crièrent qu'ils déserteraient. On eut la sottise de les laisser s'approcher; on les aida même à escalader le parapet. Une fois dans la place, ils égorgèrent les défenseurs, cependant que la seconde vague des assaillants survenait. Mayenne put alors lancer sa cavalerie, qui enfonça la cavalerie française mais se heurta à la masse compacte des Suisses, lances baissées. Néanmoins, la partie semblait perdue pour les royaux, en raison de la disproportion des forces. Mais, brusquement, le soleil dissipa le brouillard qui stagnait dans la vallée et gênait la visibilité. Les artilleurs installés au château d'Arques purent ajuster leur tir. Leurs boulets creusèrent bientôt des sillons dans la cavalerie de Mayenne qui se reformait en vue d'une nouvelle charge. Cinq cents arquebusiers se postèrent à couvert dans un chemin et fusillèrent les cavaliers, précipitant leur déroute. Le combat prit fin à midi. Mayenne avait perdu un millier d'hommes, contre une centaine de royaux. Il replia son armée, afin de laisser croire qu'il renonçait.

Les royaux s'étaient retirés à Dieppe, à l'exception de 500 d'entre eux qui restèrent dans le château d'Arques pour surveiller la vallée. Sage précaution, car, le 25 septembre, Mayenne occupait Jauval et Rouxmesnil, dans l'intention évidente d'assiéger la ville. Mais, le 27, ses troupes se laissèrent surprendre par Biron qui leur infligea des pertes sévères et le 28, Henri en personne les délogea de Jauval. En outre, 4 000 Anglais commencèrent leur débarquement, cependant que le duc de Longueville et le maréchal d'Aumont, appelés à la rescousse, s'approchaient à marches forcées. Craignant d'être pris à revers, Mayenne retraita vers la Picardie. Sa belle armée, sérieusement étrillée, paraissait démoralisée; elle avait un urgent besoin de «se rafraichir». La déception, la surprise de son chef étaient extrêmes; il ne pouvait croire que le Béarnais eût déjoué ses plans avec une telle constance et si peu d'hommes, ni comprendre que les catholiques qui le servaient malgré son hérésie, n'eussent pas fraternisé avec les ligueurs. La trahison des lansquenets n'avait abouti à rien; elle ne grandissait pas sa réputation.

Profitant du désarroi de son adversaire, Henri quitta Dieppe et se dirigea vers Paris. Selon Palma-Cayet, il voulait simplement attirer Mayenne hors de la Picardie, l'attendre sur une position favorable et lui livrer bataille. Selon d'autres historiens, il voulait surprendre les Parisiens privés de leur général et de leurs meilleures troupes. Mais il semble bien qu'Henri ait seulement voulu «récompenser» son armée privée de solde par quelque fructueux pillage, car il n'avait pas d'artillerie de siège en quantité suffisante. Pleins de confiance dans les talents de Mayenne et dans la force de son armée, les ligueurs parisiens croyaient Henri en fâcheuse posture, ils s'étaient réjouis un peu vite de le voir ramené pieds et poings liés dans la capitale. Quand on apprit l'échec de Mayenne et l'approche des royaux, l'émoi fut grand! Toutefois, la ville était entourée d'une bonne muraille flanquée de tours et de bastions, protégés à l'est par la Bastille et à l'ouest par le Louvre. Par contre, toute la partie située au sud de la Seine (c'est-à-dire les faubourgs Saint-Germain, Saint-Jacques, Saint-Marceau et Saint-Victor) était beaucoup plus vulnérable, n'étant défendue que par un fossé doublé d'un remblai. Le parti le plus raisonnable était évidemment d'abandonner les faubourgs, et d'en évacuer rapidement la population. Bien entendu, ce fut le parti des fols qui l'emporta. Il fut donc décidé que les milices bourgeoises défendraient les faubourgs. Ce premier retranchement, pensait-on, suffirait à briser l'élan des royaux. S'ils franchissaient néanmoins le fossé, les milices abandonneraient leurs positions et se réfugieraient à l'abri des murailles. C'était exactement ce que souhaitait le roi. Il espérait que, profitant du tumulte et de la panique, ses soldats entreraient dans la ville. C'était même le seul moyen d'y entrer, eu égard à l'insuffisance du matériel de siège.

Le 31 octobre, son armée était à pied d'œuvre. Il la répartit en trois corps, afin d'attaquer simultanément trois secteurs différents. Le 1er novembre, à 4 heures du matin, les trois corps firent mouvement. Le brouillard était si dense que les miliciens furent complètement surpris. Au bruit de la mousqueterie, les Parisiens accoururent à l'aide. Mais la cavalerie royale les submergea. Tout ce monde reflua en désordre vers la ville. La Noue faillit s'emparer de la porte de Nesle. Les pertes de la milice étaient énormes ; l'épouvante et la consternation à leur paroxysme ! Le roi avait autorisé le pillage des faubourgs, mais ordonné que les habitants fussent respectés, ainsi que les églises : les offices de la Toussaint y furent célébrés sous la protection des vainqueurs ! Mais, partout ailleurs, la razzia fut inexorable et méthodique. Bientôt, les soldats d'Henri eurent des vêtements neufs, aux poches gonflées d'or, des vivres et du vin en abondance. Le soir, il ne restait rien dans les maisons qui eût la plus petite valeur, mais il n'y eut pas d'incendies. La rigueur et la bienveillance d'Henri étaient, on le constate, subtilement dosées. Cependant, il ne fallait plus songer à prendre Paris. Cette facile victoire était, certes, un avertissement sérieux aux ligueurs, mais aussi un demi-échec pour les royaux. Dans l'après-midi du même jour, le duc de Nemours entra dans la capitale avec une troupe de cavaliers ; il précédait son frère Mayenne. En effet, ce dernier, apprenant la marche du roi vers Paris, s'était décidé à intervenir sans retard. Le roi avait donné l'ordre à Montmorency-Thoré, gouverneur de Senlis, de détruire le pont Sainte-Maxence. Il ne fut pas obéi et Mayenne put franchir l'Oise sans difficulté. Il entra dans Paris par la rive droite. La capitale était, pour cette fois, sauvée !

Dans son *Journal* Pierre de L'Estoile raconte qu'Henri monta dans le clocher de Saint-Germain-des-Prés pour observer la ville ; Il vit les Parisiens acclamer les soldats de Mayenne, et

LA RECONQUETE

comprit que la partie était perdue. Un moine l'avait accompagné au haut du clocher. En étant descendu, Henri déclara au maréchal de Biron qu'«une appréhension l'avait saisi, étant avec ce moine, se souvenant du couteau de J. Clément, et que jamais il ne s'accompagnerait de moine qu'il n'eût fait premièrement fouiller, pour s'assurer s'il aurait un couteau».

Le 3 novembre, ne pouvant mieux faire faute de canons, il défia Mayenne, espérant par là le déconsidérer aux yeux des Parisiens; il fit ranger ses troupes en bataille sur le Pré-aux-Clercs et il attendit trois grandes heures que Mayenne osât sortir pour combattre. Mayenne s'en garda bien, ses troupes étant épuisées par les marches forcées qu'il leur avait imposées.

Le 4 novembre, l'armée d'Henri se retirait vers Etampes, où elle se sépara. La campagne était terminée, Longueville regagna ses cantonnements de Picardie; Givry fut envoyé en Brie; le roi partit pour la Touraine avec ce qu'il lui restait de soldats. Mais cette dislocation n'était en réalité qu'un piège. Le roi voulait persuader Mayenne qu'il prenait ses quartiers d'hiver, selon les habitudes militaires du temps.

III

LE PANACHE BLANC

La campagne de 1590 apparaît comme la répétition de celle de 1589, à cela près que Mayenne et la Ligue en sortirent amenuisés. Cependant, Henri IV, s'il y remporta une victoire éclatante, manqua finalement son objectif qui restait la prise de Paris. Or, et il le savait, tant qu'il n'entrerait pas dans sa capitale, il ne serait pas véritablement roi de France, mais un soldat de fortune, un aventurier, un usurpateur.

A peine arrivé à Tours, siège de son gouvernement, il réunit le Parlement. Il exposa la situation avec sa franchise habituelle, déclara que, dans la conjoncture, il était impossible de réunir les états généraux et promit cette réunion pour le printemps. Puis, dès le 27 novembre, ayant recruté des troupes fraîches, il s'en fut assiéger Le Mans. Le 10 décembre, il faisait son entrée à Laval, où le clergé, revêtu de tous ses ornements, tint à le recevoir, où le peuple chanta «Vive le roi» sur un air de cantique, avec ses prêtres! Le 16, il écrivait, de cette ville: «Vous aurez su comme, du Mans, je fis conduire l'armée par mon cousin, le maréchal de Biron, à Alençon, pendant que je m'en venais faire un petit voyage jusqu'ici, pour m'assurer de quelques autres villes de cette province: ce que j'ai fait, ayant achevé de nettoyer la Touraine, l'Anjou et le Maine. Je partirai demain, pour aller trouver mon armée audit Alençon, que j'espère recouvrer comme les autres. Et si la fortune nous veut sourire, je vous assure que le mauvais temps ni les mauvais chemins ne m'empêcheront pas de la suivre, en quelque part qu'elle se présente, sans porter envie au duc de Mayenne qui se repose à Paris, où j'espère bien me reposer aussi, quelque jour, à mon tour.»

Il prit effectivement Alençon, puis Argentan et Falaise. A Corisande: «Mon cœur, Dieu me continue ses bénédictions, comme il a fait jusqu'ici. J'ai pris cette place de Lisieux sans tirer le canon que par moquerie, où il y avait mille soldats et cent gentilshommes. C'est la plus forte que j'aie réduite en mon obéissance et la plus utile, car j'en tirerai soixante mille écus...»

Ensuite, il s'en vint (pour reprendre son expression) mettre le siège devant Honfleur, dont les habitants se défendirent comme des endiablés. Pendant ce temps et pour faire bonne mesure, Biron s'emparait d'Evreux. Le temps approchait à grands pas où la seule ville réfractaire de Normandie (c'était Rouen) devait, elle aussi, capituler.

Mais le gros, Mayenne, quoi qu'il en eût, ne faisait pas que «se reposer» dans Paris. D'ailleurs, la duchesse de Montpensier et le comité des Seize se chargeaient de le secouer. Ils lui montrèrent que les royaux occupaient autour de la capitale des places stratégiques de première importance; qu'en cas de siège, l'adversaire pouvait arrêter le ravitaillement. Il s'empara, sans trop de mal, de Pontoise, Vincennes et Poissy. On était en février 1590; le gros duc assiégeait Meulan, quand les royaux surgirent et le forcèrent à décamper. Ils reprenaient peu après Poissy.

L'année débutait mal pour la Ligue. Toutefois, les renforts promis par Philippe II étaient annoncés. Le duc de Parme, Alexandre Farnèse, gouverneur des Pays-Bas pour l'Espagne, venait d'envoyer le jeune comte d'Egmont avec 1 500 lances et 400 carabiniers. Ce comte d'Egmont était le propre fils du martyr de la résistance flamande; il disait de son père: «Ne me parlez pas de ce rebelle!» Bientôt, le duc de Mayenne disposa de 20 000 fantassins et de 5 000 cavaliers. Le roi Henri n'avait que 8 000 piétons et 3 000 chevaux. Il assiégeait la ville de Dreux, quand on le prévint de l'approche des ligueurs. Il retira aussitôt son artillerie et ses bagages et, sous une pluie torrentielle, gagna Nonancourt. Le reste de son armée s'échelonnant dans les vallées de l'Eure et de la Vesgre, il ordonna la concentration immédiate de tous les détachements.

Le duc de Mayenne manquait de jugement, encore qu'il fût

assez bon stratège. Il crut que les royaux fuyaient devant lui, alors qu'ils se repliaient pour opérer leur jonction. Sans se hâter – il ne se hâtait jamais, attachant un peu trop d'importance au bon ordre des escadrons – Mayenne passa la rivière à Ivry et perdit du temps à établir ses cantonnements. Il n'avait pas le don d'improvisation et il aimait ses aises! D'ailleurs, la pluie ne cessait de tomber. Le lendemain, 13 mars, il eut la surprise d'apercevoir l'armée d'Henri IV qui venait à sa rencontre, dans l'évidente intention de combattre. Le gros Mayenne n'en croyait pas ses yeux! Il n'avait point encore préparé de plan de bataille: il est vrai que la supériorité de ses forces, au moins quantitative, lui promettait le succès! Le roi Henri avait établi son quartier général au village de Foucrainville. Au début de l'après-midi, avec une sécurité incroyable (qui était une sorte de bluff), il rangea ses troupes en bataille, entre Foucrainville et Bastigny. Le dispositif qu'il adopta, était à peu de chose près celui de Coutras, mais probablement le duc de Mayenne l'ignorait-il. Au centre, les escadrons du roi, flanqués de régiments suisses et français; à l'aile gauche, les cavaliers d'Aumont, avec deux régiments d'infanterie et six pièces d'artillerie; à l'aile droite, les cavaliers de Montpensier, avec les lansquenets; en réserve, la cavalerie du maréchal de Biron.

Toute la journée du 13 se passa à attendre. Le roi se demandait si Mayenne se déciderait au combat. Le gros duc ne voulait rien brusquer. Il prenait le temps de la réflexion. Quand tomba la nuit, les royaux regagnèrent leurs quartiers, mais Henri, flairant quelque piège, visita lui-même tous les postes de guet. Quand il eut donné ses dernières consignes pour le lendemain, recru de fatigue, il se jeta sur une paillasse. Il avait, sur Mayenne et ses pareils, cet avantage d'être dur à la peine, de dédaigner le confort, de pouvoir se rassasier d'un quignon de pain et dormir sur un tas de paille, d'affronter gaiement la chaleur et le froid, le vent et la pluie.

Le matin du 14, on lui rendit compte que l'ennemi se disposait à combattre. Vers 10 heures, les royaux étaient en place. Toutefois, comme le soleil brillait et que le vent soufflait de face, Henri fit pivoter son armée, afin que les hommes ne fussent pas gênés par la fumée ou par un excès de lumière. Les ligueurs de Mayenne s'étiraient sur deux lignes impressionnantes, la cavalerie légère étant en avant.

Portant un chapeau orné d'une améthyste et d'une grande plume blanche, Henri galopa sur le front des troupes. Il s'arrêta soudain, et dit d'une voix forte:

«Mes camarades, Dieu est avec nous. Voici ses ennemis et les nôtres. Si vous perdez vos enseignes, cornettes ou guidons, ralliez-vous à mon panache blanc, vous le trouverez toujours au chemin de l'honneur et de la gloire!»

La veille, il avait rabroué Schomberg, colonel des reîtres allemands, qui réclamait l'arriéré des soldes dues à ses hommes. Le roi le fit appeler, lui demanda pardon des paroles de blâme qu'il lui avait adressées, et lui donna l'accolade. Le vieux soldat répondit simplement: «Votre Majesté me coûte la vie avec sa bonté, car à présent je ne puis que mourir à son service.»

Un détail avait échappé à Mayenne. Ce champ d'Ivry était une vaste plaine, mais il présentait un léger enfoncement, mis à profit par le roi. L'artillerie de celui-ci, admirablement disposée, ouvrit des trouées sanglantes dans les rangs des ligueurs. Au contraire, leurs boulets, à cause de ce renflement de terrain, passaient au-dessus des royaux. Le jeune comte d'Egmont ne voulut pas attendre la troisième décharge. L'épée au poing, il entraîna la cavalerie légère et parvint jusqu'aux canons du roi. Exploit inutile, car les charges simultanées des escadrons d'Aumont, du jeune Biron et de Givry le submergèrent. La première phase de cette bataille, aussi courte que violente, donne une impression de désordre. Il semble que, sur plusieurs points, les royaux furent si malmenés qu'un moment ils se crurent perdus. Cependant, l'artillerie faisait merveille, en dépit de l'extrême péril. Elle empêcha les escadrons de Mayenne de se reformer convenablement, avant de tenter une nouvelle charge qui eût peut-être porté le coup de grâce aux royaux.

Ce fut à cet instant même qu'Henri intervint. Apercevant la confusion qui neutralisait, momentanément, l'ennemi, tous le voient «s'élancer en avant de la longueur de deux fois son cheval et pénétrer dans la forêt des lances». Entraînés par ce furieux, les siens le rattrapent, l'entourent, se ruent comme des forcenés. La cornette blanche s'abat, mais, au-dessus des casques et des chapeaux, on aperçoit, le panache blanc. Les ligueurs plient sous le terrible choc. En moins d'un quart d'heure, les royaux ont enfoncé le front de Mayenne, disloqué son armée. Sa cavalerie se débande, fuit éperdument par la plaine. Son infanterie, ainsi abandonnée, cède à la panique; elle lâche pied et se rend. Le roi Henri, qui a tué de sa main sept ennemis et pris un drapeau, mène la poursuite. Mayenne complètement ahuri, n'a plus avec lui que trente chevaux. Pour ne pas être capturé, il se retire en hâte, parcourt un quart de lieue, essaie en vain de rallier les fuyards.

Rosny, qui avait été blessé au début de l'action et s'était réfugié sous un poirier, voit venir à lui sept cavaliers ligueurs portant la cornette blanche semée des croix noires de Lorraine. Ils lui crient:

– Qui vive?

– Rosny.

– Nous vous connaissons. Voulez-vous nous faire la courtoisie de nous sauver la vie?

– Comment! Vous parlez comme des gens qui ont perdu la bataille.

– Est-ce tout ce que vous savez? Oui, nous l'avons perdue, et nous sommes ici trois qui ne saurions nous retirer, car nos chevaux sont comme morts.

Et ils lui remettent la cornette de Lorraine...

Pendant ce temps, les fantassins français massacraient sauvagement les lansquenets allemands pour les punir de leur trahison d'Arques. Ils épargnèrent les Suisses qui s'étaient rendus et que Biron s'apprêtait à faire canonner.

«Mon cousin, écrivit Henri IV au duc de Longueville, nous avons à louer Dieu: il nous a donné une belle victoire. La bataille s'est donnée, les choses ont été en branle. Dieu a déterminé selon son équité: toute l'armée ennemie en déroute, l'infanterie tant étrangère que française rendue, les reîtres pour la plupart défaits, les Bourguignons bien écartés, la cornette blanche et le canon pris, la poursuite jusqu'aux portes de Mantes... Nous avons presque tous les drapeaux et ceux des reîtres... Croyez, mon cousin, que c'est la paix de ce royaume et la ruine de la Ligue, à laquelle il faut convier tous les bons Français à courir sus...»

Quant à Mayenne, après sa honteuse retraite, il rendit compte à son maître, Philippe II:

«Ce qui me met le plus en peine, sire, est la ville de Paris, contre laquelle notre ennemi va dresser tout son effort, non qu'elle ne soit plus ferme en cette adversité qu'elle ne fût jamais, mais c'est un gros corps qui ne peut supporter longtemps les incommodités d'un siège; outre que sa perte accroîtrait grandement en argent et moyens nos ennemis, l'exemple en serait périlleux.»

On a souvent dit qu'Henri IV savait vaincre, mais ne savait pas profiter de la victoire, comme Hannibal. Qu'il aurait dû profiter de l'écrasante défaite des ligueurs à Ivry, pour investir Paris. Et d'autant que le duc de Mayenne n'avait même pas osé rentrer dans la capitale; qu'il avait convoqué les chefs ligueurs à Saint-Denis et leur avait annoncé son départ pour la Flandre, afin d'en ramener des soldats espagnols! On a dit encore que le roi s'était laissé «amuser» par des négociateurs dépêchés par la Ligue pour gagner du temps. La réalité est différente. Henri voulait mettre toutes les chances de son côté. Il avait parfaitement mesuré la difficulté du siège qu'il envisageait et résolu d'établir au préalable un blocus rigoureux. Il savait que la famine, ou même le simple risque de famine, aurait bientôt raison du fanatisme des Parisiens. Il consacra donc le mois d'avril à se rendre maître de toutes les vallées convergeant vers Paris, s'assurant de Corbeil, Melun, Bray, Provins et Lagny, de tous les ponts en aval de Paris et des routes empruntées par les convois de vivres. Le 7 mai, il arrivait devant Paris. Il disposa son artillerie à Montmartre. Son armée occupa toutes les hauteurs au nord de la capitale. En partant pour la Flandre, Mayenne avait chargé le jeune duc de Nemours (vingt-deux ans) du commandement militaire de Paris. Nemours avait sans retard fait remettre en état les fortifications et réorganisé la milice bourgeoise. Il s'était aussi préoccupé du ravitaillement, ayant parfaitement compris qu'il aurait à faire face à une situation difficile. Si beaucoup de Parisiens aisés avaient préféré quitter la ville pour se réfugier dans leurs maisons de campagne, inversement nombre de paysans s'y étaient réfugiés par peur de la soldatesque. Bien entendu, les riches s'étaient prémunis; ils avaient stocké des provisions et de la farine. Il en était de même des établissements religieux. Mais les pauvres, obligés faute d'argent de vivre au jour le jour, étaient menacés de privations, sinon de famine. De surcroît, les chefs ligueurs et le comité des Seize pouvaient craindre un soulèvement populaire, car la victoire d'Ivry avait ébranlé leur prestige. L'Estoile raconte que les Seize consultèrent à nouveau la Sorbonne sur la légitimité de la lutte contre le Béarnais. Une fois de plus les complaisants docteurs opinèrent gravement. Ils déclarèrent qu'il était «de droit divin inhibé et défendu aux catholiques de recevoir pour roi un hérétique, ou fauteur d'hérésie, et ennemi notoire de l'Eglise; et plus étroitement encore, de recevoir un relaps, et nommément excommunié du Saint-Siège». Qu'en conséquence tout Français était tenu et obligé de l'empêcher de parvenir au gouvernement. Que ceux qui donnaient leur aide, de quelque manière que ce soit, à Henri de Bourbon, étaient «déserteurs de la religion», en état continuel de péché mortel, exposés à la damnation éternelle, et devaient être punis «à bon escient», puisqu'ils travaillaient à établir le royaume de Satan. Qu'au contraire ceux qui défendraient la vraie foi jusqu'au bout remporteraient «la palme du martyre». Cette décision, soulignons-le, fut prise à l'unanimité des docteurs, ce qui donne à rêver.

Le 12 mai, pour tâter le terrain, Henri fit attaquer le faubourg Saint-Martin. Le combat dura quatre heures et le jeune Nemours parvint à repousser les assaillants. Ce fut probablement pour célébrer cette petite victoire qu'on organisa cette fameuse procession de la Ligue, avec des moines travestis en soldats, et que pérennisa la peinture que l'on sait. Pierre de L'Estoile qui y assista, se délecte à la décrire: «Rose, évêque de Senlis, était à la tête comme commandant et premier capitaine, suivi des écclésiastiques marchant de quatre en quatre. Après, c'était le prieur des chartreux, avec ses religieux; puis le prieur des feuillants, avec ses religieux, les quatre ordres mendiants, les capucins, les minimes, entre lesquels il y avait des rangs d'écoliers. Les chefs de ces différents religieux portaient chacun d'une main un crucifix, et de l'autre une hallebarde, et les autres des arquebuses, des pertuisanes, des dagues et autres diverses espèces d'armes que leurs voisins leur avaient prêtées. Ils avaient tous leur robe retroussée et leur capuchon rabattu sur les épaules; plusieurs portaient des casques, des corselets, des poitrinals. Hamilton, Ecossais de nation et curé de Saint-Côme, faisait l'office de sergent, et les rangeait, tantôt les arrêtant pour chanter des hymnes, et tantôt les faisant marcher; quelquefois il les faisait tirer de leurs mousquets. Tout le monde accourut à ces spectacles nouveaux qui représentaient, à ce que les zélés disaient, l'Eglise militante. Le légat y accourut aussi et approuva par sa présence une montre si extraordinaire et en même temps si risible; mais il arriva qu'un de ces nouveaux soldats, qui ne savait pas sans doute que son arquebuse était chargée à balles, voulut saluer le légat qui était dans son carrosse avec Panigarde, le jésuite Bellarmin et autres italiens, tira dessus et tua un des ecclésiastiques, qui était son aumônier. Ce qui fit que le légat s'en retourna au plus vite, pendant que le peuple criait tout haut que cet aumônier avait été fortuné d'être tué dans une si sainte action...»

Henri IV ne renouvela pas l'attaque de Saint-Martin. Il se contenta de faire canonner les moulins des faubourgs et de resserrer le blocus en occupant Conflans-Sainte-Honorine, L'Isle-Adam et Beaumont-sur-Oise. Il avait calculé que quelques semaines suffiraient pour affamer Paris. La famine menaçait déjà. Nemours prescrivit le recensement des céréales: il lui fallait assurer la nourriture de 220 000 âmes (c'est le chiffre donné par L'Estoile). On stocka quinze cents muids d'avoine, qui pourraient être utilisés quand le blé viendrait à manquer. Si l'on évitait le gaspillage, il serait possible de tenir un mois. Henri, ne voulant point exposer ses hommes prématurément, se bornait à inquiéter les défenseurs. Pendant trois jours, il fit tirer les canons de Montmartre, sans grand effet, sinon d'effrayer la population. Au cours d'une nuit, les Parisiens furent éveillés par un grand concert de tambours, trompettes, clairons, hautbois et cornets à bouquin; ils se jetèrent aux remparts pour attendre l'assaut, qui ne se produisit pas: «Dont le roi, étant averti, se prit à rire, disant qu'il fallait bien dire que sa maîtresse (qu'il appelait Paris) fût bien farouche, puisqu'elle en voulait jusqu'à sa douce musique qu'il lui envoyait pour la réjouir.»

La faim commença à se faire sentir, et la classe pauvre à murmurer. Mais, le 31 mai, à l'issue d'une grande procession à Notre-Dame, il fut donné lecture d'un message du duc de Mayenne informant la population parisienne qu'il était à Péronne, avec une belle armée, bien pourvue de munitions et subsistances, et qu'il allait incessamment secourir les assiégés. Cette nouvelle redressa les courages. De plus, l'ambassadeur d'Espagne, Mendoza, annonça des distributions de pain «aux pauvres honteux». Il n'empêche que plusieurs bourgeois, ayant déclaré qu'il serait bon de faire la paix avec Henri, furent jetés dans la Seine. Peu après, on arrêta le procureur Regnard et plusieurs de ses soi-disant complices, suspectés de trahison. Le peuple recommençant «ses murmures», le parlement ligueur rendit un arrêt qui interdisait, sous peine de mort, à toute personne, quels que soient son rang et sa dignité, d'entrer en pourparlers avec le roi de Navarre, et qui obligeait toute personne à obéir aux ordres du duc de Nemours et de ses capitaines. Cependant, le pain commençait à manquer. On mélangeait déjà la farine d'avoine au froment. Mendoza suggéra «un moyen étrange», qui était de passer au moulin les os des morts empilés dans le cimetière des Innocents, de tremper et «mollifier» cette poudre avec de l'eau et d'en faire du pain pour ceux qui n'avaient pas de blé. On adopta le procédé. Pourtant l'esprit ne perdait pas ses droits. Henri IV ayant fait tirer ses canons de Montmartre, un boulet vint briser la jambe du président Rebours, un modéré. On se gaussa en disant que «les coups que tiraient les royaux allaient tout à rebours». Toutefois, la situation s'aggravait. Les pauvres n'avaient autre chose à manger que des bouillies d'avoine; encore revenaient-elles fort cher. Le mécontentement grandissait. Mendoza distribua 50 000 écus et, à l'exception d'une cuiller, fit fondre toute son argenterie. Quand il passait dans son carrosse, il s'arrêtait aux carrefours et jetait des poignées de pièces que les malheureux se disputaient. Mais, le 24 juin, les pauvres affamés lui crièrent que son argent ne leur servait de rien, qu'il leur fallait du pain. Les curés et supérieurs des couvents furent convoqués au palais et invités à prélever sur leurs réserves pour soulager les pauvres. Devant leurs récriminations, on prescrivit des perquisitions. Le recteur du collège des jésuites, nommé Tyrius, demanda l'exemption de sa maison: «Monsieur le recteur, lui répondit-on, votre prière n'est civile ni chrétienne. N'a-t-il pas fallu que tous ceux qui avaient du blé l'aient exposé en vente, pour subvenir à la nécessité publique? Pourquoi seriez-vous exempté de cette visite? Votre vie est-elle de plus grand prix que la nôtre?» On trouva chez les jésuites abondance de blé, de biscuits, de chair salée, et de légumes, de quoi nourrir ces bonnes âmes pendant un an! Il en fut de même chez les capucins et quasi toutes les congrégations. Le conseil des Seize obligea les ecclésiastiques à donner un repas par jour aux pauvres de leur quartier, dont la liste leur fut remise. Ensuite on réquisitionna les chats et les chiens. On les fit cuire dans de grandes chaudières et l'on distribua ce triste potage avec un morceau de viande. En dépit de ces mesures, la famine prenait des proportions tragiques, car elle s'aggravait de «marché noir». Les morts commencèrent à joncher les pavés. Nemours saisit une partie du trésor de Saint-Denis, envoya à la fonte un grand crucifix d'or massif et une couronne. Cependant, après avoir mangé les chats et les chiens, on pourchassa les rats. La viande d'âne et de cheval se vendait à des prix insensés. Certains dévorèrent des herbes crues, et d'autres l'oing qui servait à fabriquer les chandelles, et d'autres encore mâchonnaient le cuir. Pierre de L'Estoile: «Tout ce qui était bon marché à Paris était les sermons, où on repaissait le pauvre monde affamé de vent, c'est-à-dire de menteries, lui donnant à entendre que c'était chose fort agréable à Dieu de mourir de faim, voire qu'il valait mieux tuer ses propres enfants, n'ayant de quoi leur donner à manger, que de recevoir et reconnaître pour roi un hérétique.»

Mais, pris de compassion, «le roi hérétique» permit à trois mille malheureux de sortir de la ville. On le lui reprocha comme une faiblesse, en particulier son alliée, la reine d'Angleterre. Il répondit, noblement: «Quand en effet je n'eusse permis ce que j'ai permis, il n'en fût advenu autre chose que de faire mourir au-dedans ceux que la faim en chassait, pour n'y trouver plus rien à manger, sans que la ville se fût plus tôt rendue. Car les plus factieux, qui y avaient la force et l'autorité, et des provinces de reste, les eussent laissés périr devant leurs yeux plutôt que de les secourir...»

Au surplus, cet exode lamentable montrait que les souffrances du peuple devenaient intolérables. Le 26 juillet, ayant d'ailleurs reçu de nouveaux renforts, Henri s'empara des faubourgs. Ses canons prirent position quasi au pied des remparts. Nemours fit en toute hâte murer la porte Saint-Honoré, qui était le point le plus menacé. Ce n'était que reculer l'échéance; désormais, l'issue ne faisait plus de doute. Le seul espoir, bien mince, résidait dans l'arrivée prochaine de l'armée de secours, selon la promesse du duc de Mayenne. L'état-major de la Sainte-Union décida donc d'entrer en pourparlers avec Henri, pour gagner quelques jours et, surtout, éviter un assaut général auquel la garnison parisienne n'aurait pu résister. On dépêcha vers lui le cardinal-primat Pierre d'Epinac, archevêque de Lyon, et le cardinal de Gondi, évêque de Paris. Henri accepta de les recevoir dans le cloître de Saint-Antoine-des-Champs. Il se fit, comme il était d'usage, présenter leurs pouvoirs: on leur prescrivait de rencontrer «le roi de Navarre», puis le duc de Mayenne, afin de rechercher en commun les moyens de faire la paix. Le roi leur dit: «Je ne suis point dissimulé; je dis rondement et sans feintise ce que j'ai sur le cœur. J'aurais tort de vous dire que je ne veux point une paix générale. Je la veux et je la désire, afin de pouvoir élargir les limites de ce royaume, et, des moyens que j'en acquerrais, soulager mon peuple, au lieu de le perdre et de le ruiner. Que si, pour avoir une bataille, je donnerais un doigt, pour la paix générale j'en donnerais deux. Mais ce que vous me demandez ne peut se faire. J'aime ma ville de Paris. C'est ma fille aînée et j'en suis jaloux. Je lui veux faire plus de bien, plus de grâce et de miséricorde qu'elle ne m'en demande. Mais je veux qu'elle m'en sache gré et qu'elle doive ce bien à ma clémence, et non au duc de Mayenne, ni au roi d'Espagne...»

Il commit pourtant la faute très grave, impardonnable, de leur accorder huit jours de répit. Si, après ce délai, ils n'avaient pas reçu les secours de Mayenne, Paris capitulerait. Il autorisa même les ambassadeurs à se rendre auprès de Mayenne, ce qu'ils firent, mais en tardant le plus possible: car le délai de huit jours ne devait courir qu'à partir de leur rencontre avec le gros duc. Parti le 17 août de Paris, le cardinal de Gondi revint au camp du roi le 21 août, avec une fin de non-recevoir. C'est que Mayenne avait fait sa jonction avec l'armée de secours amenée par Alexandre Farnèse en personne. Sans plus tarder, cette armée fit mouvement vers Paris. Dans l'entourage d'Henri, les avis furent partagés, les uns conseillant d'attendre l'arrivée du duc de Parme, afin de le surprendre quand il serait engagé dans une vallée, les autres d'abandonner provisoirement le siège de Paris et d'aller au-devant des Espagnols pour les détruire en un combat décisif qui mettrait fin à la guerre. Malheureusement, Henri se rangea à ce dernier avis.

Le 30 août, il leva le siège et, ayant rassemblé son armée dans la plaine de Bondy, il se dirigea vers Chelles. Or Alexandre Farnèse, excellent stratège, entendait se limiter à son objectif, qui était de délivrer Paris, et non point risquer son armée dans une bataille. Il manœuvra supérieurement et, tout en amusant les royaux par des petites escarmouches, il réussit à franchir nuitamment la Marne avec le gros de ses forces. De la sorte, il s'empara de Lagny, qui ne put être secouru par les royaux, puis de Corbeil et de Charenton. Ainsi la capitale put-elle s'approvisionner. Après quoi, Alexandre Farnèse, regagna les Flandres. Ce fut en pure perte que les royaux le harcelèrent au cours de son interminable retraite. Ses mercenaires avançaient entre deux files de chariots remplis de butin, telle une forteresse roulante, avec, au milieu d'eux, le vieux duc perclus de rhumatismes dans sa litière.

Les royaux tenaient encore de nombreuses places autour de la capitale. Ils tentèrent de petites actions qui toutes échouèrent. Ainsi l'année 1590 se soldait, comme la précédente, par un échec; la Ligue, si près de succomber, tenait toujours Paris.

IV

GABRIELLE D'ESTREES

Arrêtons-nous un instant, et, pour ne point trahir la vérité d'Henri IV, accordons quelque chose à la galanterie, Ses fidèles connaissaient sa paillardise, ses brèves aventures de soldat troussant une servante d'auberge ou une fermière au hasard des haltes, ou rejoignant au lit quelque dame accueillante. Ils riaient de ses déconvenues. Il en riait lui-même, faisant le bon garçon. Ils savaient aussi que sa maîtresse en titre, la belle Corisande, perdait de son crédit. Le Vert Galant n'était point fidèle; il supportait mal les séparations. Tandis qu'il écrivait à Corisande des lettres encore empreintes de tendresse, il l'oubliait chaque jour davantage. Pourtant, il ne voulait point de rupture éclatante; il devait à Corisande ses premières joies, ses premiers encouragements: elle était si désintéressée, elle avait dans sa réussite une confiance si entière, qu'elle avait engagé ses biens pour solder ses premières troupes, alors qu'il n'était encore que roi de Navarre et luttait pied à pied pour défendre son mince territoire. Dans leurs moments d'intimité, elle l'appelait «Petiot». Et voici que cet amour s'était doucement éteint, miné par l'éloignement. Non seulement, il n'avait jamais entravé l'action d'Henri, mais, pendant de longues années, il l'avait au contraire soutenue, éclairée. Les passades qui avaient jalonné son existence tumultueuse depuis Coutras, n'avaient jamais eu la moindre importance. Jamais le Béarnais ne s'était laissé engluer, ou détourner de la voie qu'il s'était tracée. La conduite des armées et la politique avaient littéralement dévoré son temps.

Or, en novembre 1590, l'amour fondit sur lui, en la personne de Gabrielle d'Estrées. Etait-elle aussi jolie que la légende l'affirme ? Que l'on se reporte à cet étrange tableau qui la représente au bain, en compagnie de la duchesse de Villars. Celle-ci lui pince délicatement le sein, geste qui suggère la prochaine maternité de Gabrielle. Son visage est un ovale presque parfait, avec une très petite bouche, le nez droit, des yeux en amande, un front assez haut et une opulente chevelure d'un blond vénitien. Ce qui frappe, c'est la blancheur nacrée, éclatante, de sa peau. Un contemporain la décrit ainsi: « Bien qu'elle fût vêtue d'une robe de satin blanc, il paraissait noir en comparaison de la neige de son beau teint. Ses yeux étaient de couleur céleste et si luisants qu'on eût difficilement pu juger s'ils empruntaient du soleil leur vive clarté, ou si ce bel astre leur était redevable de la sienne. Avec cela, elle avait les deux sourcils également recourbés et de noirceur aimable, le nez un peu aquilin, la bouche de la couleur du rubis, la gorge plus blanche que ne l'est l'ivoire le plus beau et le plus poli, et les mains dont le teint égalait celui des roses et des lys mêlés ensemble, d'une proportion si admirable qu'on les prenait pour un chef-d'œuvre de la nature. » Un autre auteur célébrait « ses lèvres de corail, ses dents d'ivoire » et, détail curieux, « son beau double menton ».

Quoi qu'il en soit, dès qu'il l'aperçut, Henri tomba éperdument amoureux, amoureux comme un blanc-bec, non comme un homme mûr ! Il ne fut pas immédiatement payé de retour. Ce soudard ébouriffé, débraillé, puant l'ail, sentant le gousset et le cheval, n'avait rien qui pût séduire d'emblée une demoiselle de dix-huit ans, très consciente de sa beauté et non dénuée d'esprit. Elle appartenait cependant à une lignée de dames galantes, fort habiles à pousser dans le monde leurs époux complaisants. Sa grand-tante maternelle passait pour avoir été la maîtresse de François Ier, de Charles Quint et du pape Clément III ! Sa mère, Françoise de La Bourdaisière, avait défrayé la chronique en s'enfuyant avec son amant. Son père était Antoine d'Estrées, gouverneur de La Fère. Dans ses Mémoires, Bassompierre écrit brutalement: « Cette femme obtint une plus grande célébrité qu'elle ne le méritait. A l'âge de seize ans, elle fut prostituée à Henri III, par l'intermédiaire du duc d'Epernon. Henri III la paya 6 000 écus, dont Montigny, qui avait la garde du Trésor royal, conserva 2 000. Le roi se lassa d'elle promptement, et sa mère la livra à Zamet, et plus tard, au cardinal de Guise, qui vécut avec elle pendant un an. La belle Gabrielle passa ensuite au duc de Longueville, puis au duc de Bellegarde, et à plusieurs autres gentilshommes voisins de Cœuvres (maison de campagne de son père). Finalement, le duc de Bellegarde la présenta à Henri IV. » Ce qu'il faut retenir de cette fable, c'est que Gabrielle, ayant été présentée à la cour avec sa sœur, Diane d'Estrées, fut remarquée par Bellegarde, grand écuyer de France, et qu'Henri III se divertit à jouer les entremetteurs. Revenue en Picardie après la journée des Barricades, elle vivait sous la tutelle de sa tante, Mme de Sourdis. Or, au moment de la première rencontre de Gabrielle et du Vert Galant, Antoine d'Estrées, chassé par les ligueurs, avait perdu sa charge de gouverneur de La Fère, et M. de Sourdis, celle de gouverneur de Chartres. Quant à l'amant de Mme de Sourdis, Hurault de Cheverny, ex-chancelier de France, il était impatient de le redevenir. Entre les mains de ce trio sans scrupules, la jeune Gabrielle ne pouvait être qu'un instrument. On ne saurait rien affirmer à peine d'erreurs, toutefois la brusque rentrée en grâce de Cheverny est assez étrange et même difficilement explicable. Et de même la décision d'Henri IV de renoncer au siège de Rouen.

On savait que cette ville tomberait quasi d'elle-même : elle manquait de munitions ; ses remparts n'étaient plus entretenus, sa garnison était faible et mal commandée. Bien plus, le parlement de Normandie offrait de financer l'entreprise. L'entourage du roi le pressait d'accepter cette offre inespérée. Il est certain que la possession de Rouen, clef de la Normandie, eût gommé le mauvais effet de l'échec de Paris. Mais, comme par hasard, le chancelier de Cheverny et le sieur de Sourdis conseillaient fortement le siège de Chartres. Ce fut à ce parti ridicule, dommageable à sa réputation et à son parti, que se rangea le roi. Il est non moins éloquent que Gabrielle ait accompagné son oncle Sourdis et sa bonne tante au siège de Chartres, ce qui n'était peut-être pas exactement la place d'une fille de bonne maison. Pour autant il ne faudrait pas croire qu'Henri négligea son service de chef de guerre. On pouvait bien banqueter et danser tous les soirs. Avec une escorte de cent chevaux, il faisait régulièrement ses rondes, inspectait inopinément les postes de garde, tantôt avant minuit, tantôt après. Chartres ayant capitulé après une honorable résistance, il reçut probablement son salaire, cependant que M. de Sourdis retrouvait son gouvernement.

Ses lieutenants revinrent alors à la charge, l'exhortèrent à entreprendre le siège de Rouen. Cette fois, Elisabeth d'Angleterre proposait une aide de 4 000 soldats. Mais la belle Gabrielle l'emporta sur la reine. Elle obtint de son amant qu'il assiégeât Noyon. Cette ville ayant capitulé (en août 1591), Antoine d'Estrées en devint gouverneur.

Va-t-il enfin penser à ses intérêts et prendre, quand il en est temps encore, la capitale normande? Point. On l'informe du débarquement des Anglais à Dieppe. C'est à Sedan qu'il se rend, au-devant du vicomte de Turenne qui ramène des mercenaires d'Allemagne. Au retour, il s'attarde à Noyon. C'est à désespérer cette fois de son avenir! Même ses compagnons de la première heure, les huguenots fidèles, l'élite de son armée, murmurent. Quant aux catholiques, ils se demandent s'ils ont joué la bonne carte et regardent du côté de la Ligue. Il n'est que les soldats d'aventure, Crillon et les autres, pour ne point s'émouvoir de l'aveuglement coupable d'Henri.

Bref, les royaux n'arrivèrent devant Rouen qu'au début de décembre. Fâcheux retard, car, désormais, la ville était commandée par Villars-Brancas, soldat remarquable et ligueur prononcé. Il avait eu le temps d'organiser la défense de la ville. Là comme ailleurs, le roi paya de sa personne, déploya toute sa science et son ardeur, se rendant, le jour comme la nuit, aux batteries et aux tranchées. Toutefois, il s'accordait congé de galoper jusqu'à Dieppe où résidait sa bien-aimée.

Le duc de Parme revint en France en janvier 1592, avec ses mercenaires espagnols, wallons et allemands. Dès lors, Henri se trouvait confronté au même problème qu'en 1590 pendant le siège de Paris. L'échec de cette campagne ne lui servit pas de leçon. Il répéta la même faute: au lieu de poursuivre le siège, il préféra chercher Farnèse pour lui offrir le combat. Pis encore, il se mit en tête de harceler l'ennemi pour l'obliger à faire face. Ses lieutenants s'efforcèrent vainement de le détourner de ce projet. Ils le supplièrent même d'y renoncer. Selon Sully, qui fut leur porte-parole en cette circonstance, le roi répondit: «Je le crois, et encore choses plus généreuses de vos courages. Mais aussi croyez de moi que je ne suis pas si étourdi que vous estimez, que je crains autant pour ma peau qu'un autre, et que je me retirerais, si à propos qu'il ne m'arrivera aucun inconvénient.» Il était si peu «étourdi» qu'il faillit être capturé et reçut dans les reins une balle heureusement amortie par la selle. A peine guéri, il fut à cheval et mena un train d'enfer, épuisant ses hommes. Mais Alexandre Farnèse avait eu le temps d'approvisionner Rouen et de renforcer sa garnison. Fidèle à sa méthode, son objectif étant atteint, il s'apprêtait à retraiter, reproduisant lui aussi sa tactique de 1590. Il voulut pourtant s'emparer de Caudebec, par où passait le ravitaillement de Rouen. Henri rassembla sa cavalerie en toute hâte. Il crut avoir cerné son ennemi. Mais Farnèse fit venir des bateaux de Rouen et, profitant de la nuit, traversa la Seine. Il gagna Paris sans difficulté et partit pour la Flandre. On eût beau prétendre qu'après tout une retraite n'était qu'une variété de défaite et célébrer la vaillance d'Henri, l'échec de ce dernier n'était pas moins cuisant.

Encore si, dans sa folle passion pour Gabrielle, il avait été un amant heureux! Mais, devenue sa maîtresse, elle continuait d'aimer Bellegarde. Le roi étant malade, elle avait beau écrire: «Je meurs de frayeur. Rassurez-moi, je vous en conjure, en me disant comment se porte le plus brave des hommes au monde. Bien que j'aie envoyé deux fois prendre de vos nouvelles aujourd'hui, je ne pourrais dormir sans vous envoyer mille tendres bonsoirs, car je ne suis pas douée d'inconstance.» Elle l'était, hélas! Pendant les absences d'Henri, elle ne se privait pas de recevoir clandestinement Bellegarde et, quand elle fut enceinte, elle ne savait peut-être pas très bien qui était le père de son enfant. La légende veut que, pour la surprendre, Henri se soit déguisé en paysan avec une botte de paille sur le dos, provoquant l'hilarité de la jeune femme. Un autre jour, il survint inopinément et Gabrielle attendit pour lui ouvrir sa porte que Bellegarde eût sauté par la fenêtre. Un autre jour encore, Bellegarde n'aurait eu que le temps de se glisser sous le lit de la belle; au moment de la collation, le roi, de bonne humeur, aurait lancé un pot de confitures en disant: «Ne faut-il pas que tout le monde vive?»

Cependant il souffrait, et l'on connaît la lettre dans laquelle il exhalait ses plaintes d'amant trompé: »Il n'y a rien, ma chère maîtresse, qui me continue plus mes soupçons, ni qui me les puisse plus augmenter que la façon dont vous procédez à mon endroit. Puisqu'il vous plaît me commander de les bannir du tout, je le veux ; mais vous ne trouverez de mauvais gré que, à cœur ouvert, je vous en dise les moyens, puisque, quelque attaque que je vous ai donnée assez ouvertement, vous avez fait semblant de ne la point entendre ; ainsi l'ai-je jugé par les réponses. C'est pourquoi, hier, je commençai ma lettre par : « Il n'y a pire sourd que qui ne veut ouïr. » Je protesterai, pour commencement, devant vous, ma chère maîtresse, que ce que j'alléguerai des offenses que j'ai reçues n'est pour en avoir nul reste d'aigreur dans l'âme, me sentant trop satisfait de la peine que vous avez prise de m'en contenter, mais seulement pour vous montrer mes justes occasions de soupçon.

« Vous savez combien j'arrivai offensé en votre présence du voyage de mon compétiteur. La force, que vos yeux eurent sur moi, vous sauva de la moitié de mes plaintes ; vous me satisfîtes de bouche, non de cœur, comme il y parut. Mais, si j'eusse su ce que j'ai appris, depuis que je suis à Saint-Denis, dudit voyage, je ne vous eusse revue et eusse rompu tout à plat. Je brûlerais plutôt ma main qu'elle l'écrivît, et couperais plutôt ma langue qu'elle le dît jamais qu'à vous.

« Depuis vous avoir vue, vous savez ce que vous m'avez fait. Tout rassemblé, jugez, si je ne vous en vois pas bannir la cause, ce que je dois espérer. Que me pouvez-vous promettre que ce que vous aviez fait ? Quelle foi ne pouvez-vous jurer que celle que vous avez faussée deux fois ? Il faut donc des effets. Vous vous doutez de mes soupçons, et ne vous offensez point des infidélités et perfidies des autres...

« Résolvez-vous donc, ma maîtresse, de n'avoir qu'un serviteur. Il est en vous de me changer, il est en vous de m'obliger. Vous me feriez tort si vous croyiez que rien qui soit au monde vous puisse servir avec tant d'amour que moi. Nul ne peut aussi égaler ma fidélité. Si j'ai commis quelque indiscrétion, quelle folie ne fait pas commettre la jalousie...

« J'ai telle envie de vous voir que je voudrais, pour l'abréviation de quatre ans de mon âge, le pouvoir faire aussitôt que cette lettre, que je finis par vous baiser un million de fois les mains. »

Or non seulement Gabrielle revoyait Bellegarde, mais elle manœuvrait doucement le roi pour qu'il l'autorisât à l'épouser.

Henri avait tout à redouter de ce mariage entre deux amants sincèrement épris, en particulier que Bellegarde l'empêchât de voir sa femme. Finalement, il la maria au sieur de Liancourt, avec une dot de 50 000 écus. Liancourt fut d'autant plus complaisant qu'il était à peu près ruiné, et impuissant. Ne jetons pas la pierre à Gabrielle ; elle avait beaucoup d'excuses et de bonne volonté : ce n'est certes pas un très bon début dans l'existence que d'être une valeur marchande entre les mains de parents cupides et ambitieux.

Toutefois, cette amourette dégénérée en passion aurait pu jouer le plus mauvais tour au roi, si les excès commis par les ligueurs n'avaient largement compensé ses fautes. Toute l'année 1592, il ne fit rien que vaille, hormis inquiéter les Parisiens en gênant leur ravitaillement. Mais ces derniers avaient, de surcroît, d'autres préoccupations, du moins la majorité d'entre eux. Profitant de l'absence du duc de Mayenne, les Seize – qui ne furent bientôt que les Dix – s'étaient érigés en Comité de salut public. Ils avaient résolu d'assurer le triomphe de la Ligue à n'importe quel prix, tant le fanatisme et la haine égaraient leur jugement. Leur but secret, c'était d'instaurer une sorte de république parisienne. Sans le savoir, ou le sachant, ils prenaient la suite d'Etienne Marcel, mais si le prétexte de ce dernier avait été de soustraire Paris à la domination anglaise, celui des Seize n'était que de le préserver du calvinisme. Pendant la captivité de Jean le Bon, Marcel s'était substitué à l'autorité défaillante. Les Seize voulaient le pouvoir pour eux-mêmes, le fanatisme catholique étant le ressort de leur mouvement et non le salut de la patrie. Sauf à la fin de sa brève carrière politique, Marcel ne put être suspecté de collusion avec l'ennemi. Les Seize, au contraire, enragés de religion et dévorés d'ambition, renonçaient au beau titre de Français. Mayenne, qui avait été, et qui restait, le chef de la Ligue, commença par leur déplaire : il montrait trop de pondération. Sans doute, avec l'aide du duc de Parme, avait-il sauvé Paris de la famine et d'une capitulation certaine. Mais, dans son comportement comme dans ses déclarations, il affectait à l'égard du Béarnais une modération suspecte. Il en était de même à l'égard des Politiques, ces catholiques par trop tièdes, partisans, non de la lutte à outrance, mais de la négociation, voire d'une cohabitation légale avec les huguenots. Aux yeux des Seize et de leurs amis, ils étaient quasi complices de ces gentilshommes catholiques qui, au mépris de leur foi et des injonctions du Saint-Siège, avaient reconnu Henri IV et servaient dans son armée. On ne pouvait s'attaquer de front au duc de Mayenne, parce qu'il disposait d'une armée. Restaient les Politiques, formant d'ailleurs la majorité de la population parisienne. Ils freinaient de tout leur pouvoir les initiatives – il est plus exact d'écrire la tyrannie – des Seize. Au fond d'eux-mêmes, ils souhaitaient ardemment que le royaume gardât son indépendance, échappât aux convoitises de l'étranger. Ils avaient naguère déploré les brûlements de huguenots et le massacre de la Saint-Barthélemy. Les Seize et leurs zélateurs y avaient applaudi, et participé joyeusement! Ils préféraient le morcellement de la France, la domination de Philippe II, les cachots et les bûchers de l'Inquisition, l'extermination systématique des huguenots, à l'avènement d'un roi hérétique. La clameur des curés s'ajoutait à leurs discours enflammés. Certains d'entre eux appelaient franchement au meurtre, comme celui de Saint-Germain-l'Auxerrois. Parlant des Politiques, il osa dire qu'il fallait tout tuer et exterminer, et que «déjà, par plusieurs fois, il les avait exhortés à le faire, mais qu'ils n'en tenaient compte, dont ils se pourraient bien repentir; qu'il était grandement temps de mettre la main à la serpe et au couteau, et que jamais la nécessité n'en avait été si grande; qu'il eût voulu avoir tué et étranglé de ses deux mains ce chien de Béarnais et que c'était le plus plaisant et agréable sacrifice qu'on eût pu faire à Dieu». *(Journal* de L'Estoile). A la Sainte Chapelle, le prédicateur «appelant le roi chien, hérétique, athée et tyran, dit, en présence de tous les assistants, en son sermon, entre lesquels, dit L'Estoile, j'étais, que le Béarnais avait couché avec notre mère l'Eglise et fait Dieu cocu, ayant engrossé les abbesses de Montmartre et de Poissy; mais que Dieu en aurait bien raison». Rose, l'évêque de Senlis qui avait si brillamment conduit la procession des moines ligueurs, avec une hallebarde et un crucifix, déclara qu'une nouvelle Saint-Barthélemy était nécessaire. Bref, on ne prêchait qu'égorgement et saignée. Bien qu'il eût été naguère épuré, le Parlement tentait de s'opposer aux persécutions; il penchait secrètement pour les Politiques. Les Seize décidèrent de le neutraliser. Comme ils hésitaient, le curé de Saint-Jacques s'écria: «Messieurs, c'est assez connivé; il ne faut jamais espérer ni justice ni raison de la cour de parlement, c'est trop endurer ; il faut jouer du couteau !» On arrêta le président Brisson et deux conseillers. Ils furent déférés devant un tribunal populaire qui les condamna à la pendaison. Ce fut le début d'une épuration rigoureuse, tant à l'encontre de l'administration que des officiers des milices bourgeoises. Maître de Paris et de ce qu'ils croyaient être le gouvernement de la France, les Seize écrivirent à Philippe II :

«Nous pouvons certainement assurer Votre Majesté que les vœux et souhaits de tous les catholiques sont de vous voir, sire, tenir le sceptre, et cette couronne de France, et régner sur nous, comme nous nous jetons très volontiers entre vos bras ; ou bien qu'elle établisse ici quelqu'un de sa postérité, ou nous en donne un autre, celui qui lui est le plus agréable ; ou qu'elle se choisisse un gendre, lequel, avec toutes les meilleures affections, toute la dévotion et obéissance qu'y peut apporter un bon et fidèle peuple, nous recevrons roi et lui obéirons[1].»
Informé de ces événements, Mayenne, qui était à Laon, réagit avec vigueur. Il ne pouvait tolérer qu'une poignée de bourgeois disposât du pouvoir et massacrât ses amis. Non plus qu'ils offrissent le royaume à son pire ennemi. Il revint donc à Paris, mais avec deux régiments d'infanterie et un millier de cavaliers, occupa les points stratégiques et fit pendre les plus compromis des mutins.

Toutefois, en rétablissant l'ordre, il avait brisé le ressort de la Ligue et, de ce fait, perdu une partie de ses moyens. En attendant la réunion des états généraux à Paris, qu'il promettait aux ligueurs depuis tantôt trois ans, il entra en négociation avec les envoyés d'Henri IV. Il posa des conditions inacceptables, et l'on aperçut alors la réalité de ses intentions : se faire élire roi de France par les états.

---

1. Archives de Simancas.

V

L'ABJURATION

Mais le gros Mayenne, aussi faible en politique qu'à la tête des armées, n'avait pas prévu la pluralité des candidats, non plus que la défection d'une partie des députés. S'il put réunir cent quarante membres du clergé et cent quatre-vingt-douze membres du tiers état, les représentants de la noblesse n'étaient que vingt-quatre; en outre, les princes du sang, les grands officiers, les plus hauts magistrats du Parlement brillaient par leur absence. Il était évident que ces défections n'étaient pas fortuites; qu'elles traduisaient une volonté bien arrêtée de ne point participer à une élection violant purement et simplement la vieille loi salique. Elles équivalaient aussi à la reconnaissance implicite du Béarnais comme roi légitime. Dès lors, si l'élection avait eu lieu, ses résultats eussent été aussitôt contestés et ses répercussions incalculables. Heureusement il y avait pléthore de candidats: le jeune duc de Guise, fils du Balafré, le duc de Nemours, le marquis de Pont-à-Mousson, le duc de Savoie lui-même, les uns appartenant à la Maison de Lorraine, les autres se rattachant, directement ou non, aux Valois. Le duc de Mayenne, qui n'était tout de même pas dénué de bon sens, comprit qu'il avait perdu la partie. Il ouvrit néanmoins solennellement les états, le 26 janvier 1593, en présence des diplomates espagnols, notamment de Feria, ambassadeur extraordinaire de Philippe II. Ces derniers posèrent officiellement la candidature de l'infante Isabelle, fille d'Elisabeth de Valois, donc petite-fille du roi Henri II et de Catherine de Médicis. Cette candidature acheva de jeter le trouble dans les esprits. Elle eut en tout cas le mérite de réveiller le sentiment national. D'une part, elle contredisait le principe selon lequel les femmes (et les descendants par les femmes) ne pouvaient hériter de la couronne de France. D'autre part, il devenait clair que Philippe II, par l'entremise de sa fille Isabelle et du gendre qu'il lui choisirait, contrôlerait le gouvernement du royaume. Il était non moins clair que, sous prétexte de défendre la religion romaine, il n'avait cessé de nourrir des ambitions précises. Il jetait enfin le masque et nonobstant l'approbation des Seize et de leurs amis, c'était une lourde faute. Passons sur les débats, passionnés et stériles, des états généraux. Ils étaient un raccourci saisissant de cette pauvre nation saignée, exténuée par trente années de guerre sans vainqueurs ni vaincus, sombrant, pour finir, dans la confusion démagogique, aspirant de tout son vouloir à la paix et la récusant de toutes ses forces, sans même plus savoir pourquoi on se battait depuis si longtemps et mue par une haine d'autant plus violente qu'elle devenait sans objet. On ne se mit d'accord sur aucun des compétiteurs. Faute de mieux, mais sans la moindre conviction, on se rabattit sur d'autres noms : le comte de Soissons, le cardinal de Vendôme (que l'on eût fait relever de ses vœux pour la circonstance!). On en revint finalement à Mayenne, mais il avait déçu trop de gens dans les deux partis et son épicurisme, pour ne pas dire son laxisme, n'inspirait pas confiance.

Sans doute, Henri IV avait pris la précaution de faire déclarer nulle toute élection par les états de Paris, comme entachée d'illégalité. Néanmoins, n'étant pas encore «roi de Paris», les débats des états généraux l'inquiétaient et l'irritaient. Il suffisait que, par lassitude, le choix se portât sur un nom, pour créer une situation périlleuse, sinon même irrémédiable. Il savait, et depuis longtemps, que le seul obstacle était son appartenance à la religion réformée. Il avait promis à ses alliés catholiques, et réitéré à maintes reprises la promesse de se faire «instruire» dans la religion catholique. Depuis la mort d'Henri III, il avait différé. Désormais, à peine de renoncer au trône, il devait tenir ses engagements et se décider très vite afin de devancer ses adversaires. Ce serait une erreur de croire que cette décision fût facile pour lui; il restait au contraire sincèrement attaché au calvinisme; de plus, il lui était pénible de chagriner les vieux huguenots qui avaient été ses premiers compagnons. Son entourage le pressait d'agir. Le sieur d'O, qui craignait de perdre sa place de ministre des Finances, où, malgré la pénurie de roi, il continuait à s'enrichir, disait :

« Sire, il ne faut plus tortignonner, vous aurez dans huit jours un roi élu en France, le parti des princes catholiques, le pape, le roi d'Espagne, l'empereur, le duc de Savoie et tout ce que vous aviez déjà d'ennemis, sur les bras ! Et il vous faut soutenir tout cela avec vos misérables huguenots, si vous ne prenez une prompte et galante résolution, d'ouïr la messe... »

Et il lui répétait, lourdement, qu'il gagnerait plus « en une heure de messe » qu'en vingt batailles gagnées et vingt ans de périls et de labeurs, ce qui était évidemment exact. Le huguenot Sully ne disait pas autre chose : « Vous ne parviendrez jamais à l'entière possession et paisible jouissance de votre royaume que par deux seuls expédients et moyens : par le premier desquels, qui est la force et les armes, il vous faudra user de fortes résolutions, sévérités, rigueurs et violences, qui sont toutes procédures entièrement contraires à votre humeur et inclination, et il vous faudra passer par une milliasse de difficultés, fatigues, peines, ennuis, périls et travaux, avoir continuellement le cul sur la selle, le hallecret sur le dos, le casque en la tête, le pistolet au poing et l'épée à la main, mais, qui plus est, dire adieu repas, plaisirs, passe-temps, amours, maîtresses, jeux, chiens, oiseaux et bâtiments, car vous ne sortirez de telles affaires que par multiplicité de prises de villes, quantités de combats, signalées victoires et grande effusion de sang. »

De même, certains prélats, comme plusieurs pasteurs de son entourage, disaient ou laissaient dire volontiers que la différence entre les deux religions résultait surtout de l'animosité des prédicateurs. Et le roi lui-même avait-il jamais cessé de penser que le salut d'une âme se pouvait faire en l'une ou l'autre religion ? Il se persuadait en outre que le salut du royaume passait avant les convictions personnelles du prince, et qu'il était indubitablement lié à la conversion. Enfin, on doit insister sur le rôle bénéfique de Gabrielle d'Estrées. Peut-être en conseillant l'abjuration à son royal amant obéissait-elle encore aux consignes de sa famille. Mais elle agissait aussi dans son intérêt. Henri l'aimait si tendrement qu'elle pouvait espérer devenir reine : il suffirait de faire annuler son mariage blanc avec le sieur de Liancourt. Le roi lui avait certainement promis de répudier officiellement Margot, la pseudo-reine de Navarre, toujours en sa forteresse d'Usson muguetant avec le premier venu. Gabrielle souhaitait donc vivement que son amant devînt un roi à part entière, régnant au Louvre et non dans les camps. On peut également supposer que sa complaisance envers Henri se serait changée peu à peu en admiration et en attachement véritables, sinon plus.

Mayenne, ne sachant à quel saint se vouer et parce qu'il flairait le danger d'une conversion d'Henri, invita les catholiques royaux à se joindre aux états généraux. Le roi, qui avait décidé d'abjurer, riposta en invitant les députés ligueurs à venir conférer avec les siens, à Suresnes. Ceux-ci manœuvrèrent supérieurement; ils firent admettre aux ligueurs que le seul obstacle subsistant était «l'hérésie» d'Henri IV. Ce point étant acquis, l'archevêque de Bourges déclara brusquement que le roi allait abjurer. A cette nouvelle, les prédicateurs parisiens se déchaînèrent. Le curé de Saint-André-des-Arts clama «qu'il aimait mieux avoir un étranger catholique pour roi que non pas un Français qui fût hérétique». Quant au roi, il l'appela «tigre et fils de prostituée», exhortant le peuple à ne le recevoir jamais, quelque profession de religion qu'il fît, pour ce que ce n'était que piperie et hypocrisie, et qu'un relaps comme lui n'était bon qu'à brûler». (L'Estoile). A Notre-Dame, le curé Boucher s'écria: «Seigneur, tire-nous de la bourbe, debourbonne-nous, seigneur!» Certains catholiques ligueurs, bien qu'ébranlés par la déclaration de Suresnes, doutaient de la réalité de cette abjuration sans cesse remise depuis 1589; ils pensaient que ce n'était qu'une ruse pour diviser les états généraux. Le roi, pour faire sentir sa puissance, s'empara de Dreux. Le 28 juin (1593), le Parlement prit enfin position: il déclara la loi salique inviolable et nulle par avance toute élection de princes étrangers quels qu'ils soient. En dépit de la colère des Seize (ou de ce qu'il en restait) et de leurs efforts, le peuple de Paris, fatigué de discours, de processions ligueuses, de privations, soutint le Parlement, car il voulait la paix. Les espoirs de Feria, de Mayenne, de Guise s'envolèrent. Il ne restait plus qu'à déclarer close la session des états généraux.

La trêve accordée lors de l'entrevue de Suresnes avait été prolongée. Le roi résidait alors à Saint-Denis et les Parisiens ne se privaient point d'aller le voir, ni même de l'applaudir, l'occasion s'offrant. Il se faisait enfin «instruire» par les évêques. Une question, très épineuse se posa: il était excommunié et, en principe, seul le pape avait le droit de lever cette sanction. Le 21 juillet, les évêques décidèrent qu'ils avaient néanmoins le pouvoir de l'absoudre et, par là, de l'admettre dans le giron de l'Eglise. Le 23 juillet, le roi écrivait à Gabrielle: «Ce sera dimanche que je ferai le saut périlleux. A l'heure que je vous écris, j'ai cent importuns sur les épaules, qui me feront haïr Saint-Denis, comme vous faites de Mantes. Bonjour, mon cœur, venez demain de bonne heure, car il me semble déjà qu'il y a un an que je ne vous ai vue. Je baise un million de fois les belles mains de mon ange et la bouche de ma chère maîtresse.»

Ce «saut périlleux» (qui est authentique) rejoint la fameuse réplique: «Paris vaut bien une messe» (qui est probablement apocryphe). Pourtant ce n'est pas dans ces formules qu'il faut chercher la pensée profonde d'Henri IV. C'est dans la ferme réponse qu'il fit au pasteur La Faye: «Si je suivais votre avis, il n'y aurait ni roi ni royaume dans peu de temps en France. Je désire donner la paix à mes sujets et le repos à mon âme.»

Le 25 juillet, qui était un dimanche, le roi vêtu de blanc, avec un chapeau et un panache noirs, se rendit à l'église abbatiale de Saint-Denis. Il était entouré de princes, de dignitaires et de seigneurs. Une foule immense se pressait sur son passage et jetait des fleurs. Les tambours battaient. Les trompettes sonnaient. Sous le grand portail de l'église attendait l'évêque de Bourges. Selon le cérémonial, il lui demanda:

– Qui êtes-vous?

– Je suis le roi.

– Que demandez-vous?

– Je demande à être reçu au giron de l'Eglise catholique, apostolique et romaine.

– Le voulez-vous?

– Oui, je le veux et je le désire.

Après quoi, il s'agenouilla et lut à haute voix sa renonciation à l'hérésie et sa profession de foi. L'évêque lui donna alors l'absolution et le bénit. Puis il le conduisit sous un dais de velours fleurdelysé d'or, tandis que les fidèles entonnaient le *Te Deum*.

Cependant, l'abjuration ne résolut pas tous les problèmes. Le peuple criait «Vive le roi!», se prenait à aimer ce prince rieur, à la repartie facile, aux yeux vifs, si simple avec les humbles. Les gouverneurs des provinces ligueuses, les villes, les places fortes, les amis, les lieutenants de Mayenne faisaient leur soumission. Mais Paris, clef du royaume, s'opiniâtrait, bien que le gros duc eût perdu sa popularité, que l'on se moquât ouvertement des Espagnols et que la Sainte-Union se désagrégeât d'elle-même. Les fanatiques veillaient, certains d'entre eux redoutant un châtiment mérité. Ce fut un religieux qui encouragea Pierre Barrière, dit La Barre, à tuer le roi. Venant de Lyon, il séjourna quelque temps à Paris, où il rencontra le curé de Saint-André-des-Arts (cité plus haut). Il acheta un fort couteau et se rendit à Saint-Denis. Il faillit assassiner le roi à la sortie de la messe, mais fut retenu « par une secrète horreur ». Le roi étant parti pour Melun, il le suivit dans cette ville. Mais son comportement étrange avait attiré l'attention. On l'arrêta, préventivement. Il avoua tout ce qu'on voulut et fut écartelé. Le vrai coupable n'en restait pas moins le curé de Saint-André-des-Arts qui l'avait persuadé de l'hypocrisie du roi, de la non-validité de sa conversion.

Il restait à Henri IV, pour emporter cet ultime bastion de fanatisme, de recevoir l'onction du sacre. Il serait dès lors indiscutable. Mais Reims était encore à la Ligue. On décida de substituer l'évêque de Chartres à l'archevêque de Reims, et l'ampoule d'huile sainte conservée à Marmoutier à la Sainte Ampoule rémoise. On pourvut au remplacement des pairs laïcs et ecclésiastiques et l'on improvisa couronne, sceptre et main de justice. La cérémonie se déroula le 27 février 1594 et les huguenots qui étaient présents, les vieux compagnons militaires, durent hocher la tête, quand ils entendirent Henri jurer sur les Evangiles de chasser les hérétiques du royaume.

On s'étonna ensuite qu'il ne profitât pas de sa nouvelle dignité et du prestige incomparable qui lui était attaché, pour entrer enfin dans sa capitale. Il savait que les Parisiens souhaitaient presque tous sa venue. Mais le duc de Mayenne ne pouvait renoncer au pouvoir. Certes, on le détestait. Mais il disposait d'un millier de mercenaires étrangers et de la garnison espagnole envoyée par Philippe II. Plein de méfiance, il destitua Belin, son gouverneur militaire, et le remplaça par Brissac. Mais il ignorait que celui-ci négociait déjà la reddition de Paris, en plein accord avec les autorités municipales. Le duc de

LA RECONQUETE

Mayenne partit pour Soissons attendre, une fois de plus, des secours espagnols. Dès lors, Brissac avait les mains libres! Le 22 mars, les royaux se présentèrent aux portes de Paris, ils entrèrent sans rencontrer de résistance. Peu après, armé de pied en cap, Henri IV parut et Brissac lui remit les clefs de la ville. Malgré l'heure matinale, une foule s'était assemblée; elle criait: «Vive le roi!» Le roi se rendit d'abord à Notre-Dame, où le clergé fut bien obligé de l'accueillir respectueusement. Puis il alla au Louvre, pour lui plein de souvenirs tragiques, non tous il est vrai! A midi, Brissac vint prier le duc de Feria, de la part du roi, de sortir de Paris. A 15 heures, les soldats de Philippe II quittèrent Paris. Le vrai règne d'Henri IV commençait.

CINQUIÈME PARTIE

HENRI LE GRAND

I

FONTAINE-FRANCAISE

Sa grandeur authentique – celle de l'âme et du cœur – apparut dès les premiers jours de son installation à Paris. Beaucoup pouvaient craindre des représailles, à tout le moins l'exil ou, selon le pitoyable usage du temps, les sévices et le pillage des troupes victorieuses. Or Henri IV donna les ordres les plus stricts pour éviter les excès de la troupe. On sut – et l'on répandit très vite dans Paris – qu'un soldat de sa garde ayant quitté le rang pour voler deux pains à l'éventaire d'un boulanger, il l'obligea à les restituer. On connut aussi l'anecdote du brave La Noue, interpellé par les sergents d'un huissier en raison de dettes laissées en souffrance, et l'intervention du roi déclarant: «Vous devez payer vos dettes comme je paie les miennes.» On se réjouit fort également du départ précipité des Espagnols de Feria, et l'on racontait qu'Henri IV, les regardant partir d'une fenêtre, les saluait ironiquement et disait: «Messieurs, recommandez-moi à votre maître, mais n'y revenez plus.» Il accueillit, avec une bonhomie narquoise, ses ennemis de la veille: «Messieurs de la Ville», les parlementaires, les députations des ordres religieux, exception faite des franciscains et des jésuites. La Sorbonne, à laquelle on ne peut refuser le sens de l'opportunisme, s'empressa de nommer un nouveau recteur. Cinquante-quatre bonnets carrés opinèrent gravement et cosignèrent un décret énonçant que «Henri IV était vrai et légitime roi, seigneur et héritier naturel des royaumes de France et de Navarre, et que tous ses sujets étaient tenus de lui obéir, encore que les ennemis de cet Etat eussent jusqu'ici empêché le Saint-Siège de l'admettre à sa communion et de le reconnaître pour fils aîné de l'Eglise.» Sur cette lancée, les prédicateurs les plus enragés retournèrent leur... soutane, chantèrent en termes énamourés les louanges du bon roi Henri, libérateur de Paris et vainqueur de la Ligue, et invitèrent fortement leurs ouailles à lui obéir, toujours à peine de péché mortel et damnation éternelle. L'un d'eux vint même se jeter aux pieds du roi pour lui demander un pardon qui lui fût aussitôt accordé. Toutefois, quand le roi le vit s'approcher, il dit en riant: «Gare le couteau!» Au légat du pape, qui lui avait fait tant de mal, en déclarant nulle l'abjuration de Saint-Denis, il fit dire qu'il pouvait à sa guise soit rester à Paris en toute sécurité, soit retourner à Rome avec un sauf-conduit. Restaient les dames ligueuses, ses pires ennemies. S'il les avait chassées de Paris, nul n'aurait trouvé à redire. Elles-mêmes s'attendaient à être arrêtées et tenues à l'étroit en quelque couvent. Henri IV se rendit à l'hôtel de Guise, où habitaient Mme de Nemours et la venimeuse duchesse de Montpensier, sœur du Balafré. C'était elle, rappelons-le, qui voulait tondre Henri III avec les petits ciseaux d'argent qu'elle portait au cou, et qui s'était vantée d'avoir «inspiré» l'acte de Jacques Clément.

— Qu'en dites-vous, ma cousine? lui dit le roi.

— Sire, nous n'en pouvons dire autre chose, sinon que vous êtes un très grand roi, très bénin, très clément, très généreux.

Henri souriait dans sa moustache.

— Je ne sais, répliqua-t-il, si je dois croire que vous parlez comme vous pensez. Quelque jour où vous n'aurez que faire, vous ferez votre paix.

Ces deux exaltées, prises au dépourvu, se récrièrent d'une seule voix:

— Sire, elle est toute faite, puisqu'il vous plaît.

Ensuite, il demanda des confitures, tout bonnement, comme on peut se permettre chez des familiers.

— Je crois, dit la duchesse de Montpensier, que vous vous moquez de moi! Vous pensez que nous n'en avons plus?

— Non, non, fit-il; c'est que j'ai faim.

Elle fit apporter un pot d'abricots, voulut y goûter. Il l'arrêta:

— Ma tante, vous n'y pensez pas!

— Comment! N'ai-je pas fait assez pour vous être suspecte?

— Vous ne l'êtes pas, ma tante.

– Ah! dit-elle, il faut donc être votre serviteur...

Envers les ligueurs, même politique de clémence! Il ne voulut pas d'exécution, nonobstant les crimes atroces qui avaient été commis naguère, ni même d'emprisonnement. Il savait que le sang appelle le sang. Néanmoins, pour n'être point taxé de pusillanimité, il ordonna le bannissement des fauteurs de troubles les plus compromis, des irréconciliables. Cent quarante personnes reçurent l'ordre de quitter Paris, et ce fut la seule sanction. Nombre de fonctionnaires avaient été nommés par la Ligue; ils furent démis de leurs offices, mais aussitôt renommés par le roi, dont ils relevaient dès lors exclusivement et auquel ils prêtèrent à nouveau serment. Ce chef de guerre intrépide n'aimait pas le sang; il détestait les supplices et les exécutions; son mouvement naturel le portait toujours à la compassion, à l'indulgence. C'est aussi qu'il avait des hommes une connaissance trop profonde pour ne pas excuser leurs errements. A ceux qui lui reprochaient de ne pas se venger de ses ennemis, il fit cette réponse que certains prélats et curés du temps eussent pu méditer: «Si vous, et tous ceux qui tenez ce langage, disiez tous les jours votre *Pater Noster* de bon cœur, vous ne diriez pas ce que vous dites. Je reconnais que toutes mes victoires viennent de Dieu qui étend sur moi sa main, encore que j'en sois du tout indigne, et, comme il me pardonne, aussi veux-je pardonner, et, oubliant les fautes de mon peuple, être encore plus clément et miséricordieux envers lui que je n'ai été. S'il y en a qui se sont oubliés, il me suffit qu'ils le reconnaissent, et qu'on ne m'en parle plus.»

Mais le duc de Mayenne ne désarmait point, non plus que Philippe II, qui voyait, en dépit de ses sacrifices en hommes et en argent, de son incessant combat pour la religion, sa puissance décliner. Certaines villes françaises, certaines places fortes, restaient ligueuses, c'est-à-dire rebelles à l'autorité d'un roi désormais légitime, du moins leurs gouverneurs, car, le plus souvent, les populations inclinaient à la soumission. Et il en était de même de certains grands seigneurs, parents ou alliés de Mayenne, insoucieux du bien public car prêts à se vendre au plus offrant. Henri préféra donc les acheter et Sully fit merveille dans ces négociations d'un nouveau genre. Le Trésor était pauvre. On trouva cependant trente-deux millions de livres pour «désintéresser» les nobles ducs de Guise et de Mercœur, obtenir de Villars-Blancas la reddition de Rouen et du Havre, celle de Toulouse par le duc de Joyeuse (ci-devant capucin), celle de Cambrai, d'Amiens et de Péronne. Il faut ajouter, pour mémoire, que Brissac s'était fait donner plus d'un million et demi de livres pour ouvrir les portes de Paris aux royaux.

Cependant, Mayenne s'obstinait, peut-être par point d'honneur, peut- être parce qu'il faisait fond sur le refus du pape d'absoudre Henri malgré son abjuration et, plus encore, sur l'appui de Philippe II auprès duquel il multipliait les démarches. Mais le plus extraordinaire dans son comportement, c'est que, malgré tout, il restait Français de cœur : mendiant les subsides et les soldats espagnols, il ne voulait point céder un pouce de territoire, non plus que se soumettre à un monarque imposé par Philippe. A dire vrai, il reste impossible d'expliquer les contradictions de Mayenne, mais se les expliquait-il lui-même ? Croyant duper les Espagnols, il se dupait lui-même et se déconsidérait à leurs yeux. Le duc de Feria – qui le connaissait bien – écrivait alors au roi d'Espagne : « Je puis dire que jusqu'ici le duc de Mayenne n'a fait chose qui vaille, et a été plus pernicieux à la religion, sans couleur de la défendre, qu'autre qui en ait prétendu la ruine... Il a souillé ses mains, sous le manteau de la justice, du sang de ceux qui ont apporté le principal avancement à sa grandeur, et qui étaient les plus zélés catholiques de la France ; il a livré à l'ennemi les principales places et épargné le Béarnais au temps où il n'avait ni armée ni argent... Quand il résolut de partir de Paris, il laissa la ville en l'état que chacun sait, sans que les prières du légat, les miennes ni celles des états, qui, tous ensemble, protestions du danger auquel il nous laissait, l'en pussent émouvoir... »

Cette mercuriale fut interceptée par les royaux, portée au roi Henri qui se fit un plaisir de la transmettre à Mayenne, pour lui faire sentir le degré de confiance que ses amis espagnols lui accordaient. Mayenne aussitôt envoya un plaidoyer à Philippe II, mais en pure perte. Le roi d'Espagne songeait à le faire arrêter. Cependant le gros duc fut autorisé à rejoindre l'armée (espagnole) du comte de Mansfeld qui envahissait la Picardie.

Henri IV rassembla une armée et, avec le maréchal de Biron, s'en fut mettre le siège devant Laon. Entreprise risquée, périlleuse, car la garnison venait d'être renforcée par Mansfeld qui, en outre, tenait Capelle et contrôlait les places ligueuses de La

Fère, Reims et Soissons, c'est-à-dire les environs de Laon. Autrement dit, et pour être plus clair, le roi risquait d'être pris entre deux feux par une manœuvre d'encerclement. Mais il jouait son prestige et ne pouvait donc reculer. Le siège coûta très cher, et l'armée pleura la mort du petit Givry, si fidèle et si gai, de surcroît la coqueluche des dames. On racontait qu'aimant la même femme que Bellegarde, qui lui fut préféré, il se laissa tuer par désespoir! Mais il n'était pas besoin de peine d'amour pour mourir dans ces escarmouches incessantes. La garnison de Laon, bien commandée, bien pourvue de vivres et de munitions, opposait une résistance farouche. La proximité du camp espagnol soutenait le moral des défenseurs. Mansfeld et Mayenne tentèrent de s'emparer d'un bois, qui était une position clé dominant les tranchées creusées par les assiégeants. Les deux armées s'engagèrent presque en entier pour disputer ce bois. Mansfeld dut renoncer. Peu après, le maréchal de Biron surprit l'escorte d'un immense convoi de vivres. Il brûla 400 chariots et leur charge, faute de pouvoir les ramener au camp royal. Réduits à la famine, les Espagnols de Mansfeld battirent en retraite. La ville n'en résista pas moins encore un mois, en dépit des brèches ouvertes par les mines. Elle ne capitula que le 22 juillet 1594.

Le duc de Mayenne se replia en Bourgogne, dont il était gouverneur. La ligue semblait cette fois vaincue, mais le fanatisme de certains catholiques n'était pas encore éteint. On en vit la manifestation éclatante dans l'attentat de Jean Chastel, le 27 décembre de la même année. C'était un garçon de dix-neuf ans, fils d'un marchand parisien. Il s'introduisit au Louvre et porta au roi un coup de couteau à la lèvre. C'était la gorge qu'il croyait atteindre. Il fut arrêté, mis à la torture et subit le supplice atroce des parricides. Les magistrats chargés d'instruire le procès, déployèrent un zèle suspect. Ils prétendirent que le geste de Chastel lui avait été inspiré par ses maîtres, les jésuites. On arrêta le régent du Collège où Chastel avait été élève et plusieurs de ses professeurs. Les Pères furent soumis à la torture. Le régent fut pendu en place de Grève. Le Parlement, renchérissant sur la complaisance des juges et désirant se rédimer à l'égard du roi, prononça le bannissement des jésuites, comme factieux et rebelles à l'autorité légitime.

Philippe II était presque un vieillard, mais il ne lâchait pas sa proie. Une fois de plus, et la dernière, du fond de son obscur cabinet de l'Escurial, il préparait la perte du Béarnais, symbole même de l'hérésie à détruire, du démon. En 1595, ses armées, attaquèrent partout à la fois: dans le Nord, en Provence, en Lyonnais, en Bourgogne. Il est vrai que, le 17 janvier, Henri IV avait officiellement déclaré la guerre à l'Espagne; c'était dissiper l'équivoque soigneusement entretenue par Philippe II, selon laquelle il n'agissait que dans l'intérêt de l'Eglise et des catholiques français. Philippe II répliqua, non sans adresse, qu'il ne se considérait pas en état de guerre avec la France, mais seulement avec les hérétiques qui désolaient ce royaume et, spécialement, avec l'usurpateur béarnais. Il donna même ostensiblement des instructions pour que l'on épargnât les catholiques, dans leurs personnes et leurs biens. Puisqu'il en était ainsi, Henri IV chaussa les bottes du roi de Navarre et galopa vers la Bourgogne. Le connétable de Castille venait d'y opérer sa jonction avec les troupes de Mayenne. Le roi faillit tout perdre par une imprudence de jeune homme. Avec 1 500 chevaux il s'avança hardiment au-devant des Espagnols signalés à Fontaine-Française.

Il croit avoir affaire à l'avant-garde ennemie et part en éclaireur suivi de 300 cavaliers. Il tombe sur le gros de l'armée, met l'épée à la main et charge comme un hussard. Cette fois, il ne combat pas pour vaincre, mais pour sauver sa vie. Près de lui, l'héroïque Biron est blessé à la tête, gravement. Les premiers escadrons espagnols sont bousculés sous le choc, mais se reforment. C'est pour supporter une seconde charge tout aussi folle. Le connétable de Castille hésite, craint un piège et ne fait pas donner toute sa cavalerie. Tout de même prévenus à temps, les royaux surgissent et dégagent les débris de l'escadron d'Henri, qui est indemne au milieu des blessés.

Le connétable, après ce bref et mémorable combat, se replia derrière la Saône, abandonna la Bourgogne. Ailleurs, les Espagnols remportèrent quelques succès. Ainsi la guerre menaçait de s'éterniser, avec des fortunes diverses. Mais, le 18 septembre 1595, une nouvelle éclata comme un coup de tonnerre: le pape venait de lever l'excommunication portée contre Henri IV. Dès lors, Philippe II ne pouvait que s'incliner et il ne restait plus au duc de Mayenne qu'à solliciter son pardon.

II

L'EDIT DE NANTES

L'une des paroles les plus profondes prononcées par Henri IV est celle-ci: «Pour bien régner, il ne faut point user de tout son pouvoir.» C'est exactement ce qu'il fit à l'égard de Mayenne et de ses ultimes partisans. Au lieu de le contraindre à l'exil, ou de le capturer et de le mettre en jugement comme séditieux, il préféra négocier avec lui, c'est-à-dire ménager sa susceptibilité. Les édits de réconciliation étant signés en janvier 1596, il restait une formalité à remplir, et la plus délicate, qui était la reddition de Mayenne. Le 31 janvier, le duc, assez mal à l'aise, se présenta au château de Monceaux qu'Henri IV venait de donner à Gabrielle d'Estrées. Mayenne descendit lourdement de cheval et fut reçu par la nouvelle châtelaine. Elle le conduisit dans le salon où se tenait le roi. Ce dernier, peu formaliste, avait cependant consenti à s'asseoir sous un dais, afin de solenniser un peu l'entretien. Le gros duc fit trois fois la révérence et mit un genou en terre. Il lui fut pénible de se relever. Avec un sourire narquois, le roi lui dit: «Mon cousin, est-ce vous ou si c'est un songe que je vois?» Mayenne déclara qu'il se soumettait non seulement sur le papier, mais de cœur. La cérémonie était terminée. Le roi emmena le duc se promener dans les jardins, qui étaient fort beaux. Il marchait de son pas militaire. Essoufflé, le gros homme demanda grâce: «Sire, je n'en puis plus! Pardonnez-moi!» Le roi s'arrêta: «Touchez là, mon cousin! dit-il. Vous ne recevrez jamais d'autre déplaisir de ma part!» Il tint sa promesse, et faut-il ajouter qu'à partir de cette promenade dans le parc de Monceaux Mayenne fut le plus loyal de ses lieutenants?

La paix extérieure et intérieure semblait en bonne voie et Paris, toujours prêt aux divertissements, la fêtait par avance. On «ballait» un peu partout dans les grandes maisons aux fenêtres illuminées par une profusion de chandelles. Le roi visitait les boutiques de la Foire Saint-Germain. C'était le temps du carnaval et les masques parcouraient joyeusement les rues. Il y avait si longtemps que l'on aspirait à s'amuser! Tout à coup, la nouvelle parvint au Louvre de l'occupation (par surprise) d'Amiens par les Espagnols. Malgré l'absolution du pape, Philippe II, plus catholique que le pontife lui-même, jetait son dernier venin, sans doute parce que la paix était inévitable et qu'il voulait améliorer sa position, paraître aussi redoutable que naguère. Henri IV réagit à l'instant, retrouva l'impétuosité de sa jeunesse. Ah! l'amour ne l'avait pas ramolli! Il dit à Gabrielle qui pleurait (car enfin elle s'était mise à l'aimer): «Ma maîtresse, il faut quitter nos armes et monter à cheval pour faire une autre guerre!» Aussitôt il est en selle et galope vers Pontoise. Il donne ses ordres de rassemblement aux chefs de corps, lance des proclamations, demande des secours (car le Trésor est au plus bas), en appelle à la noblesse: «Considérez que ce grand vaisseau de la France ne peut faire naufrage sans une horrible et lamentable désolation de la perte de nos vies, de vos femmes et de vos enfants...» Un peu plus, si l'idée était dans l'air, il prescrirait la mobilisation générale; mais ce douloureux honneur reviendra à Louis XIII et à Richelieu, l'année de Corbie, à nouveau par la faute des Espagnols! Henri IV comprend que Fontaine-Française n'a été qu'une demi-victoire, un brillant fait d'armes, mais sans lendemain. Qu'il lui faut frapper un grand coup pour que Philippe II se décide enfin à lâcher prise. Simultanément, avec l'or espagnol, le duc de Mercœur agite la Bretagne et crée un second front, tandis que le grand-duc de Toscane s'empare du château d'If en face de Marseille.

Quoique souffrant de la gravelle, Henri multiplie ses efforts, est omniprésent. Il a mis sa personne et sa vie en balance. Autres complications: les protestants s'agitent, se réunissent, palabrent, invoquent leurs droits, retirent à demi la confiance qu'ils avaient placée dans le roi, et, fait plus grave, débauchent les soldats de leur parti alors que va se jouer la phase décisive du conflit avec l'Espagne. Le Parlement de Paris, trop vite pardonné, rechigne à voter les crédits nécessaires à l'entretien de l'armée. Malade, furieux, Henri revient à Paris. Le peuple l'acclame, mais les parlementaires s'opiniâtrent dans leur refus ; ils cherchent à se donner de l'importance et même à placer le roi sous leur contrôle : c'est le vieil esprit de la Ligue qui anime certains d'entre eux. Le 23 avril 1597, ils viennent en députation trouver le roi. Leur premier président ose dire que «Dieu leur avait baillé la justice en main, de laquelle ils lui étaient responsables». Ce qui signifie que, selon eux, ils ne sont comptables de leurs décisions que devant Dieu, et non pas devant le roi, de qui ils détiennent cependant leur autorité, puisqu'il les nomme. Henri rétorque que c'est à lui que Dieu a remis la justice, «et lui à eux». Le Parlement continuant à tergiverser et à se monter la tête, le roi s'y rend en personne, armé et botté. Il déclare : «Ce m'est un extrême déplaisir, Messieurs, que, la première fois que je sois venu en mon Parlement, ce soit pour le sujet qui m'y mène. J'eusse bien désiré y venir tenir mon lit de justice, vous rappeler vos devoirs, vous recommander en l'administration de ceux-ci vos consciences et la mienne. Mais le malheur du temps l'a voulu permettre. J'ai donc été poussé ici par vos longueurs, vos opiniâtretés et vos désobéissances, et encore pour le salut de l'Etat, dont je vous ai fait voir le péril éminent, qui toutefois ne vous a émus. Or je suis poussé de telle façon à sa conversation qu'elle me ferait peut-être parler avec plus d'aigreur, non que je ne devrais, mais que la corruption du siècle ne le requiert. Qui me fait taire et commander à mon chancelier de vous faire entendre plus amplement mes volontés.»

Le Parlement, ainsi morigéné selon son mérite – ou plutôt son démérite –, s'inclina. Dès lors, Sully disposa des sommes qui lui permirent de recruter des hommes, d'expédier de l'artillerie, des munitions et des vivres à l'armée. L'arrivée d'Henri IV devant Amiens, le 8 juin, donna une impulsion nouvelle aux assiégeants, d'ailleurs admirablement commandés par Biron. Ne nous attardons pas à ce siège, pendant lequel les officiers du génie déployèrent toute leur science, usant de mines et de contre-mines. Bien entendu, Philippe II envoya une armée de secours. Elle était commandée par le cardinal-archiduc Albert d'Autriche. Ce dernier tenta deux assauts, si durement repoussés qu'il battit en retraite ! Il ne restait plus aux défenseurs d'Amiens qu'à capituler ; ce qu'ils firent le 20 septembre, en obtenant les honneurs de la guerre. C'est du camp d'Amiens qu'il faut dater la lettre d'Henri IV à Crillon, si souvent citée par les historiens et à juste raison, car elle reflète merveilleusement l'esprit de camaraderie militaire du roi :

« Brave Crillon, pendez-vous de n'avoir été ici près de moi lundi dernier, à la plus belle occasion qui se soit jamais vue et qui, peut-être, ne se verra jamais ! Croyez que je vous y ai bien désiré. Le cardinal nous vint voir, fort furieusement, mais il s'en est retourné fort honteusement. J'espère, jeudi prochain, être dans Amiens, où je ne séjournerai guère, pour aller entreprendre quelque chose, car j'ai maintenant une des plus belles armées que l'on saurait imaginer. Il n'y manque rien que le brave Crillon, qui sera toujours le bienvenu et vu de moi. A Dieu. »

Henri IV n'eut pas à « entreprendre quelque chose ». Les Espagnols étaient à bout de souffle. Philippe se résignait à traiter. Les négociations s'ouvrirent à Vervins, en présence d'Alexandre de Médicis, cardinal de Florence et légat du pape. Le traité signé le 2 mai 1598 reproduisait sensiblement celui du Cateau-Cambrésis, de 1559. La France recouvrait Calais, Doullens et Ardres et l'Espagne, Cambrai.

Simultanément, Brissac battait le duc de Mercœur en Bretagne et, en s'emparant de Dinan, l'obligeait à se soumettre. Le duc de Savoie, battu par Lesdiguières, restituait le marquisat de Saluces. Bref, la reconquête était achevée ; le royaume retrouvait ses limites de naguère, en dépit des guerres de Religion et des furieuses attaques de Philippe II.

Restait l'épine du calvinisme à retirer ; ce n'était pas la moindre ! Car ce que voulaient en réalité les protestants, c'était moins la liberté de conscience qui leur avait été implicitement reconnue par l'édit de Poitiers, en 1577, qu'une sorte d'indépendance politico-religieuse. Ils cherchaient à imposer au roi le principe d'une organisation quasi autonome et dotée de ses structures propres. Prétention inacceptable dans une conjoncture où, précisément, le régime monarchique allait évoluer vers l'absolutisme. La haute noblesse, héritière des féodaux de jadis, s'était, comme on l'a montré, jetée dans l'une ou l'autre faction, mais principalement dans la Ligue, essentiellement pour faire pièce à l'autorité centrale et reprendre au roi tout ou partie du pouvoir qu'il détenait. Un à un, ces grands seigneurs avaient dû, si l'on peut dire, rentrer dans le rang. Il faut reconnaître qu'ils avaient lutté jusqu'à l'épuisement pour défendre l'espèce d'indépendance reconquise à la faveur des guerres. De même Henri IV avait-il triomphé de l'influence pernicieuse que Paris avait exercée sur quantité de villes gagnées à la Ligue. De même encore avait-il maté l'opposition larvée d'un parlement féru de privilèges inexistants. De même enfin, par son abjuration, son sacre et, en dernier lieu, le pardon du pape, avait-il contraint la hiérarchie religieuse à se soumettre. Seuls, les huguenots persistaient dans la sécession: ils tenaient des assemblées illégales, à Sainte-Foy, à Saumur, à Loudun, demandant que leurs libertés soient élargies, que la messe soit interdite dans les villes où ils étaient majoritaires, divisant le royaume en «provinces» dotées d'assemblées indépendantes et de conseils permanents, embryon d'un Etat républicain. Réunis à Châtellerault, ils prirent la grave décision d'interdire aux chefs de leur parti de combattre dans les armées royales, et cela au moment du siège d'Amiens. Les plus intransigeants n'étaient pas éloignés de penser qu'Henri IV avait trahi la cause par ambition personnelle; qu'il s'était servi des protestants dans le seul dessein de conquérir une couronne. Le fanatisme changeait de camp; il n'en était pas moins aveugle et outré.

Henri IV résolut d'en finir et il faut insister sur le fait que, si le fameux Edit de Nantes finit par être accepté tant par les religionnaires que par les catholiques, ce fut grâce à la fermeté et à l'habileté du roi. Il avait remarquablement analysé les demandes et prétentions des religionnaires et, avec un pragmatisme dont il est peu d'exemples, séparé le bon grain de l'ivraie. Il sut éviter l'instauration indirecte d'un Etat dans l'Etat, sous couleur de religion. Mais il sut aussi, avec un art supérieur, ménager les susceptibilités des catholiques formant la majorité de la nation et supportant assez mal la huguenoterie. Son habileté fut de reprendre l'édit de 1577, d'en éclairer les dispositions essentielles et de codifier celles-ci. Sans doute, ayant été protestant avant de se convertir au catholicisme, il était le plus apte à saisir les problèmes se posant à l'un et l'autre parti, il avait une connaissance approfondie des psychologies qui leur étaient propres. Mais encore sa longue pratique des hommes lui permettait de déceler, presque immanquablement, leur pensée secrète, leur perfidie fardée de compliments et, d'aventure, leur simplicité de cœur masquée de discourtoisie, don qui étonnait des courtisans et parut quasi surnaturel à quelques-uns. Enfin, on ne doit pas négliger cet avantage qu'il avait d'attirer la sympathie : peut-être parce qu'il prêtait réellement attention à ses interlocuteurs et donnait l'irremplaçable impression d'être toujours disponible, toujours disposé à écouter, quels que fussent les soucis de l'heure ou l'urgence des affaires. Et, je le crois, profondément, parce qu'il était lui-même un homme accompli, dense, présent, ouvert à toutes les questions, enrichi au surplus d'une expérience peu commune, il aimait l'humanité en tant que telle, avec ses vertus et ses défaillances, ses hypocrisies et ses traits de générosité. Cette facilité de larmes qu'il avait n'était point de comédie ; elle venait du cœur, car il ressentait avec une force extrême la joie, la tristesse, la reconnaissance, comme la compassion.

L'Edit de Nantes, signé le 13 avril 1598 dans le château des anciens ducs de Bretagne, ne définissait pas seulement un *modus vivendi* entre les deux religions ; il comportait aussi des clauses garantissant à la minorité huguenote son exécution, sans pour autant lui accorder les privilèges exorbitants qu'elle revendiquait, en particulier l'autonomie de fait. Il réaffirmait et légalisait le principe de la liberté de penser et d'exercer le culte du choix de chacun. Il accordait aux huguenots la plénitude des droits civils, assortie de la possibilité d'accéder aux mêmes charges et dignités que les catholiques. Il augmentait le nombre des chambres de justice mi-parties appelées à connaître des procès des religionnaires. Il leur laissait en outre, pour huit ans, la disposition d'une centaine de places de sûreté, les gouverneurs et les soldats étant à la charge de l'Etat.

Les protestations ne manquèrent pas, mais Henri IV tint bon. Il disait : « Je suis plus catholique que vous, je suis fils aîné de l'Eglise. Je suis roi maintenant, et je parle en roi, et je veux être obéi. A la vérité, la justice est mon bras droit ; mais si la gangrène s'y prend, la gauche le doit couper ! »

La « gangrène », c'était dans les parlements qu'elle s'était mise, surtout dans celui de Paris. A la vérité, depuis certaine algarade, il n'osait plus résister ouvertement, mais il opposait la force d'inertie, malgré plusieurs injonctions du roi, ces cervelles juridiques s'égarant avec délices dans les sables de la discussion. De guerre lasse, Henri IV convoqua ces magistrats au Louvre. A sa manière mi-sérieuse, mi-plaisante, il se mit à égrener pour eux des souvenirs qui durent leur donner à réfléchir :

«Avant de vous parler de ce pour quoi je vous ai mandés, je vous veux dire une histoire que je viens de rappeler au maréchal de La Châtre. Incontinent après la Saint-Barthélemy, quatre, qui jouions aux dés sur une table, y vîmes paraître des gouttes de sang, et, voyant qu'après les avoir essuyées par deux fois, elles revenaient pour la troisième fois, je dis que je ne jouais plus, que c'était un mauvais augure contre ceux qui l'avaient répandu. M. de Guise était de la troupe... Vous me voyez en mon cabinet, où je viens vous parler, non point en habit royal, ou avec l'épée et la cape, comme mes prédécesseurs, ni comme un prince qui vient parler aux ambassadeurs étrangers, mais vêtu comme un père de famille, en pourpoint, pour parler familièrement à ses enfants. Ce que je veux dire, c'est que je vous prie de vérifier l'édit que j'ai accordé à ceux de la Religion. Ce que j'en ai fait est pour le bien de la paix ; je l'ai faite au-dehors, je la veux faire au-dedans de mon royaume. Je sais bien qu'on fait des brigues au parlement, que l'on a suscité des prédicateurs factieux, mais je donnerai bien l'ordre contre ceux-là, et ne m'en attendrai à vous. C'est le chemin que l'on prit pour faire des barricades, et venir par degrés à l'assassinat du feu roi. Je me garderai bien de tout cela, je couperai la racine, à toutes factions...»

Le 25 février, le Parlement enregistra l'édit. Il fallut vaincre aussi la résistance des parlements de Toulouse, de Bordeaux, d'Aix, de Rennes.

«C'est chose étrange, disait le roi, que vous ne pouvez chasser vos mauvaises volontés. J'aperçois bien que vous avez encore de l'Espagne dans le ventre...»

La pacification tant souhaitée, et par les deux partis, devenait effective. Sans doute, l'Edit de Nantes ne résolvait rien, ne supprimait pas la tendance sous-jacente de l'unicité de religion dans le royaume. Cependant, c'était la première fois en Europe qu'un prince légalisait la liberté religieuse.

III

LA MORT DE GABRIELLE

Le XVIᵉ siècle achevait son crépuscule. L'immense espoir qu'il avait apporté dans le domaine de la pensée, des arts et des sciences, dans la condition même de l'homme, cette espèce de printemps fleuri et plein de chants d'oiseaux qui avait illuminé ses débuts, avaient promptement sombré dans les ténèbres et le sang. Presque toute l'Europe avait été secouée par les guerres religieuses, mais le royaume de France en avait été le principal théâtre. Des hommes de haut mérite s'y étaient usés, y avaient péri. Une génération avait passé, sans connaître l'issue de ce gigantesque conflit, tout entière dévorée par la haine et le tumulte. On avait dévasté les champs, volé le bétail, pillé les granges, les greniers et les caves, brûlé les chaumières, incendié les villes, massacré du même cœur fanatisé les citadins et les laboureurs. On avait pendu, écartelé, torturé, dans un pourchas éperdu, le frère combattant son frère, la femme dénonçant son mari, et, lorsque cete fureur s'apaisait, comme le feu faute de combustible, les prédicateurs soufflaient sur les braises presque éteintes, et tout recommençait. Les grands s'étaient jetés dans ces guerres, parce qu'elles libéraient en eux le vieil instinct militaire, mais, davantage, celui des oiseaux rapaces. On s'était allié, au risque de tout perdre, à commencer par l'honneur, avec les étrangers. Philippe II, qui voulait assujettir la France, Elisabeth d'Angleterre, qui ne l'aimait pas, les princes allemands, qui monnayaient très cher leur alliance et dont les mercenaires ajoutaient férocement aux ravages même dans les contrées amies. C'était miracle que ce royaume tînt encore debout et que, pareillement miné de l'intérieur, il ne fût pas démantelé. Les uns et les autres, en chaque parti, étaient mort; Catherine de Médicis et ses fils, Coligny et les Guise. Rien n'avait arrêté l'ascension du petit roi de Navarre. Il faisait désormais figure de survivant. L'effacement des Valois le laissait seul en place. Il était le victorieux et le pacificateur. Avec lui commençait une nouvelle dynastie, celle des Bourbons. Mais aussi – les esprits sagaces le percevaient déjà – un nouveau style de gouvernement. A cet égard, on nous permettra d'ouvrir une brève parenthèse, pour souligner, n'en déplaise à certains, que l'absolutisme instauré par Henri IV débouche directement sur la centralisation jacobine, sans laquelle la République eût sombré dans l'émiettement girondin: et que Napoléon, reprenant à son compte «les conquêtes» révolutionnaires, ne fit que poursuivre dans la voie tracée par le Béarnais. On notera aussi que parmi les «conquêtes» de 1789, figurait en premier lieu la liberté religieuse dont on sait l'inventeur!

Après le traité de Vervins et l'édit de Nantes qui assurait la paix extérieure et intérieure du royaume, Henri IV put enfin songer à lui. Il avait alors quarante-cinq ans, ce qui était un âge plus que mûr, eu égard à la longévité moyenne de l'époque. Il restait mince et musclé, agile et preste, étant un cavalier hors de pair. Mais, sans jeu de mots, il avait mené sa vie à grandes guides et, si l'usure restait inapparente, elle se traduisait par des accès de fièvre, de courtes maladies, cependant alarmantes. Son visage – si l'on en juge par les portraits – n'avait point changé. Les années en avaient cependant accusé les traits et les rides, mais le regard bleu gardait son acuité. Des mèches grises s'entremêlaient à sa chevelure châtain clair. Sa barbe était presque entièrement blanche. Ainsi barbu et moustachu, les yeux vifs, la lèvre rieuse et sensuelle, les joues recuites par tous les soleils, les tempes cendrées, la jambe leste et le rein souple, il ressemblait à ces gentilshommes des champs dont notre temps voit disparaître un à un les descendants: vieille race humaine, drue, dure et cœurue, irritante et sympathique, pittoresque et diverse et, au fond, généreuse jusqu'à la bêtise... Mais laissons-cela.

A ce moment de sa vie Henri IV n'est plus roi sans royaume ni sans argent, mais il est toujours «sans femme». Plus exactement, il reste officiellement marié à Marguerite de Valois. Mais celle-ci, depuis tant d'années, vit au château d'Usson, où nous l'avions laissée. Elle n'a pas donné d'enfant au roi, pendant leur période de vie commune et il est évident qu'elle ne saurait désormais réparer cet oubli! De son côté, Henri IV a deux fils qu'il a reconnus, César et Alexandre, fruits de ses amours avec la belle Gabrielle d'Estrées. Ce n'est pas qu'il lui soit parfaitement fidèle, car, au hasard de ses déplacements, on lui attribue ici et là des amourettes, mais ce sont des passades sans conséquences. Il est sincèrement attaché à Gabrielle, dont il faut reconnaître qu'elle l'a habilement conseillé et soutenu. Lui qui se moque de sa propre tenue et ne craint point de porter des pourpoints déchirés ou rapiécés, il la couvre de bijoux; il lui offre des robes somptueuses, des châteaux, des titres. Après avoir été marquise de Monceaux, la voilà promue duchesse de Beaufort, par le bon plaisir de son royal amant. Si bizarre que cela puisse paraître, Henri IV est homme d'habitude. Il a besoin de la présence effective de Gabrielle et souffre, réellement, d'être séparé d'elle. Le soir, il lui écrit: «Vous me conjurez, mes chères amours, d'emporter autant d'amour que je vous en laisse. Ah! que vous m'avez fait plaisir! Car j'en ai tant que, croyant avoir tout emporté, je craignais qu'il ne vous en fût point demeuré. Je m'en vais entretenir Morphée, mais, s'il me représente autre songe que vous, je fuirai à jamais sa compagnie. Bonsoir pour moi, bonjour pour vous, ma chère maîtresse, je vous baise un million de fois vos beaux yeux.»

Ou encore:

«Mes chères amours, il faut dire vrai: nous nous aimons bien. Certes, pour femme, il n'en est point de pareille à vous; pour homme, nul ne m'égale à savoir bien aimer. Ma passion est toute telle que quand je commençais à vous aimer...»

Une autre fois, il lui envoie les vers qu'il a dictés (et qui se chantèrent sur l'air d'un ancien Noël):

Charmante Gabrielle,
Percé de mille dards,
Quand la gloire m'appelle
A la suite de Mars,
Cruelle départie,
Malheureux jour!
Que ne suis-je sans vie
Ou sans amour!

> *L'amour sans nulle peine*
> *M'a par vos doux regards*
> *Comme un grand capitaine*
> *Mis sous ses étendards.*
> *Cruelle départie, etc.*
> *Partagez ma couronne*
> *Le prix de ma valeur,*
> *Je la tiens de Bellone,*
> *Tenez-la de mon cœur.*
> *Cruelle départie...*

Ayant su pareillement fixer le volage Henri IV, lui ayant donné de beaux enfants, recevant de lui les témoignages intimes et publics d'une passion sincère, au surplus conseillée par sa trop adroite famille, il était logique que la belle duchesse de Beaufort voulût être davantage. Le roi vieillissait. Les médecins laissaient craindre, sans beaucoup de raisons (mais peut-être étaient-ils «intéressés» à l'affaire) une impuissance probable, sinon prochaine. Gabrielle se laissa «démarier» du sieur de Liancourt. Elle pressait le roi d'accélérer l'annulation de son mariage avec Marguerite de Valois. Le pape, saisi de l'affaire, soulevait d'extrêmes difficultés. La reine Margot, en digne fille de Catherine de Médicis, feignait de consentir au divorce, écrivait même de charmantes lettres à Henri et à sa maîtresse, mais secrètement compliquait les choses au maximum. Elle entendait faire payer son consentement le plus cher possible. Il semble, de surcroît, qu'en dépit de sa déchéance et de ses vices, elle ait conservé ce qu'on pourrait appeler le sens de la dynastie, cette notion, difficile à cerner, de la dignité royale, et qui prévalait sur toute autre considération. Elle voulait bien céder la place, mais à une princesse digne par la naissance de l'occuper, et non pas à cette petite d'Estrées, promue duchesse pour ses aptitudes amoureuses. Chose curieuse, quand il eut vent du projet de mariage entre le roi et Gabrielle, le peuple français, bien qu'il fût passionnément égalitaire, désapprouva: il aimait bien les contes où les princes épousaient des bergères, mais il tenait à ce que le roi de France se mariât selon son rang. Or, peut-être, si le mariage avec Gabrielle s'était réalisé, le vieux sang des Bourbons s'en fût trouvé revigoré. Mais l'entourage du roi, hormis les courtisans en quête de gratifications ou d'emplois, se montrait franchement hostile. C'était par application de l'ancienne loi salique qu'Henri IV avait accédé au trône; il se devait donc de respecter les traditions de la Maison de France. Sully se fit l'écho de cette opposition de la cour, en se donnant le beau rôle comme il en avait l'habitude, mais enfin les arguments qu'il développa étaient, dans l'ensemble, ceux que les conseillers raisonnables du roi lui objectaient. Ayant passé en revue les princesses de France et d'Europe qu'il pouvait épouser, le roi aurait déclaré à Sully qu'aucune de celle-ci ne lui plaisait. Il voulait en effet que sa future femme réunît trois qualités: beauté, douceur et fécondité. Il demanda alors à Sully s'il ne connaissait personne qui remplît ces trois conditions. Et comme Sully faisait la bête, le roi lui nomma Gabrielle. Réponse (vraie ou supposée) de Sully: «Sire, outre le blâme général que vous pourrez en encourir, et la honte qu'un repentir vous apportera lorsque les bouillons d'amour seront attiédis, je ne puis imaginer nul expédient propre pour développer les intrigues et embarras, et concilier les prétentions diverses qui surviendront à cause de vos enfants, nés en si diverses manières et avec des formes tant irrégulières et d'autant qu'outre les beaux contes que l'on a faits (dont vous avez su le moins, et toutefois ne les avez-vous pas entièrement ignorés, surtout celui de M. Alibourg[1]...), le premier de vos enfants, puisque vous les nommez tels, ne saurait nier qu'il ne soit né dans un double adultère; le second, que vous aurez à présent, se croira plus avantagé, à cause que ce ne sera plus que sous un simple adultère; et ceux qui viendront après, lorsque vous serez marié, ne feront pas faute de prétendre qu'eux seuls doivent être estimés légitimes...»

Ce galimatias se traduit ainsi: le premier enfant né pendant le mariage de Gabrielle avec Liancourt, le roi étant lui-même l'époux de la reine Margot, est en effet doublement adultère, quoique reconnu par Henri IV. Le second, né après le «démariage» de Gabrielle, le roi restant toujours l'époux de la reine Margot, est simplement adultérin. Tous deux sont entachés de bâtardise. En supposant qu'Henri épouse Gabrielle, les enfants qu'ils auront, seront les seuls légitimes. Dès lors comment

---

1. Médecin de Gabrielle: il attribuait la paternité du premier enfant de celle-ci à Bellegarde.

appliquerait-on la loi de primogéniture pour la dévolution du trône ? L'acte de légitimation de deux bâtards ne changera pas les choses au fond ; au contraire, il les compliquera au maximum et risque de provoquer plus tard une guerre de succession, c'est-à-dire une guerre civile, où catholiques et huguenots se feront un devoir de rouvrir les vieilles querelles.

Le plus extraordinaire est qu'Henri IV comprenait fort bien la situation ; il en mesurait clairement les conséquences immédiates et lointaines. Mais entêté d'amour, il était résolu à braver l'opinion. Peut-être misait-il, une fois de plus, sur la chance insolente qui l'avait fait réussir contre vents et marées, ou sur le don qui était le sien de concilier les extrêmes par quelque hardi subterfuge. Peut-être aussi, puisqu'il était un novateur, croyait-il pouvoir modifier et vivifier les vieux usages de la royauté. Mais il est infiniment plus probable qu'il ne pouvait se défaire de cet amour pour Gabrielle, encore qu'il la soupçonnât toujours d'infidélité (si l'on en croit les médisances de Tallemant des Réaux). Le peuple accablé d'impôts murmurait, appelait Gabrielle «la duchesse d'ordure». Le roi décida néanmoins que le mariage aurait lieu à la Quasimodo et l'on commença les préparatifs. Gabrielle, qui avait tant œuvré, insinué, supplié pour parvenir à ses fins, ne se tenait plus de joie ; elle déclarait à qui voulait l'entendre que seuls Dieu ou la mort du roi l'empêcheraient désormais d'être reine.

Aux environs de Pâques, la cour résidait à Fontainebleau. Il fut décidé, pour ménager les convenances, que Gabrielle rentrerait seule à Paris pour y communier. Le 6 avril, elle se mit en route et le roi l'accompagna jusqu'à Savigny. Elle était en état de grossesse avancé et, pour lui épargner les cahots de la voiture, on l'embarqua dans un coche d'eau. Les deux amants se séparèrent avec des larmes ; ils ne devaient plus se revoir. Gabrielle redoutait la foule parisienne. Elle fit accoster à l'Arsenal et se rendit chez le financier Zamet, où elle dîna. Elle se retira ensuite à l'hôtel de sa tante Sourdis rue des Fossés-Saint-Germain. Le lendemain, elle assista à l'office des Ténèbres, dans la chapelle du Petit-Saint-Antoine. Elle eut un malaise et rentra à l'hôtel de Sourdis où elle s'alita. Le 8, elle ressentit les premières douleurs. Le 9, elle accoucha d'un enfant mort-né. Le 10, se tordant dans les atroces convulsions de l'éclampsie, elle expira. Dès le début de la crise, elle avait envoyé prévenir le roi. Il avait sauté à cheval, mais, comme il arrivait à Villejuif, il rencontra Bellièvre et Ornano qui lui annoncèrent la mort de sa maîtresse. Elle vivait encore, mais on redoutait un mariage *in extremis*. Le roi se laissa conduire dans une abbaye voisine, et s'écroula sur un lit, comme foudroyé. Puis il revint à Fontainebleau, ne voulant point défier ce peuple de Paris qui déjà manifestait une joie indécente.

Des millions de gens défilèrent à l'hôtel de Sourdis, pour contempler, sadiquement, «la duchesse d'ordure», parée de cette robe de velours incarnat préparée pour son mariage. Cette femme hier assez belle pour avoir égaré la raison du roi, aujourd'hui ravagée par les affres de l'agonie, était méconnaissable. Bien sûr, on accusa Zamet de l'avoir empoisonnée avec ses friandises: mais pourquoi eût-il commis ce crime, alors qu'il avait si souvent prêté sa maison pour faciliter les rencontres du roi et de sa maîtresse? Cependant, un mystère persiste: et c'est celui de l'abandon dans lequel fut laissée Gabrielle, l'absence de soins, les manœuvres pour écarter le roi.

Le 15 avril, Henri IV écrivait à sa sœur Catherine, devenue duchesse de Bar:

«Ma chère sœur, j'ai reçu à beaucoup de consolation votre visiteur. J'en ai bien besoin, car mon affliction est aussi incomparable, comme l'était le sujet qui me la donne. Les regrets et les plaintes m'accompagneront jusqu'au fond du tombeau. Cependant, puisque Dieu m'a fait naître pour ce royaume et non pour moi, tous mes sens et mes soins ne seront plus employés qu'à l'avancement et conservation de celui-ci: la racine de mon amour est morte; elle ne rejettera plus. Mais celle de mon amitié sera toujours verte pour vous, ma chère sœur, que je baise un million de fois.»

Mais, quelques semaines plus tard, Henri commençait «à affectionner» la piquante et dangereuse Henriette d'Entragues...

IV

MARIE DE MEDICIS

Il y avait peut-être une prédestination sur Henriette d'Entragues. Fille d'une maîtresse de roi, elle était comme appelée à remplir le même emploi. Sa mère, Marie Touchet (fille d'un boulanger d'Orléans selon Tallemat des Réaux, d'un apothicaire ou d'un lieutenant du baillage de la même ville selon d'autres), avait eu de Charles IX deux fils: l'un mourut en bas âge, le second, bâtard de Valois, devint grand prieur de France, puis comte d'Auvergne et de Lauraguais, enfin compte d'Angoulême. Elle épousa ensuite François de Balzac, seigneur d'Entragues et conseiller d'Etat. Henriette était sa fille aînée. C'était, selon Michelet, «une flamme vive, hardie, un bec acéré; des rencontres et des répliques à faire taire tous les docteurs. Elle ne lisait pas d'histoire; elle était trop fine et trop disputeuse; il lui fallait de la théologie, mais aiguë, subtile, des concetti africains de saint Augustin. Cette dangereuse créature, avec cela très jeune, svelte et légère, était un parfait contraste avec la défunte, avec la beauté bonasse, ample déjà, de Gabrielle. Qu'elle fût belle, cela n'est pas sûr; mais elle était vive et jolie. Le roi, qui croyait seulement s'amuser et rire, fut pris. La fine langue, maligne et rieuse, ne ménageait rien, et pas plus le roi. Son cœur malade, blasé, et qui se croyait fini, revécut par les piqûres. Il la trouva amusante, puis charmante. En réalité, il n'avait rien vu, et ne vit rien de plus français».

Ce portrait prestement troussé par un vieux gratteur de papier, mais qui s'y connaissait en jeunes et jolies femmes, sonne assez juste. De quelque manière cependant il rejoint le jugement du sévère Sully: «Baquenaut, pimbêche et rusée femelle», et celui d'Henri IV lui-même: «Gentil esprit, cajoleries et bons mots.» Car voici la vérité crue d'Henriette d'Entragues: c'était un piquant mélange de hardiesse et de câlinerie, de grâce et de polissonnerie, bref la mentalité d'une courtisane de haut rang, une guêpe travestie en ange, avec sa virulence et ses perversités ingénues. Le roi ne se consolait pas de la perte de Gabrielle. Il laissait les diplomates négocier son mariage avec une princesse digne d'être reine de France, et qui était Marie de Médicis. D'habiles courtisans lui suggérèrent de prendre une nouvelle maîtresse pour se désennuyer et pour satisfaire un tempérament impérieux. Il se laissa pousser dans les bras d'Henriette d'Entragues, au début semble-t-il, sans conviction. La fillette l'amusait, par sa vivacité. Aussi brune et pétillante que Gabrielle était blonde et alanguie, elle faisait contraste. Il s'éprit d'elle et, puisque telle était sa nature, entra tout de suite en combustion. Il se sentait vieillir et fut d'autant plus impatient d'assouvir sa passion. La brune Henriette sut à merveille jouer les ingénues, cependant que le père d'Entragues négociait bravement la virginité de sa fille. Car enfin, pourquoi mâcher les mots? Henri IV acheta sa belle cent mille écus, au grand dam de Sully qui se débattait avec de graves problèmes de trésorerie! Ce n'était pas encore assez pour d'Entragues, ni pour Henriette! Le poisson était si bien ferré qu'ils voulurent plus, et l'obtinrent à force de cajoleries. Ils extorquèrent au vieil amoureux une promesse écrite de mariage, à condition que, dans l'année, Henriette mît au monde un enfant mâle. Quand le roi montra cette promesse écrite à Sully, ce dernier la déchira et on imagine sans peine les reproches qu'il formula. Enragé de désir, Henri récrivit la promesse et la remit à d'Entragues. Ce n'était pas encore assez, il dut acheter le château de Verneuil et ériger le domaine en marquisat. Il soupirait, comme un coquebin:

> *Le cœur blessé, les yeux en larmes,*
> *Ce cœur ne songe qu'à vos charmes;*
> *Vous êtes mon unique amour.*
> *Jour et nuit pour vous, je soupire;*
> *Si vous m'aimez à votre tour,*
> *J'aurai tout ce que je désire.*
> *Je vous offre sceptre et couronne;*

> *Mon sincère amour vous les donne.*
> *A qui puis-je mieux les donner?*
> *Roi trop heureux sous votre empire,*
> *Je croirai doublement régner,*
> *Si j'obtiens ce que je désire.*

Il l'obtint, en octobre ou novembre 1599. Il était temps, car, tout de même, il commençait à se lasser et à jeter des regards concupiscents sur une demoiselle de La Bourdaisière. Il paraît qu'après son triomphe, il avait déclaré: «Ventre saint-gris! voilà une nuit bien payée!» Et M. de Sully, bon comptable, estimait de même que «la marchandise était bien chère». Mais enfin, la marquise de Verneuil, désormais maîtresse en titre, détenait bel et bien une promesse de mariage écrite de la main de son royal amant! C'était, quand on y pense, une arme redoutable, puisqu'elle rendait contestable en droit toute union ultérieure avec une autre femme, fût-elle une princesse illustre, à moins, il est vrai, que l'enfant né de ce honteux marchandage ne fût une fille. Pendant ce temps, le Saint-Siège prononçait l'annulation du mariage d'Henri et de Marguerite de Valois, pour cause de parenté à un degré prohibé et de non-consentement d'un des époux. De leur côté, Montmorency, le chancelier Bellièvre, Villeroy et Sully débattaient, avec l'envoyé du grand-duc de Toscane, du mariage de leur maître avec Marie de Médicis. Le grand-duc, oncle de Marie, avait prêté deux millions d'écus d'or à Henri IV. On tentera d'obtenir une dot de quinze cent mille écus, pour compenser... Il fallut se rabattre sur six cent mille écus, somme considérable pour l'époque. On comprend néanmoins moins le manque d'enthousiasme du roi, sans excuser pour autant sa liaison avec Henriette. Lorsque Sully lui annonça que le mariage avec «la Florentine» était conclu, «il fut demi-quart d'heure rêvant et se grattant la tête et curant les ongles sans rien dire; puis tout soudain, il lui dit, en frappant d'une main sur l'autre: Hé bien! de par Dieu, soit; il n'y a remède, puisque, pour le bien de mon royaume et de mes peuples, vous dites qu'il faut être marié; il le faut donc être. Mais c'est une condition que j'appréhende bien fort, me souvenant toujours de combien de mauvaises rencontres me fut cause le premier où j'entrai, et, outre cela, je crains toujours de rencontrer une mauvaise tête, qui me réduise à d'ordinaires contentions et contestations domestiques, lesquelles, selon que vous connaissez de longue main mon humeur, vous ne doutez point que je n'appréhende plus que les politiques ni les militaires, de quelque plus grande conséquence qu'elles puissent être».

Etrange intuition de sa part, et que les faits ne vérifièrent que trop! Mais, s'il se résigna de la sorte fut-ce uniquement pour le bien de son peuple, comme il le disait? La marquise de Verneuil, abusant de sa grossesse pour quémander et se moquer, ne le décevait-elle pas un peu plus chaque jour? On a dit, on a vu qu'en dépit de ses défauts, cet homme était foncièrement bon et qu'il gardait en ses liaisons amoureuses une sorte d'ingénuité touchante, dernier reste de sa jeunesse. Or si l'on regarde les portraits d'Henriette, le contraste saute aux yeux entre la sensualité et la méchanceté. Dans les moments d'intimité, Corisande appelait son amant «Petiot», non par dérision, mais par gentillesse très tendre. Henriette d'Entragues se gaussait ouvertement de lui, et ne se gênait pas pour le surnommer «capitaine bon vouloir», ajoutant avec l'aigre rire de ses lèvres trop fines que «son second avait été tué». D'où l'on peut déduire que les quarante-six ans du roi peinaient un peu à satisfaire les appétits de la belle... Selon Tallemant – qui ramassa tous les ragots de cour, comme L'Estoile les nouvelles de Paris, mais il n'y a pas de fumée sans feu- - Mme de Verneuil qui, souvent, «grondait cruellement» Henri, lui aurait déclaré que bien lui prenait d'être roi, car sans cela elle n'aurait pu le souffrir du fait qu'il «puait comme charogne». Et Tallemant d'ajouter: «Elle disait vrai, il avait les pieds et le gousset fin.» Elle en dit un peu trop et, ayant accouché d'un enfant mort-né, ses prétentions s'en allèrent en fumée.

Il ne faudrait pourtant pas croire que cette galanterie hors de saison pour lui, ait empêché Henri IV de faire son métier de roi, et de le bien faire! La paix étant assurée avec l'Espagne, il portait aux affaires de l'étranger un intérêt accru, veillant à maintenir ses alliances avec les Pays-Bas et l'Angleterre, flattant les princes allemands toujours plus ou moins en lutte avec la Maison d'Autriche et surveillant de fort près les agissements espagnols: Philippe II était mort depuis peu, son successeur, Philippe III, s'était déjà signalé par son indolence; cependant son royaume, quoique appauvri, restait redoutable. Par ailleurs, si le traité de Vervins avait été appliqué sans trop de difficultés, la remise à la France du marquisat de Saluces par le duc de Savoie restait en suspens. Pour en finir avec cette question, le duc Emmanuel de Savoie, franc comme un renard, crut devoir se rendre à Paris, en visite officielle et amicale. Il prétendait duper Henri IV, dont il connaissait les préoccupations personnelles, mais, surtout, susciter des embarras en recrutant des complices à la cour. Tandis qu'il assistait aux divertissements qu'on lui offrait, il essayait de corrompre quelque grand seigneur capable de le servir et de l'informer à point voulu des projets d'Henri IV. Ses démarches échouèrent, fort piteusement, sauf envers Charles de Gontaut, maréchal-duc de Biron (et fils du maréchal du même nom). Il avait brillamment servi Henri IV, mais il s'estimait mal payé de ses peines et croyait un peu trop que son maître lui devait ses victoires. Il prêta une oreille par trop complaisante aux promesses du duc Emmanuel, sans apercevoir qu'il se perdait en dépit de l'amitié d'Henri IV. Il faut dire que ce dernier manifestait parfois son agacement devant les vantardises et les prétentions de Biron. Le duc s'en retourna en Savoie, bien décidé à ne pas tenir les engagements pris envers le roi; il tablait sur l'appui de l'Espagne en cas de conflit.

Le 25 avril 1600, le contrat de mariage était enfin signé à Florence. Il reçut l'approbation unanime des Français, spécialement des têtes pensantes, car il nous assurait à Rome une place privilégiée, l'Italie n'étant alors qu'un trait d'union entre l'Empire et l'Espagne. Il se trouvait pourtant des dames pour demander au roi quand arriverait sa «banquière». Et celui-ci de répondre: «Aussitôt que j'aurai chassé de ma cour toutes les putains.» Le mariage fut célébré à Florence par procuration le 15 juillet. Il ne restait plus qu'à fixer la date de l'arrivée en France de la nouvelle reine.

Henri IV s'était mis en campagne, et ce devait être pour lui la dernière! Le duc de Savoie refusant de rendre le marquisat de Saluces, le roi trouva plus simple de le conquérir. Ce fut aussi sa manière – quelque peu originale! – d'aller à la rencontre de sa femme: il apparaîtrait en triomphateur. Le 24 juillet, il était à Lyon, d'où il écrivit à Marie de Médicis: «J'ai pris des eaux de Pougues, de quoi je me suis bien trouvé; j'achevai hier d'en prendre. Comme vous désirez la conservation de ma santé j'en fais ainsi de vous, et vous recommande la vôtre, afin que, à votre arrivée, nous puissions faire un bel enfant qui fasse rire nos amis et pleurer nos ennemis. » Un peu plus tard, se montant un peu la tête, c'est un vrai billet d'amour qu'il lui envoie : « S'il était bien séant de dire qu'on est amoureux de sa femme, je vous dirais que je le suis extrêmement de vous. Mais j'aime mieux vous le témoigner en un lieu où il n'y aura d'autres témoins que vous et moi. »

Cependant, l'armée d'Henri, bien pourvue de matériel de siège par Sully, arrivait à pied d'œuvre. Le roi s'avança jusqu'à Grenoble. Lesdiguières envahit la Savoie par le Dauphiné et Biron entra en Bresse par la Bourgogne. Le 17 août, Montmeillan qui passait pour une citadelle imprenable, capitula. Le 20, ce fut Chambéry. Le 26, Conflans. En quelques jours, il ne restait plus au duc Emmanuel que quelques places, d'intérêt secondaire, en deçà des Alpes. L'invasion française l'avait pris complètement au dépourvu. Il ne l'attendait pas si tôt, et résidait alors à Turin. Il réunit en toute hâte 10 000 fantassins et 5 000 cavaliers, mais les neiges empêchèrent cette armée de franchir les cols. Il supplia Philippe III d'intervenir ; le roi d'Espagne lui conseilla de négocier. Le légat du pape, Aldobrandini, s'en mêla. Le traité fut signé à Lyon, le 17 janvier 1601, contre l'avis de Sully. Henri IV renonçait finalement au marquisat de Saluces, mais le duc de Savoie lui cédait toutes ses possessions sur la rive droite du Rhône, outre la Bresse, le Bugey, le val Romey et le bailliage de Gex, ce qui revenait à améliorer considérablement notre frontière du sud-est.

Pendant que le roi se trouvait à Grenoble, il eut la surprise de voir débarquer, à l'impromptu, la marquise de Verneuil. A peine remise de ses couches manquées, Henriette revenait à la charge. Non point qu'elle aimât le roi, cela va sans dire, ni même qu'elle espérât se faire épouser, mais parce que la position de favorite était trop avantageuse pour qu'elle y renonçât si aisément. Le premier mouvement d'Henri IV fut de la renvoyer. Mais elle fit front, n'ayant plus rien à perdre et, fine mouche, sut le prendre par son point faible ; il est inutile de préciser lequel ! Dès lors, ils reprirent la vie commune, « ladite marquise le suivait partout et tenait plutôt la place d'une maîtresse et d'une garce que de femme à être reine ». Ce qui n'empêchait point l'amant d'expédier de charmants courriers à Marie de Médicis.

La princesse était partie de Florence le 13 octobre pour s'embarquer à Livourne sur une galère d'apparat. Elle amenait avec elle son cousin Paul Orsini, un plaisant aventurier répondant au nom de Concino Concini, et sa fidèle suivante, Eléonore Dori, qui sera connue plus tard sous le nom de Léonore Galigaï. Arrivée à Marseille le 9 novembre, elle se dirigea, par petites étapes, vers Lyon. Henri IV ne savait comment se débarrasser de la marquise de Verneuil, résolue à provoquer un scandale. «Sa Majesté endura d'elle, dit un témoin, et quasi publiquement, toutes les plus cruelles injures et indignités qu'une femme forcenée peut dire à un homme qui lui eût été inférieur.» Mais enfin, à force de promesses et de cajoleries, il l'apaisa et elle consentit à s'éloigner, provisoirement!

Il n'était que temps. Marie de Médicis faisait son entrée à Lyon, le 2 décembre. Henri IV négociait alors la paix avec le duc de Savoie. Il partit rejoindre sa femme, avec sa Maison, et s'embarqua à Sayssel sur un navire d'apparat, dont les rames elles-mêmes étaient peintes et dont les mariniers portaient la livrée royale aux trois couleurs (c'est-à-dire bleu blanc rouge!). Mais la navigation s'accordait mal à son tempérament impulsif. Dès qu'il le put, il sauta à cheval, et, tout botté et crotté, s'en vint incognito surprendre sa femme. Il y avait une semaine qu'elle l'attendait; son inquiétude et son énervement croissaient de jour en jour, malgré les billets d'excuses qui lui parvenaient. Entrant sans cérémonie dans la salle où elle se trouvait, il se dissimula un instant derrière ses compagnons Bellegarde et Bellièvre, pour l'observer. Ensuite, il s'avança vers Marie (comme on se jette à l'eau). Elle vit ce gentilhomme barbu, botté, cuirassé, l'œil pétillant mais le nez rougi par le froid, et fit la révérence qu'on lui avait apprise. Il la releva prestement et la baisa sur la bouche, selon la mode française du temps. Il dit quelques mots. Elle répondit en rougissant. Il ne savait pas l'italien; elle ignorait le français. Ensuite, avec sa courtoisie habituelle, il salua la duchesse de Nemours et les autres dames, sans oublier cette petite noiraude de Léonora qui ne lui plut guère. Après quoi, il dit en se frottant les mains: «Il fait si froid que j'espère que vous m'offrirez la moitié de votre lit, car étant venu à cheval, je n'ai pu apporter le mien!» L'interprète traduisit cette proposition gaillarde. Ici, les versions diffèrent, selon qu'elles émanent de Français ou d'Italiens. Selon les premiers, Marie aurait déclaré qu'elle n'était venue que pour complaire et obéir aux volontés du roi; on l'eût donc mise au lit, où le roi l'aurait bientôt rejointe. Selon les seconds, elle aurait eu un mouvement de recul et répondu qu'il convenait d'attendre que le légat ait béni leur union. Le roi aurait alors tiré de sa sacoche un bref du pape, en lequel il était précisé qu'il n'était pas besoin d'autre bénédiction que celle donnée à Florence. «Quand la reine comprit les intentions du roi, elle fut saisie d'une telle frayeur qu'elle devint froide comme glace, et que, portée dans son lit, elle ne peut s'y réchauffer, même dans des draps brûlants.» Quoi qu'il en soit, cette nuit-là, elle fut sa femme. Italiens et Français s'accordent au moins sur un point: le contentement d'Henri IV et la gaieté de la reine, à leur lever: «Le roi dit que sa femme et lui étaient restés tous deux attrapés, lui de l'avoir trouvée plus belle et gracieuse qu'il ne se l'était persuadé, et elle, lui semblait-il, de l'avoir trouvé plus jeune qu'elle ne le pensait et qu'elle ne le pouvait croire d'après sa barbe blanche.» Ce «semblait-il» vaut son pesant d'or, car Tallement rapporte tout crûment que la reine, pendant sa nuit de noces, «quelque bien garnie qu'elle fût d'essences de son pays», ne laissa pas d'être «terriblement parfumée« par l'odeur de gousset de son époux. Quant à sa beauté et à sa grâce, si aimablement vantées par le roi, elles étaient bien relatives. Marie n'avait que vingt-six ans, mais elle ne ressemblait guère aux portraits que l'on avait montrés à Henri IV et qui la représentaient à vingt ans. C'était une Italienne, friande de pâtisseries et de sucreries... Elle avait la taille épaisse et l'allure gauche, le visage lourd et le teint blanc de sa tante, Catherine de Médicis, mais non le regard impérieux. Ses yeux étaient vastes et sombres, mais inexpressifs. Peut-être en vantant les charmes inexistants de sa femme, Henri IV voulait-il se persuader lui-même, afin de se donner du cœur à l'ouvrage et, peut-être, comme il est probable, ironisait-il.

Le 17 décembre, le légat pontifical bénit solennellement le mariage. On offrit aux populations le spectacle d'un grand festin et d'un bal aux chandelles. Le 17 janvier (1601), comme on l'a dit plus haut, le traité de paix fut signé avec la Savoie. On était alors presque assuré que la reine était enceinte. Ayant achevé ses besognes, le roi se donna congé. Il rentra à Paris, vaquer à ses affaires, avec une escorte de quinze cavaliers, en recommandant à la reine de ne point se hâter, vu son état. Il arriva dans la capitale le 24 janvier, s'y arrêta deux jours et s'en fût à Verneuil se divertir avec la marquise. Il y resta une douzaine de jours, puis s'en alla à Fontainebleau accueillir la reine. Celle-ci ne fit son entrée à Paris que le 9 février.

La princesse de Conti raconte que, ce même jour, le roi donna l'ordre à Mme de Nemours d'aller chercher la marquise de Verneuil pour la présenter à la reine. La vieille duchesse se récusa, mais Henri la gourmanda si rudement qu'elle dut obéir: «Elle l'amena donc à la reine qui, extrêmement surprise de cette vue, se trouva étonnée et la reçut très froidement; mais la marquise de Verneuil, fort hardie de son naturel, lui parla tant et fit si fort la familière qu'enfin elle s'en fit entretenir.»

V

TRAITRES ET COMPAGNONS

Dans son style inimitable, l'un des plus succulents de la prose française, le grand Agrippa d'Aubigné écrivait: «Sous ces chapeaux d'oliviers, les lions et les ours de la France enchaînée et emmuselés, les renards et les belettes seuls troublaient, mais en cachettes et en ténèbres, le profond repos du laboureur, du marchand et du noble. Ces petites gales de l'Etat n'en altéraient comme point la générale santé. Ceux qui avaient accoutumé de demander les récompenses, comme les exigeant, ne les demandaient plus comme dettes, mais comme bienfaits. Au lieu de dire «J'ai obligé le roi», les plus hardis ne mettaient en jeu que le devoir acquitté. Et quant aux plus grands du royaume, le plus proche du premier en marchait si loin qu'il n'avait garde de lui écorcher les talons.»

Tableau idyllique? Que non pas! Le sévère Agrippa était incapable de courtisanerie et, quand il traçait ces lignes, de sa grande écriture galopante, il n'avait plus à plaire au roi et ne risquait pas de lui déplaire. Louise de L'Hôpital, épouse de Jean de Seymer (on prononçait Simier) et qui avait connu Henri III, avait eu beau dire, cruellement, la première fois qu'elle vit Henri IV: «J'ai vu le roi, mais je n'ai pas vu Sa Majesté.» Henri IV avait beau dédaigner l'étiquette de la cour, le cérémonial, les flatteries alambiquées alors en usage, et préserver jalousement sa simplicité native, celle des princes d'Albret. IL REGNAIT EN MAITRE. Et pourtant, quand il s'était installé au Louvre après cette tornade des guerres de Religion, quelle partie difficile il avait à jouer, non seulement en face d'un royaume divisé, de passions mal éteintes, mais à l'égard de ses familiers et, surtout, de ses compagnons d'armes ! Car il ne faut pas oublier qu'il avait d'abord été un chef de parti : accédant au pouvoir, il lui fallait bien récompenser les services rendus, les dévouements inconditionnels, les sacrifices consentis, souvent considérables, sans pour autant décevoir ce qui représentait l'opposition de la veille, c'est-à-dire les serviteurs d'Henri III et les tenants de la Ligue. Le vieux principe de gouvernement de Catherine de Médicis – diviser pour régner –, il ne pouvait ni ne voulait l'appliquer. Tout au contraire, il se devait de cimenter l'union des deux partis, en gommant le passé, en accueillant du même sourire ceux qui avaient été ses amis et ceux qui étaient ses anciens ennemis, bref tous ceux qui voulaient coopérer au relèvement de la France. Parmi ses fidèles eux-mêmes, il y avait ces disparités qui distinguent deux générations. La gaieté, l'élégance, la galanterie un peu voyante des derniers venus tranchaient avec la sévérité bougonne des vieux soldats pour la plupart restés enracinés dans leur huguenoterie. Ainsi d'Agrippa d'Aubigné, de trois ans l'aîné d'Henri IV, et qui avait été de tous les combats, avait partagé les heurs et malheurs de son maître tout au long de cette longue marche qui avait conduit celui-ci de la Navarre au trône de France, l'avait soutenu de son courage et de ses conseils ! Ce prototype des soldats de la Renaissance, ou plutôt des guerres de Religion, avait en outre une éblouissante culture, lisait l'hébreu, le grec et le latin. Il était poète, prosateur, théologien, capable d'évoquer en des vers frémissants les malheurs de la guerre, ou son amour pour Suzanne de Lezay, ou d'écrire des méditations admirables sur les Psaumes, ou encore de rédiger un mémoire sur la défense d'une place forte. Il est dommage que les Français le connaissent si mal, le lisent si peu, ignorent son grand poème épique, intitulé *les Tragiques*. C'était un esprit universel et un cœur flamboyant. Henri IV l'admirait et l'aimait, malgré son caractère difficile à supporter et son ironie souvent blessante. Mais que faire de lui ? Evidemment, l'éloigner de la cour. Il le nomma gouverneur de Maillezais, des îles de Ré et d'Oléron, non sans risque, car d'Aubigné trônait à tous les synodes protestants et faisait de l'opposition larvée.

Il en était de même de Duplessis-Mornay, qu'Henri IV surnommait en plaisantant «pape des huguenots». Comme d'Aubigné, il avait partagé tous les risques, paru à tous les combats.

Cependant, moins passionné que celui-ci, il avait eu assez de grandeur d'âme pour conseiller à son maître d'abjurer. Il était gouverneur de Saumur.

Le cas du brave Crillon était plus simple. Ce n'était qu'un soldat d'une bravoure folle et d'un loyalisme de fer, une sorte de Bayard dont l'unique défaut eût été un brin de vanité. Il avait servi du même cœur tous les rois depuis Henri II et, sans se poser de problèmes (théologiques ou politiques), il s'était donné à Henri IV, mais avec quelle fougue et quelle efficacité! Henri IV était en effet un roi selon son cœur, un roi-soldat! Mais la paix venue, à quelle tâche employer ce vieux sabreur qui ne savait que chevaucher et se battre? Le roi le nomma colonel des gardes.

Maximilien de Béthune, baron de Rosny, puis duc de Sully, appartenait aussi aux «survivants». Il avait treize ans quand il échappa par miracle au massacre de la Saint-Barthélemy. Lorsque, en 1576, le roi de Navarre s'était évadé de Paris, Sully l'avait suivi et, depuis lors, ne l'avait plus quitté, hormis à l'occasion des missions qu'on lui confiait. Chez lui, le soldat se doublait d'un administrateur et d'un diplomate avisés. Grand maître de l'artillerie, surintendant des finances, on sait quel fut son rôle dans le redressement des finances royales, mais nous reviendrons là-dessus.

Parmi les ouvriers de la dernière heure, brillait le beau duc de Bellegarde, Roger de Saint-Larry, l'exemple même du cadet de Gascogne monté à Paris pour y courir sa fortune. Remarqué par Henri III, après diverses promotions, il avait décroché la charge enviée de grand-écuyer; on l'appelait «Monsieur le Grand»! Bien que catholique, il s'était empressé de reconnaître Henri IV, et il l'avait servi avec un loyalisme inébranlable. Egalement doué pour la guerre et pour l'amour – comme tant de gentilshommes de cette époque –, il avait été le rival heureux d'Henri IV auprès de Gabrielle d'Estrées, mais cela n'avait pas nui à sa carrière.

François de Bassompierre sortait de la Maison de Clèves et il avait servi «Messieurs de Lorraine». Après la soumission de ces derniers, il s'était donné spontanément à Henri IV. Il raconta lui-même la scène dans ses Mémoires: «Ce fut un mardi de mars 1598, que j'avouai au roi que je n'étais point venu en France à dessein de m'embarquer à son service, mais qu'il m'avait tellement charmé que, sans aller plus loin chercher un maître, s'il voulait de moi, je me voulais à lui jusqu'à la mort. Alors, il m'embrassa, et m'assura que je n'eusse su trouver un meilleur maître que lui. C'est depuis ce temps que je me compte Français, et puis dire que, depuis ce temps, j'ai trouvé en lui tant de bonté, de familiarité et de témoignages de bonne volonté que sa mémoire sera, le reste de mes jours, à jamais gravée dans mon cœur.» Mais croira-t-on que le jeune duc de Guise s'était, comme Bassompierre, donné lui aussi à Henri IV ?

Dans cette cour hétérogène et voulue telle par le roi, catholiques et huguenots, nouvelle souche et vieille souche de ministres et de grands officiers, serviteurs des premiers jours et ralliés de fraîche date, se côtoyaient. Il y avait des hommes comme Roquelaure qui suivait Henri depuis vingt-cinq ans et qui avait souvent dormi près de lui «à la paillée», partagé ses repas à la table d'auberge et, tout naturellement, partageait sa gloire. Un jour que le roi se plaignait de son manque d'appétit, alors qu'il mangeait comme quatre au temps de sa «chicheté», ce fut ce Roquelaure qui répondit: «C'est, sire, qu'alors vous étiez excommunié, et un excommunié mange comme un diable!»

Il y avait aussi les fils des vieux compagnons morts à la guerre, comme Odet de La Noue, le fils de «Bras-de-Fer», et comme Biron.

Henri IV déplorait l'ivrognerie du père Biron, mais il se méfiait du caractère à la fois ombrageux et secret du fils. Pourtant, il admirait ses talents militaires, et il l'avait nommé duc et maréchal. Mais Biron ne s'estimait pas assez payé. Il n'estimait d'ailleurs ni n'aimait personne, sauf lui-même. Il disait que «tous ces jean-foutre de princes n'étaient bons qu'à noyer, et que le roi sans lui n'aurait qu'une couronne d'épines» (Tallemant). Ce dont il rêvait, ce n'était rien moins que d'une couronne: argent, titres, dignités ne pouvaient étancher sa soif de pouvoir. Né, en 1562, d'un père catholique et d'une mère protestante, élevé dans la religion, puis converti au catholicisme, il ne croyait en réalité à rien, ou presque rien, les superstitions lui tenant lieu de foi. C'était un grand fréquentateur des envoûtements, selon la vieille méthode de l'image de cire perforée d'épingles. Henri IV avait parfaitement décelé ses faiblesses et ses ambitions. Mais il avait beau déclarer: «Lui, le comte d'Auvergne, le duc d'Epernon semblent tous convertis avec Bouillon à désirer que je ne sois jamais roi absolument obéi dans toutes les parties de mon royaume», il avait envoyé Biron aux Pays-Bas pour la ratification du traité de Vervins. Biron en profita pour nouer des intelligences avec l'Espagne. Lorsque le duc Emmanuel de Savoie vint à Paris négocier la restitution du marquisat de Saluces, on se souvient qu'il avait prêté une oreille complaisante à ses propositions.

Pendant la guerre de Savoie, il avait poursuivi ses intrigues avec le duc. Bien plus, il avait tenu le comte de Fuentes, gouverneur du Milanais pour l'Espagne, informé des dispositifs, plans et projets d'Henri IV. Dénoncé à celui-ci, pressé de questions, il reconnut être en correspondance avec le duc de Savoie qui lui avait promis l'une de ses filles en mariage. Le roi, ne voulant pas croire à sa trahison, prit le parti de la clémence. Après cette alerte, Biron continua à trahir. Quelle était donc la mission que lui avaient confiée le duc de Savoie et le roi d'Espagne? Il devait fomenter une rébellion contre Henri IV, en exploitant le mécontentement des protestants. Rébellion à la faveur de laquelle l'Espagne et la Savoie fussent entrées en guerre contre la France, à moins que les rebelles n'eussent réussi à s'emparer de la personne du roi. En ce qui regardait plus spécialement le duc Emmanuel, Biron devait lui faciliter la conquête du Dauphiné et de la Provence. Pour salaire, il devait épouser la troisième fille du duc et recevoir, en pleine propriété, une sorte de petit royaume composé de la Bourgogne et de la Franche-Comté. Le duc de Bouillon (qui était vicomte de Turenne), le comte d'Auvergne (Charles de Valois, bâtard de Charles IX) et bien d'autres seigneurs de moindre importance étaient de la conspiration. Par malheur pour lui, Biron utilisait les services d'un certain Lafin, qui était un agent double. Lafin se rendit secrètement à Fontainebleau et dévoila le complot à Henri IV. Malgré les preuves accablantes produites par l'espion, le roi ne voulait pas croire à la culpabilité de Biron. Cependant, à l'instigation de Sully, il renvoya Lafin à son maître, en l'assurant du secret. Ce qui déconcertait surtout Henri IV, c'était l'extravagance du complot. Il convoqua néanmoins Biron, qui vint à Fontainebleau, le 30 juin 1602. Il se promenait de bon matin, dans le parc, en compagnie de quelques gentilshommes, quand parut le maréchal toujours sûr de lui-même. Il l'accueillit avec sa courtoisie habituelle, le prit par un bras et parla de choses et d'autres, comme reprenant une conversation interrompue la veille. Le reste de la journée se passa sans incident. Tout au plus Biron put-il remarquer la froideur à son égard de certains courtisans. Cependant, il soupa le soir même, à la table de M. de Bellegarde et s'en retourna à son logis sans être inquiété. Le lendemain, au point du jour, le roi le manda d'urgence. Il lui fit part des nouveaux soupçons qu'il avait à son endroit et lui dit qu'il l'avait convoqué «pour s'en éclaircir». Il ajouta même qu'il était prêt à lui pardonner, en souvenir des services passés. Biron ne comprit pas qu'on lui tendait la perche, qu'il lui restait une ultime chance de sauver sa mauvaise tête. Il se récria, affirmant qu'il n'était coupable de rien, qu'il n'avait même pas eu la pensée de rien entreprendre depuis le pardon du roi, et il en jura bien imprudemment! Henri IV n'insista pas. Le soir venu, on se mit aux cartes et Biron fut partenaire de la reine. On nota son air soucieux: il se trompait fréquemment et, quand il gagnait, il oubliait de ramasser son argent, «son esprit étant porté à une autre pensée qu'à celle de son jeu»! A minuit, le roi renvoya tout le monde, mais pria Biron de demeurer. Alors une dernière fois, il lui demanda s'il n'avait rien à se reprocher. Le maréchal lui répondit fort rudement que non et jura à nouveau qu'il était innocent. Le roi lui souhaita le bonsoir. Quand Biron sortit de la salle, le capitaine des gardes l'arrêta et le désarma. En même temps, on arrêtait le comte d'Auvergne dans ses appartements. Le lendemain, un carrosse fermé transportait les deux complices à la Bastille.

Le procès fut rapidement instruit. D'ailleurs, le roi avait exhorté les magistrats à faire leur métier, sans tenir compte du rang des coupables. «J'espère la justice faisant son devoir, comme je me promets qu'elle le fera; que l'exemple qui s'ensuivra servira grandement à faire reverdir au cœur de mes sujets l'ancienne révérence et loyauté que les Français ont toujours portée et gardée à leurs rois, et que la longueur et l'impunité des guerres civiles avaient flétrie.»

Le parlement, ainsi encouragé, reconnut Biron coupable de crime de lèse-majesté et de complicité avec l'ennemi, et le condamna à avoir la tête tranchée. Ses biens étaient confisqués et son duché réuni à la couronne. Henri IV aurait pu le gracier;

il ne le fit pas: en tant qu'homme il avait le droit de pardonner, non pas en tant que chef d'Etat. Mais, par un reste de considération, il permit que l'exécution eût lieu à l'intérieur de la Bastille et non pas en place de Grève.

Naguère, Biron avait été envoyé en ambassade en Angleterre. La reine Elisabeth avait fait décapiter le comte d'Essex, quelques mois auparavant. Elle montra à Biron cette tête morte exposée au-dessus du portail de la tour de Londres. «Il a cru, lui dit-elle, que je ne pourrais me passer de lui; il a souffert un juste supplice, et si le roi mon frère[1] veut m'en croire, il doit tenir à Paris la conduite que j'ai tenue à Londres. Il faut qu'il sacrifie à sa sûreté tous les rebelles et les traîtres; je prie le ciel que la clémence de ce prince ne lui soit pas funeste.» Cette leçon ne profita pas à Biron, recuit dans son orgueil.

Lorsque, le jour de son exécution, le chancelier se présenta pour lui lire l'arrêt du parlement, il le trouva occupé de livres d'astrologie. Ce fol croyait encore que les astres le tireraient de ce mauvais pas. Il éclata de rire en apprenant sa condamnation à mort. On lui proposa de se confesser, il refusa en termes menaçants. Il refusa aussi de se laisser lier les mains et demanda aux soldats de la Garde de lui faire sauter la cervelle d'un coup de mousquet. Quand il monta sur l'échafaud, fou de rage, il menaça le bourreau et ses aides de les étrangler. On lui suggéra alors, bien poliment, de dire une dernière prière. Il s'agenouilla et on lui fit sauter la tête.

Le comte d'Auvergne sauva la sienne: c'était un Valois, par la main gauche, certes, mais enfin de sang royal. Bientôt, il sortit même de prison. Quant au duc de Bouillon, il jugea préférable de s'expatrier.

---

1. Elle désigne ainsi Henri IV, selon l'usage des temps.

VI

LE BON GOUVERNEMENT

On ne saurait évaluer les ruines provoquées par les guerres de Religion. Aucune statistique sérieuse ne permet de déterminer le nombre effrayant des morts: tués en combat, massacrés dans les villes et dans les villages, épuisés par les privations, probablement plusieurs millions. Les citadins enduraient la famine, mais les souffrances des paysans n'étaient pas moins intolérables: trop souvent chassés de leurs fermes incendiées, ceux-ci venaient se réfugier en ville et devenaient mendiants, faute de trouver du travail. Des provinces entières avaient été alternativement et périodiquement ravagées par les catholiques et les huguenots, mais, davantage encore, par ces bandes de reîtres et de lansquenets rentrant dans leur pays, parce qu'on ne pouvait plus payer leur solde. On l'a dit, et on le répète, les pillages, les viols, les assassinats, les brûlements des maisons et des granges, le rapt de bétail, la mise à sac des villes prises et reprises, reperdues, recouvrées par l'un et l'autre parti, s'étaient succédé pendant plus de trois décennies, tantôt dans un endroit, tantôt dans un autre, parfois simultanément dans plusieurs régions. La Saint-Barthélemy n'est que l'épisode le plus marquant, et quasi le symbole, de cet embrasement forcené du royaume naguère le plus fertile et le plus peuplé d'Europe.

Quand enfin, le génie d'Henri IV eut ramené la paix avec l'Edit de Nantes, son premier soin fut de rendre «le repos au laboureur» et la sécurité des marchands. Tant d'années de sanglants tumultes autorisaient toutes les licences. Les vengeances et les assassinats étaient passés, pour ainsi dire, dans les mœurs. Trop de soldats, sans doute valeureux, désormais sans emploi, avaient été renvoyés dans leurs foyers... inexistants. Ils erraient dans les campagnes, en quête de mauvais coups. Le 4 août 1598, Henri IV fit publier un édit interdisant le port d'armes à feu, sous peine d'amende pour la première fois, et, en cas de récidive, sous peine de mort. Les gouverneurs des provinces reçurent en outre l'ordre de courir sus à tous les gens de guerre à pied ou à cheval trouvés errants et non munis d'une commission royale, et de les tailler en pièces. En contrepartie, et par souci d'humanité, divers édits prescrivirent aux hôpitaux de recueillir les pauvres gentilshommes, soldats ou capitaines, estropiés, vieux et caducs.

Mais ce n'était là qu'un aspect de la situation. Les guerres avaient en outre provoqué les méfaits qu'occasionnent généralement toutes les guerres, et que nous avons connus ! La hausse des prix, le retard des salaires, le déclassement des masses laborieuses au profit de nouveaux riches, d'agioteurs sans scrupules, la faillite des entreprises par le gel des échanges commerciaux, le chômage (alors synonyme de mendicité), l'accaparement et, même, le transfert des populations rurales vers des cités superpeuplées.

Henri IV voulut, non point innover dans le domaine économique et social (et j'insiste sur ce point), mais remettre les choses dans ce qui lui semblait leur ordre naturel. Il voulut que chacun, sans plus tarder, reprît sa place traditionnelle et s'attelât à l'ouvrage.

Loin d'attirer les nobles à la cour, où ils auraient vécu de subsides, passant leur temps à plaire et à quémander, il les encouragea à rentrer chez eux, pour y remplir leurs devoirs seigneuriaux, y réparer leur manoir et remettre leur domaine en état de fructifier. « Les seigneurs, dit Villegomblain dans ses Mémoires, voulaient vivre alors en princes, et les gentilshommes en seigneurs... Puis, lorsqu'ils s'étaient endettés par-delà leur crédit, ils retombaient ou sur les coffres du roi, ou sur le dos du pauvre peuple... Le roi, voulant donc remédier à ce désordre, déclara assez haut à sa noblesse qu'il voulait que les seigneurs s'accoutumassent à vivre chacun de son bien, puisqu'on jouissait de la paix, qu'ils allassent voir leurs maisons et donner ordre à faire valoir leurs terres... En même temps, il louait ceux qui se vêtaient simplement et riait des autres qui portaient, disait-il, leurs moulins et leurs bois de haute futaie sur le dos.»

Dans son *Théâtre de l'agriculture* (publié en 1600) et qui est un véritable manuel d'agriculture rédigé dans un style admirable, mais à partir d'observations quasi scientifiques, Olivier de Serres rappelait que ç'avait été «de tout temps l'honneur des gentilshommes de France que d'habiter aux champs, n'allant aux villes que pour faire service au roi et pourvoir à leurs affaires pressées». Pour lui, rien n'était plus noble, rien ne convenait mieux à l'homme de distinction que de s'occuper d'agriculture, c'est-à-dire de gouverner sagement son héritage, de veiller au bon labourage de ses terres, à la bonne tenue des bâtiments d'exploitation, d'être un père attentif pour les fermiers et les ouvriers agricoles de son domaine. C'était à la campagne seulement qu'il pouvait trouver le repos de l'esprit, loin des vaines intrigues de la cour, et se dispenser «de carrosses, haquenées et autres montures dont on use dans les grosses villes à excessive dépense.» Mais pour Henri IV, ce retour à la terre présentait un autre avantage: ces gentilshommes champêtres étaient ses représentants naturels dans les villages et les hameaux les plus reculés; ils pouvaient coopérer à l'œuvre de redressement du royaume; ils formaient en somme les cadres de la nation; ils étaient encore une pépinière où l'on pouvait puiser les futurs capitaines et administrateurs. Bref, le roi voulait qu'ils reprissent simplement leur rôle de protecteurs du peuple et, l'occasion s'offrant, d'intercesseurs auprès du prince.

Il voulut de même que le clergé des deux religions, trop remué par les guerres, trop enclin à se réunir, à palabrer, à s'organiser en associations plus ou moins politisées, à rédiger des «remontrances» et à pleurer misère, rentrât dans le rang et s'occupât désormais, comme c'était sa vocation, d'instruire les fidèles et de secourir les pauvres et les malades, sans discrimination. Les manœuvres des prélats catholiques pour amenuiser l'Edit de Nantes, comme celles des ministres protestants pour en augmenter les effets, se heurtèrent à sa fermeté, pour ne pas dire à son intransigeance d'arbitre.

Le siècle avait été marqué par l'ascension d'une classe intermédiaire entre le tiers état et la noblesse, à savoir la bourgeoisie, dont la fortune – et c'était une nouveauté – restait en grande partie mobilière. Habile à manier les capitaux, la bourgeoisie s'était considérablement enrichie pendant les guerres, et par des trafics souvent peu honorables. Elle avait prêté des sommes considérables aux nobles qui combattaient à leurs frais, payant et nourrissant leurs propres hommes, achetant sur leurs deniers armes, munitions et chevaux, payant parfois des rançons énormes pour racheter leur liberté. Certains de ces prêts étaient assortis de taux si usuraires (jusqu'à trente pour cent) qu'il était impossible de les rembourser. On vendait donc les fermes, les bois, les manoirs plus ou moins délabrés. Les bourgeois qui s'y installaient, prétendaient alors à la noblesse, quand ils ne l'usurpaient pas, avec ou sans l'accord du seigneur ruiné. Dans toutes ces transactions et dans les procès qu'elles suscitaient, les hommes de loi – qui pullulaient! – retenaient leur part, s'arrondissaient commodément. A Paris, certains titulaires d'offices avaient réalisé d'insolentes fortunes.

Henri IV n'appréciait guère les nouveaux riches, ni les magistrats prévaricateurs. Il se devait de leur donner un avertissement sévère, et n'y manqua pas. On connaît sa réplique foudroyante au président du parlement de Bordeaux gémissant sur les malheurs du peuple: «Vous avez dit, Monsieur Duvernet, et en bon orateur. Aussi le papier souffre tout. Je vous répondrai en grand roi, bon soldat et grand homme d'Etat. Vous dites que mon peuple est foulé. Hé! qui le foule que vous et votre compagnie? Oh! la méchante compagnie! Eh! qui gagne son procès à Bordeaux que celui qui a la plus grosse bourse? Tous mes parlements ne valent rien, mais vous êtes les pires de tous. Oh! la méchante compagnie! Je vous connais, je suis Gascon comme vous. Quel est le paysan dont la vigne ne soit au président ou conseiller? Il ne faut qu'être conseiller pour être riche incontinent!»

Mais il ne se contentait pas de diatribes, il agissait. Pour faire pièce aux usuriers, il autorisa les débiteurs qui avaient emprunté à huit et dix pourcent et qui pouvaient s'acquitter de leur dette en deux ans, à ne servir un intérêt que de cinq à six pour cent. Dès 1601, il fixa l'intérêt maximal de la rente à 6,25 pour cent, avantageant ainsi les emprunteurs à huit et dix.

Il institua, en 1597, une Chambre de Justice, pour connaître des malversations des trésoriers et autres officiers. Des enquêtes furent prescrites, les registres des comptes soigneusement épluchés, des poursuites engagées. Sully aurait voulu faire rendre gorge à tous les traitants et financiers, à tous les acheteurs douteux de domaines et de charges, à tous les fournisseurs véreux. Le peuple applaudissait: il applaudit toujours en pareil cas! Mais le monde de la banque a ses ramifications souterraines. L'opération tourna court; elle rapporta toutefois douze cent mille écus au Trésor; encore n'était-ce qu'une faible partie de ce qui avait été volé à l'Etat.

Il fallait relancer l'agriculture. Bien sûr, on introduisit la culture du mûrier, mais cela ne résolvait pas le problème. Il fut d'abord fait remise de la taille pour les années 1596 et antérieures. On décréta que le bétail et les instruments de culture ne pourraient être saisis. On favorisa le recouvrement des communaux usurpés à la faveur des troubles, et qui étaient si utiles aux paysans. On s'efforça de créer des réserves de chevaux de trait et de labour. On établit un programme de dessèchement des marais pour étendre la superficie des terres cultivables et l'on en confia l'exécution à Bradley, ingénieur hollandais. On réorganisa l'administration des forêts et celle des routes. Par souci d'équité, on établit une nouvelle assiette de l'impôt et quarante mille faux nobles, ci-devant bourgeois, redevinrent taillables. Toutes ces mesures n'intervinrent point arbitrairement; elles répondaient à des besoins évidents, fondés sur des observations réalistes, et non sur quelques théories d'économistes avant la lettre ou de spécialiste sans vraie spécialité! D'ailleurs, ce ne furent pas tant les allègements fiscaux – au surplus minimes – qui encouragèrent la paysannerie, mais bien la sollicitude que le roi manifestait pour elle et, surtout! la paix qu'il lui assurait. Jamais on ne mettra assez l'accent sur la bonne volonté et le courage de ces hommes et femmes des campagnes! A peine avaient-ils pu réintégrer leurs foyers qu'ils s'étaient remis à l'ouvrage, rebâtissant la chaumière et ses dépendances, reconstituant le cheptel, replantant les arbres et la vigne, labourant et ensemençant leurs champs, engrangeant leur foin, fauchant et battant ce blé de France qui était le plus beau, le plus lourd, et, déjà se reprenant à chanter au cours des veillées fileresses et à danser aux fêtes villageoises. C'était bien le moins que le roi les aimât: ils nourrissaient le pays; tout ce qu'ils demandaient, c'était qu'on leur assurât la paix. La France était si fertile et fruissante qu'il suffisait de leur faire confiance... Mais, si le roi Henri les aimait, c'était peut-être qu'il connaissait ces bonnes gens de campagne, mieux que ses prédécesseurs et, hélas! que ses successeurs! A tous les âges de la vie, depuis son enfance béarnaise, il les avait pratiqués familièrement; il leur avait parlé; il avait maintes fois mangé avec eux, dormi chez eux, toujours à son aise, toujours sur un pied d'égalité. Et il avait tant sillonné son royaume à cheval, en tout lieu, en toute saison, qu'il connaissait chaque province, ses richesses, ses besoins, ses particularités.

Il connaissait beaucoup moins le monde artisanal – car on ne peut parler de milieu industriel à cette époque! C'est à tort que l'on a prétendu qu'il avait tenté de libérer le travail. Il se borna à assouplir les règles de maîtrise des corporations, et encore ne toucha-t-il que du bout des doigts à ce domaine. Par contre, il eut des idées réellement novatrices en matière de commerce extérieur et intérieur. Ce n'est point par hasard qu'il encouragea le développement des fabriques de soieries et de draperies, ainsi que des verreries. Mais on ne saurait, à peine de lasser l'attention du lecteur, dresser le catalogue exhaustif de toutes les mesures prises par Henri IV et son ministre Sully...

Il est de règle de vanter les mérites exceptionnels de ce dernier, et loin de nous la pensée de minimiser, si peu que ce soit, l'importance de son rôle. La lecture des *Economies royales* éclaire parfaitement sa personnalité: celle d'un brillant second, d'un parfait exécutant, ponctuel et zélé, certainement très laborieux, mais sans la moindre originalité. Il ne faudrait donc pas trop croire qu'il avait solution à tout, que c'était une manière de génie de la finance. Disons qu'il codifiait et matérialisait les imaginations d'Henri IV. Ministre des Finances, il avait la charge ingrate de faire rentrer les impôts. Les contribuables gémissaient, comme toujours. Que faisait Sully? Il remplaçait un impôt par un autre. Par exemple, en 1601, il supprima «la pancarte», qui était une taxe d'un sou par livre frappant les marchandises et les denrées que l'on apportait en ville. Pour compenser le manque à gagner, il augmena la gabelle et l'impôt sur les boissons. De même, pour produire des recettes extraordinaires, il créait de nouveaux offices qu'il vendait au plus offrant, ou bien il cherchait pouilles à quelque traitant et suspendait les poursuites contre dédommagement. Sa politique monétaire était pareillement à courte vue: pour éviter l'hémorragie des devises françaises, il augmenta leur valeur d'un douzième, ce qui ne facilita guère le commerce avec l'étranger. Par contre, l'espèce de monopole qu'il établit sur les ressources minières, comme son action en matière de routes, de ponts et de canaux, surprend par son modernisme, annonce déjà Colbert.

Au fond, il s'est défini en intitulant ses Mémoires *Economies royales*. Son plus grand mérite fut de savoir que deux et deux font quatre, et non cinq, ou six, quelles que soient les hypothèses d'école! Que les déficits annuels additionnés aboutissent à la faillite de l'Etat et à la ruine des particuliers. Notions naïves, certes, mais depuis quelques-unes de nos décennies, à peu près perdues de vue.

Quand il avait accédé aux affaires, il avait dû faire face à une situation catastrophique. Les impôts ne rentraient plus, ou très mal; la dette de l'Etat était énorme. Même en assainissant la fiscalité, les recettes ne pouvaient suffire à assurer le train de l'Etat et à payer les intérêts de la dette. Sully chargea sept commissaires d'étudier les créances. Ils les classèrent en vingt et une catégories et comme la plupart étaient abusives, voire fictives, ils en réduisirent l'intérêt et, dans certains cas, les déclarèrent éteintes. Par ce procédé – qui eût été odieux, s'il n'avait frappé des traitants – la dette fut diminuée de deux cent soixante-dix millions. L'objectif de Sully, c'était d'équilibrer le budget de l'Etat, sans trop pressurer le peuple, sans commettre d'exactions. Il est certain qu'il avait le sens de la justice, d'où sa haine pour les agioteurs et prévaricateurs. Ayant équilibré le budget, et connaissant les projets de son maître, il rogna sur les dépenses autant qu'il lui était possible. En 1610, il avait entassé dans les caves de la Bastille quarante-trois millions, en bel or! Aucun prince d'Europe ne disposait d'une somme pareille! Encore, en sa qualité de grand maître de l'artillerie, avait-il réuni cent canons, avec deux cent mille boulets et des armes pour quarante mille hommes!

Et encore devait-il payer, en ronchonnant, les dépenses du roi grand amateur de bâtiments! On ne peut passer sous silence les travaux d'embellissement qui marquèrent le règne de celui-ci. Ils trouvaient leur justification, non seulement dans son goût du faste ou dans le besoin d'affirmer son prestige, comme celui de laisser de lui-même une trace durable, mais par d'évidentes raisons économiques et sociales. Donner du travail aux ouvriers et aux artistes n'a pas été son moindre souci! Citons pour mémoire l'agrandissement et la décoration du Louvre, de Fontainebleau, de Saint-Germain-en-Laye, l'achèvement du Pont-Neuf et de la façade de l'Hotel de ville de Paris, la construction de la place Royale (actuelle place des Vosges) et de la place Dauphine. Ecologiste qui s'ignorait, c'était aussi un enragé planteur d'arbres et de vergers, un grand amateur de jardins, un creuseur de fontaines, de pièces d'eau et de canaux. Son plaisir était, quand il le pouvait, de surveiller ces travaux, parlant et plaisantant à l'envi, parfois se mêlant incognito aux groupes de balauds et questionnant doucement, finement, sur le gouvernement, le roi, la cour, les impôts...

Sans le vouloir, il a créé ce style Henri IV-Louis XIII, lequel, mariant la pierre, la brique et l'ardoise, reste le plus équilibré, le plus humain, le plus chaleureux, le plus représentatif de notre caractère français, et le plus accueillant dans sa simplicité.

«Les uns me blâmant, disait-il à Sully, d'aimer trop les bâtiments et les riches ouvrages; les autres, la chasse, les chiens et les oiseaux; les autres, les cartes, les dés et autres sortes de jeux; les autres, les dames et les délices de l'amour; les autres, les festins, banquets, saupiquets et friandises; les autres, les assemblées, comédies, bals, danses, courses et bagues... Mais aussi, dirai-je que, ne passant pas mesure, tout cela me devrait plutôt être dit en louange qu'en blâme. Et d'ailleurs, je ferai voir à ces gens que je quitterais maîtresses, amours, chiens, oiseaux, jeux, brelants, bâtiments, festins, banquets et toutes autres dépenses de plaisirs et passe-temps plutôt que je perde la moindre occasion et opportunité pour acquérir honneur et gloires, dont les principales, après mon devoir envers Dieu, ma femme, mes enfants, mes fidèles serviteurs et mes peuples que j'aime comme mes enfants, sont de me faire tenir pour prince loyal, de foi et de parole, et de faire des actions, sur la fin de mes jours, qui les perpétuent et couronnent de gloire et d'honneur.»

Voici bien l'essentiel! il faisait son métier de roi, avec la conscience professionnelle, le soin sourcilleux, l'amour du travail, la bonne humeur, pour ne pas dire la sorte de jubilation intime, des bons compagnons d'autrefois.

VII

LE MENAGE ROYAL

Quand elle était partie pour la France après son mariage par procuration, son oncle n'avait donné qu'un conseil à Marie: «Soyez enceinte.» Il se souvenait de la longue stérilité de Catherine de Médicis et des déboires qui en résultèrent pour elle. Il croyait sans doute que la fécondité de la reine lui assurerait au moins la considération d'Henri IV et de la cour. Sur ce point, Marie remplit fort exactement son devoir, puisque, le 27 septembre 1601, elle accouchait d'un fils, qui sera plus tard Louis XIII. Un mois après, jour pour jour, la marquise de Verneuil mettait au monde Gaston-Henri, futur duc de Verneuil. On pouvait en déduire que la fidélité conjugale du roi n'avait pas excédé ce délai, ce qui était peu! Non point qu'il fût un mauvais mari, au contraire même, et l'on a des preuves de la bonne volonté qu'il montra en maintes circonstances. Mais la reine était aussi pesante d'esprit que de corps, aussi froide qu'il était de feu. Née d'un mariage politique entre Jeanne d'Autriche et François de Médicis, elle avait autant de sang flamand que de sang florentin, et peut-être les défauts des deux races, sans en posséder les qualités. Il semble pourtant, quand on scrute ses portraits, comme les Mémoires qui la concernent, qu'elle avait hérité surtout de ses aïeux marchands. Elle était bien élevée, mais foncièrement vulgaire, maladroite et criaillante, aussi dénuée de majesté qu'il était possible. Elle ne pouvait réussir à la cour. On l'appela tout de suite, avec un dédain ironique, «la Florentine» et «la grosse banquière», car, aux yeux de ces seigneurs dont les aïeux avaient quasi tous conquis leur noblesse à la pointe de l'épée, après tout, les richissimes princes de Médicis, maîtres de Florence, devaient leur fortune et leur élévation à la banque. Et puis, il y avait le souvenir équivoque de la tante Catherine, mère abusive et régente contestable, en tout cas l'auteur de la Saint-Barthélémy. Ajoutez à cela que Marie ne put se défaire de son accent italien, accentué par la raucité de sa voix, et qu'elle s'entourait mal. On se gaussait de l'affection qu'elle portait à Léonora Galigaï, de l'influence étrange que celle-ci exerçait sur sa maîtresse, et de la présence de Concini – que l'on appelait Conchine –, son chevalier servant. On savait qu'il avait été croupier dans un tripot, emprisonné pour dettes, adonné au maquerellage, et l'on flairait déjà qu'il était capable de tout pour s'enrichir ou s'avancer. Cette complaisance de Marie pour Léonora et Concini déplaisait fort au roi, mais il avait tant à se faire pardonner!

A la vérité, il était «double»: à certains égards excellent mari, mais en même temps, amant attentionné d'une absolue sincérité, mais dans l'instant même et non au-delà. Pendant toute la grossesse de la reine, il paraissait exemplaire, surveillant son régime, évitant des imprudences, s'ébrouant au moindre malaise, et pas seulement parce qu'il lui fallait un dauphin pour remplir son contrat envers la nation! Mais, quittant la reine, il courait rejoindre la marquise de Verneuil. Quand il était absent, il écrivait à l'une et à l'autre, successivement et du même cœur. Lorsque la reine accoucha, il manifesta l'émoi d'un jeune père, tenant la main de sa femme, la réconfortant de tendres paroles, lui essuyant le front. Lorsqu'elle fut délivrée; il lui dit: «M'amie, vous avez eu beaucoup de mal. Mais Dieu nous a fait une grande grâce de nous avoir donné ce que nous lui avions demandé. Nous avons un beau fils!» Pendant les relevailles, il tint à coucher dans sa chambre, veillant sur elle avec un soin jaloux. Il ne se lassait pas de regarder son fils, heureux de reconnaître en lui certaines particularités de famille, ni de le montrer avec orgueil à ses amis, à sa cour, aux ambassadeurs, à qui voulait le voir! Mais il ne fut pas moins heureux de la naissance du petit bâtard de Verneuil, comme il l'avait été de celle des enfants de Gabrielle d'Estrées. Il aimait les enfants, avec une espèce de passion paysanne, viscéralement et, l'eût-il voulu, il n'aurait pu celer son allégresse, ni sa fierté de procréer si libéralement au déclin de son âge! Il les aimait tellement qu'en 1604 il décida de les faire «nourrir» ensemble. Et l'on put voir à Saint-Germain – où l'air était si pur! – jouer ensemble et se chamailler le dauphin, les trois enfants de la défunte Gabrielle, le fils et la fille d'Henriette de Verneuil, etc. Il crut de même devoir installer cette dernière dans un appartement au Louvre, ce qui épargnait les déplacements. On imagine la fureur de l'Italienne contre la «poutane de marquise», les scènes de ménage, les larmes, les cris. Sully, qui avait ses grandes et petites entrées au palais, et même dans la chambre du roi, a relaté quelques-uns de ces incidents. Il a vu la reine se jeter sur Henri IV et lever le bras pour le gifler et, en bon serviteur et galant homme, il a évité le geste irréparable. Un autre jour, elle griffa sauvagement son époux, qui lui rendit la pareille. Henri IV gémissait: «Je ne trouve ni agréable compagnie, ni réjouissance, ni satisfaction chez ma femme, laquelle ne veut ou ne peut s'accommoder en aucune façon de mes humeurs et complexions, faisant une mine si froide et si dédaigneuse lorsque arrivant du dehors, je viens pour la baiser, caresser et rire avec elle, que je suis contraint de dépit de la quitter là et de m'en aller chercher quelque récréation ailleurs.»

Il y avait pourtant des accalmies, de bons retours, où chacun mettait un peu du sien. Le même Sully nous a décrit la reine au chevet d'Henri IV souffrant d'une crise de goutte. Il nous montre aussi le roi se levant de table et disant joyeusement à sa femme: «Eh bien, m'amie, vous ai-je pas envoyé de bons melons, de bons perdreaux et de bonnes cailles? Si vous aviez aussi bon appétit que moi, vous leur auriez fait bonne chère, car je ne mangerai jamais tant, ni ne fus, il y a longtemps, en aussi bonne humeur que je suis! Demandez-le à Rosny.» La reine répondit en souriant: «Or, Monsieur, nous nous sommes donc bien rencontrés ce jourd'hui, car je ne fus jamais plus gaie...»

De ces heureuses «rencontres» naquirent, tout de même, après le dauphin Louis, Elisabeth en 1602 (elle devint reine d'Espagne), Chrétienne en 1606 (future duchesse de Savoie), Nicolas en 1607 (mort en bas âge), Jean-Baptiste-Gaston en 1608 (futur duc d'Orléans) et Henriette en 1609 (future reine d'Angleterre). Car, hormis pendant ses voyages, le roi ne découchait pas! Mais pour le reste!... Il dut, bon gré mal gré, accepter la douteuse Eléonora comme suivante de la reine, autoriser le mariage de cette moricaude avec Concini, encore qu'il le détestât et le suspectât du pire. Faiblesse lourde de conséquences... Mais tout était prétexte à la reine pour récriminer. Un jour que le roi avait frappé le dauphin de sa canne, la reine s'écria: «Vous ne traiteriez pas ainsi vos bâtards!» Il répondit: «Mes bâtards peuvent être à tout moment corrigés par le dauphin s'ils sont méchants, mais qui corrigera le dauphin, si je ne le fais moi-même?» Le caractère du dauphin ne laissait pas de l'inquiéter. Il avait tiré un coup de pistolet (heureusement chargé à blanc) sur un pauvre gentilhomme qui lui déplaisait. On l'avait surpris à écraser la tête d'un moineau. Henri IV l'avait, l'une et l'autre fois, copieusement fouetté. Et comme la reine prenait la défense de l'enfant, il avait rétorqué: «Priez Dieu, Madame, que je vive longtemps, car mon fils vous maltraitera quand je n'y serai plus!»

Mais la principale pomme de discorde entre les époux restait cette imprudente promesse de mariage, déchirée par Sully, récrite par Henri IV, et que détenait la marquise de Verneuil en ses mains redoutables. Sully, qui, trop souvent, servait de médiateur pour apaiser les deux rivales, exhortait son maître à choisir d'être Henri III ou Henri le Grand. Mais le roi tergiversait, cherchait le moyen «d'avoir repos avec sa femme qui le picote toujours sur ce sujet, et le presse de la maltraiter pour en retirer cette promesse». Il ne se doutait pas encore de la menace que représentait pour lui et pour le dauphin cette imprudente promesse. Et, à vrai dire, il était incapable de se détacher d'Henriette: elle le tenait par les sens, sinon par la luxure. Il la connaissait pourtant mieux que personne, la jugeait perfide et médisante, pleine de malice et d'invention. Mais il ne pouvait se déprendre de ce corps trop habile, trop accordé à son tempérament, malgré les insultes, les grossièretés, les grivoiseries déplacées, les «brouilleries». Toujours il pardonnait, toujours il revenait... toucher le salaire de son indulgence. En 1603, par suite d'une très grave rétention d'urine, on le crut perdu. Sa forte constitution le tira, encore une fois, d'affaire. Sully (qui, dans ses *Economies,* se donne du Monseigneur et se parle à la troisième personne) raconte: «Il voulut, avant que de vous en retourner, que vous le vissiez pisser par deux fois, ce qu'il fit avec une telle facilité que tout danger en était dehors...» On crut que cette alerte l'éloignerait de la marquise. Il était à peine guéri qu'il s'empressa de l'aller voir. Colère de la reine, qui avait assisté son époux pendant sa maladie! Le bon Sully ne savait où donner de la tête. Ce n'était pas assez de diriger les finances et l'artillerie, la voirie et les mines du royaume, il lui fallait encore faire les commissions de son maître. Il tentait parfois de raisonner la reine, de la disposer à l'indulgence: mais elle enrageait de voir «la putane» comparer ses enfants aux siens. Il poussait le zèle jusqu'à rédiger pour Marie des conseils pour bien vivre avec le roi; ils ne manquaient pas de saveur: «Je ne désespère pas que vous reçussiez quelque assaisonnement à vos déplaisirs, si vous saviez bien considérer quelle est l'humeur du roi, et ce qu'il est besoin que vous fassiez pour vous accommoder; car vous n'ignorez pas qu'il soit libre et gai, qu'il aime à rire, que l'on soit libre et gai avec lui, qu'on le loue, le flatte et le caresse, et surtout qu'on l'entretienne avec apparence de contentement; et essaie-t-on de lui complaire et faire quelque conte pour rire, ainsi que vous voyez faire Madame de Guise, et qui est cause que, souvent, il vous quitte pour aller causer avec elle.»

Marie de Médicis s'appliquait à plaire, à paraître enjouée, à ne point repousser les avances de son mari, mais l'impudence de la marquise, son ironie agressive, le spectacle de ses enfants suffisaient à encolérer la pauvre reine. Ce fut pis encore, s'il était possible, quand Henriette fut soupçonnée de complot. L'indulgence du roi envers «sa putane» la mettait, à juste raison, hors d'elle-même.

Déjà, lors de la conspiration de Biron, les d'Entragues s'étaient trouvés compromis, mais ils avaient pu se laver des accusations portées contre eux. En 1604, le comte d'Auvergne, imprudemment gracié et libéré de prison par Henri IV, ourdit un nouveau complot. Ce n'était pas pour rien que le sang des Valois coulait dans ses veines! Il reçut l'adhésion immédiate des d'Entragues et du duc de Bouillon, réfugié en Allemagne. Leurs intentions étaient nettes: exploiter la promesse de mariage détenue par la marquise de Verneuil, afin de faire déclarer nul le mariage d'Henri et de la Florentine, et illégitime le dauphin de France. En d'autres termes, ce résultat obtenu, on aurait substitué au petit Louis le fils aîné d'Henriette. Par contre, les moyens d'atteindre ce but restent obscurs. Les conspirateurs voulaient-ils abréger la vie d'Henri IV pour faire leur mauvais coup, et sinon, tablant sur son âge, eussent-ils attendu sa mort naturelle ? Dans quelle mesure obéissaient-ils aux suggestions des agents espagnols ? Il était de fait, en tout cas, que l'espionnage s'intensifiait, que des courriers officiels étaient mystérieusement interceptés. On découvrit que Nicolas Lhoste, secrétaire du ministre Villeroy, travaillait pour l'Espagne ; il eut le temps de s'enfuir, fâcheuse coïncidence, mais on le retrouva opportunément noyé. On arrêta par ailleurs un espion anglais, Thomas Morgan. Il apparut qu'un vaste réseau enveloppait les correspondances et les décisions les plus confidentielles du roi. Le nom des d'Entragues, celui du comte d'Auvergne, furent une fois de plus prononcés. Henri préféra croire que la marquise de Verneuil avait écouté les agents espagnols seulement parce qu'elle redoutait l'avenir, en cas de mort du roi. Que deviendrait-elle et que deviendraient ses enfants ? Autrement dit, cette bonne mère voulait soustraire sa progéniture à la vindicte de Marie de Médicis. Henri avala cette fable. Il interrogea le comte d'Auvergne, qui ne nia pas sa collusion avec les Espagnols, mais déclara qu'il avait agi pour le bien de l'Etat, afin d'obtenir, par ce moyen, des éclaircissements sur les projets de Philippe III. Le roi lui pardonna. Néanmoins, le comte préféra se réfugier en Auvergne. Mais ses faits et gestes étaient surveillés, tout autant que ses rencontres.

L'indicatrice bénévole n'était autre que la reine Margot, désireuse de rentrer à Paris ! On arrêta le comte d'Auvergne par surprise et l'embastilla. Loin de couvrir ses complices, le triste personnage dévoila le plan et livra les noms. On arrêta le père de d'Entragues et la marquise fut gardée à vue. Le procès fut rondement mené : il aboutit à deux condamnations à mort, celle du comte d'Auvergne et celle de d'Entragues. Pour la marquise, c'était la clôture perpétuelle d'un couvent. Mais enfin, Henriette, sa parenté, ses amis, firent si bien, qu'elle obtint sa grâce ; que son père recouvra aussitôt sa liberté et que d'Auvergne vit sa peine commuée en prison à vie. Quant à Bouillon, qui avait essayé de dresser les princes allemands contre la France et de susciter une rébellion en Poitou, il fallut une intervention armée pour qu'il se soumît.

La marquise ayant été «autorisée» à se retirer à Verneuil, c'est-à-dire invitée à quitter la cour, Henri IV retomba sous une autre influence. Pour se consoler de la perte d'Henriette, il s'amouracha de Jacqueline de Bueil et «l'acheta» trente mille écus. On lui trouva un mari de complaisance en la personne de Harley-Champvallon, un noble ruiné. Il couchait dans un galetas, au-dessus de la chambre de sa femme quand le roi la venait visiter. Ce dernier lui donna le comté de Moret et lui fit un enfant. Passons sur les autres maîtresses. A mesure que le roi vieillissait, ses amours ne furent plus que des foucades, où seuls ne comptaient désormais plus que l'assouvissement du désir et la soif de plaisirs.

Mais il était écrit que rien ne serait épargné à Marie de Médicis. La reine Margot fut autorisée à s'installer à Paris! Marie appréhendait ce retour. Quelle place aurait cette intrigante à la cour, où résiderait-elle? Mais la rusée commère se montra pleine de tact et sut gagner son amitié. Résidant hors du palais, elle menait la vie de bâton de chaise qui avait toujours été la sienne, mais elle tenait à honneur de visiter la nouvelle reine et de la recevoir avec un respect démonstratif. Ce qui ne l'empêchait pas d'envoyer quelque information galante à son ex-mari: cette complicité amoureuse avait été naguère leur seul point commun; elle persistait après tant d'années! Car Henri revoyait la marquise de Verneuil malgré sa trahison. Elle se qualifiait elle-même, cyniquement, de «beste du roi».

VIII

CHARLOTTE DE MONTMORENCY

«Alors, écrit l'historien Baudier, parut dans la cour de ce prince Charlotte-Marguerite de Montmorency, comme un nouvel astre de beauté, qui était l'admiration de tout le monde, mais particulièrement du roi. Elle avait la taille riche, les cheveux blonds, le teint blanc et net, le visage accompli de toutes les parties qui forment une parfaite beauté.»

Assez plate description! Le vieux Malherbe a plus d'éloquence :

> *A quelles roses ne fait honte*
> *De son teint la vive fraîcheur?*
> *Quelle neige a tant de blancheur*
> *Que sa gorge ne la surmonte?*
> *Et quelle flamme luit aux cieux*
> *Claire et nette comme ses yeux?*

Melle de Conti renchérit encore: «Sa beauté était miraculeuse et toutes ses actions si agréables, qu'il y avait merveille partout.»

Elle était fille du vieux connétable de Montmorency et de sa seconde femme, Louise de Budos, née le 11 mai 1594 Elle avait donc moins de quinze ans, lorsque le roi s'éprit d'elle, en janvier 1609. La reine faisait répéter un ballet intitulé *Les Nymphes de Diane*. C'était la coutume à la cour d'y mettre les plus jolies dames et demoiselles. On raffolait de ce genre de spectacles, et le roi tout le premier. Il s'était querellé avec la reine au sujet de la comtesse de Moret, sa maîtresse qu'il prétendait faire danser. Il s'abstenait donc d'assister aux répétitions. Une fois pourtant il jeta un œil dans la salle, comme à la dérobée. Charlotte de Montmorency s'approcha, à demi dévêtue, en brandissant une flèche dorée. Le vieux faune fut comme foudroyé d'amour. La fléchette de Charlotte lui avait percé le cœur. Ainsi débuta la dernière passion de ce chevalier errant de l'amour. Charlotte fut la Bethsabée de ce nouveau roi David. Elle fut aussi son dernier bonheur et sa dernière peine. En peu de jours, on le vit se transformer, devenir presque élégant. D'Aubigné : « Il parut un notable changement en sa vieillesse, réchauffé par un amour violent, duquel le brasier poussait les désirs en claires flammes, et en fumée la crainte et ses vapeurs. »

Bellegarde, Montespan, d'autres courtisans s'empressèrent d'encourager cette passion apparemment sénile, d'autant plus dangereuse. Ce n'était d'ailleurs un secret pour personne, car le roi ne pouvait s'empêcher d'en parler.

Comme il l'avait fait pour Gabrielle d'Estrées et Jacqueline de Bueil, le roi recourut à l'expédient bien connu : il s'empressa de chercher un mari complaisant. Charlotte, outre sa très grande beauté et sa haute naissance, était un riche parti. Elle ne manquait pas de prétendants, au premier rang desquels Bassompierre, l'ami et confident du roi. Le vieux connétable de Montmorency aimait Bassompierre, qui sortait de l'illustre maison de Clèves ; il l'avait quasi agréé pour gendre. Le duc d'Epernon favorisait cette union, peut-être pour ennuyer le roi, car Bassompierre était un cavalier fringant. Pour lui faire pièce, le duc de Bouillon suggéra le nom du prince de Condé, triste personnage, né en 1588 après la mort de son père, qui passait pour avoir été empoisonné par sa femme. Taciturne, solitaire, sans fortune, il vivait de la pension du roi qui l'avait naguère pris en pitié et « nourri ». On disait qu'il n'aimait rien ni personne, pas même une femme. Il portait douloureusement le poids des soupçons qui avaient accablé sa mère, malgré la réhabilitation de celle-ci. Le mariage de Charlotte avec ce pauvre garçon présentait de grandes commodités. Mais il fallait rompre les quasi-fiançailles avec Bassompierre.

Henri fit appeler sa belle. Il l'interrogea doucement sur ses sentiments à l'égard de Bassompierre. Elle répondit, les yeux baissés qu'elle s'estimait heureuse d'obéir à son père et qu'elle bornait là son ambition, ce qui manquait un peu de chaleur. Tout réjoui, il convoqua Bassompierre et lui déclara brusquement qu'il songeait à le marier avec Mlle d'Aumale.

– Eh quoi! sire, voulez-vous me donner deux femmes? Et les termes où j'en suis avec Mlle de Montmorency?

– Ah! Bassompierre, je te veux parler en ami. Je suis devenu, non seulement amoureux, mais furieux et outré de Mlle de Montmorency. Si tu l'épouses et qu'elle t'aime, je te haïrais; si elle m'aime, tu me haïrais. Il vaut mieux que cela ne soit point cause de rompre notre bonne intelligence, car je t'aime d'affection et d'inclination. Je suis résolu de la marier à mon neveu, le prince de Condé, et de la tenir près de ma famille. Ce sera la consolation et l'entretien de la vieillesse où je vais désormais entrer. Je donnerai à mon neveu, qui aime mieux mille fois la chasse que les dames, cent mille livres par an pour passer son temps, et je ne veux d'autre grâce d'elle que son affection, sans rien prétendre davantage...»

Bassompierre s'effaça, de gré ou de force. Nul ne crut, à la cour, que l'amour du roi resterait platonique. La marquise de Verneuil disait: «Sa Majesté a voulu abaisser le cœur à M. le prince en lui haussant la tête.» Pourtant, Condé accepta tout ce qu'on voulut, comme indifférent. On riait, à la dérobée, en disant que le père était le rival du fils, parce que la princesse de Condé avait eu jadis des bontés pour le roi de Navarre. Le contrat fut signé le 2 mars, au Louvre, et le mariage, célébré le 17 mai, à Chantilly, quasi dans l'intimité. Le roi avait offert dix-huit mille livres de pierreries à la nouvelle mariée; mais enfin, deux jours après les noces, il dut regagner le Louvre dévoré d'inquiétude et d'espérance. Comment Condé se comporterait-il? Quels sentiments dissimulait-il sous son masque soumis?

Ici l'aventure se complique d'une grave crise internationale. Le duc de Clèves était mort sans héritier le 15 mars de la même année. L'Autriche et l'Espagne revendiquaient sa succession. La France ne pouvait tolérer cette approbation, nuisible aux intérêts des princes allemands, pour la plupart nos alliés. La guerre avec l'Espagne et l'Autriche semblait inévitable et, pour le roi, c'était une perspective peu réjouissante. Au contraire, elle avantageait extrêmement Condé: il se disait que son rival serait bientôt obligé de quitter Paris pour se mettre à la tête des armées. Il espérait ainsi que l'éloignement, le tumulte des batailles, la fatigue des chevauchées et de la vie des camps apaiseraient cette passion amoureuse. En attendant ce départ, le prince veillait sur Charlotte avec un soin jaloux et une habileté certaine. Le roi recourut à tous les subterfuges et, sans doute, aux prières les plus indécentes, probablement aux menaces. Il se déguisa, comme un godelureau, en Flamand, en valet de chiens, en palefrenier, avec un emplâtre, une fausse barbe, pour surprendre sa belle, ou l'apercevoir seulement! Au mariage du duc de Vendôme et de Mlle de Mercœur, il fallut bien que le prince menât sa femme à la cour. Le roi s'exhiba dans un costume diapré de perles et de diamants. Pour séduire sa belle et la persuader de sa vigueur, il courut la bague comme un damoiseau. Condé se hâta d'emmener Charlotte. Mais la reine devait prochainement accoucher, ce qui impliquait la présence, comme témoins, des princes de sang. Condé dut donc revenir au Louvre, mais il fit promettre à la reine de garder Charlotte constamment près d'elle. Emoi de Marie de Médicis, reproche et criailleries habituels! Selon Bassompierre, le roi ne se contenait plus et passait les bornes de la bienséance. Il eut avec Condé une explication, ou plutôt une dispute, dont tout Paris eut connaissance et se divertit. *Journal* de L'Estoile: «Le roi, en ce temps, éperdument amoureux de Mme la princesse de Condé, estimée la plus belle dame, non seulement de la cour, mais de la France, donne sujet, par ses déportements, à de nouveaux discours aux curieux et médisants, qui, sans cela, ne parlaient que trop licencieusement de Sa Majesté et des vilenies et corruptions de la cour; car sa passion, de ce côté-là, qu'il ne pouvait dissimuler, était si grande et avec tant d'ardeur qu'on lui vit changer en moins de rien d'habits, de barbe et de contenance, se montrant si échauffé à la chasse de cette belle proie, pour laquelle il mettait tout le monde en besogne, jusqu'à la mère du mari, qu'il donna fort sujet à M. le prince de se plaindre. Aussi, craignant la commune fortune de la cour, qui lui semblait déjà (et non sans raison), prête de lui fondre sur la tête, demanda congé à Sa Majesté, pour lui et pour elle, de se retirer en l'une de ses maisons; estimant que l'éloignement de la personne de sa femme était le plus doux et seul moyen qu'il eût su tenir pour obvier à tous inconvénients, et tempérer l'ardeur des folles amours de son prince. Mais tant s'en fallut que cette requête fût bien reçue de Sa Majesté ; qu'au contraire, voyant que ce prince lui en faisait un petit beaucoup d'instance et plus qu'il n'eût voulu, et ne pouvant supporter tant soit peu l'ennui de l'absence de cette dame, après un rude refus, se fâcha aux menaces et injures ; auxquelles on a voulu dire que, M. le prince ayant répliqué un peu hautement et ayant mêlé en ses propos un mot de TYRANNIE (comme s'il eût voulu tancer tacitement Sa Majesté), le roi, relevant ce mot avec aigreur, lui aurait répondu que jamais il n'avait fait acte de TYRAN en sa vie, sauf quand il l'avait fait reconnaître pour ce qu'il n'était pas et que, quand il le voudrait, il lui montrerait son père à Paris... »

Ce qui revenait à dire à ce malheureux prince qu'il n'avait point droit de porter le nom de Condé, qui était son seul bien ! Sans doute le roi regretta-t-il aussitôt les paroles qui venaient de lui échapper. En tout cas, il laissa les deux époux partir pour Breteuil, une abbaye proche de La Picardie. Mais peu après, se reprenant, il se déguisa avec quelques compagnons et galopa ventre à terre vers Breteuil. Ils avaient si bonne mine qu'on les prit pour une troupe de voleurs et qu'on leur courut sus !

Le brave Malherbe racontait tous les exploits de son maître en vers de circonstance :

> *N'ai-je pas le cœur si haut,*
> *Et pour oser tout ce qu'il faut,*
> *Un aussi grand désir de gloire*
> *Que j'avais, lorsque je couvris*
> *D'exploits d'éternelle mémoire*
> *Les plaines d'Arques et d'Ivry ?*

Mais le prince était si méfiant, il craignait si fort les entreprises du roi qu'il empêchait sa femme d'assister aux chasses et même de présider les festins des veneurs. Vaines précautions, car le roi trouvait le moyen d'apercevoir Charlotte et de correspondre avec elle. Un soir, il obtint qu'elle se montrerait à son balcon, les cheveux défaits, avec deux flambeaux pour l'éclairer. A cette vue, il faillit s'évanouir. « Jésus ! qu'il est fou ! » dit-elle. Elle était jeune et coquette. Ce pourchas amoureux l'amusait, l'émouvait peut-être secrètement. Elle s'était fait peindre et lui avait envoyé son portrait. Y eut-il chez elle un commencement d'amour? Point. Elle le considérait comme un barbon; cependant il était le roi très glorieux. Qui peut sonder le cœur des femmes!

A nouveau convoqué à Paris, le prince reçut encore une algarade. Il eut l'imprudence de confier à Villeroy «qu'il voyait bien que sa femme était cause qu'il était ainsi dans son indignation, mais que si on le portait aux extrémités qu'il savait comment s'en délivrer, et qu'on le démariât plutôt.»

Le roi sauta sur l'occasion, envoya négocier le divorce. Le prince acquiesça, mais sous conditions que sa femme restât sous sa garde, comme le prévoyait le droit canon, et cela pendant toute la procédure. Furieux, Henri déclara que, s'il n'était pas le roi, il se battrait en duel avec Condé, et qu'il le ferait périr sur l'échafaud, s'il osait attenter à la vie de Charlotte.

Condé préféra s'enfuir à l'étranger, mais en emmenant sa femme et, pour ainsi dire, en l'enlevant presque de force. Le 29 novembre, à 4 heures du matin, il la fit monter dans un carrosse, sous prétexte de visiter une maison de campagne. Le soir, les fugitifs étaient à Crécy; le lendemain, à Lendrecy, dans les Pays-Bas. Le 29 au soir, le roi était informé. Il dit à Bassompierre: «Mon ami, je suis perdu; cet homme a emmené sa femme dans un bois. Je ne sais si ç'a été pour la tuer, ou pour l'emmener hors de France...» Il était comme fou de désespoir et d'angoisse. Il fit appeler Sully, en pleine nuit et... dans la chambre de la reine(!) ce dialogue s'échangea:

– Eh bien, notre homme s'en est allé et a tout emmené! Qu'en dites-vous?

– Je dis que cela n'est ni nouveau ni étrange et que, depuis qu'il me parla à l'Arsenal, je me suis toujours attendu à cette escapade.

– Oui, mais que faut-il faire?

– Rien!

– Comment, rien?

– Oui, rien! Si vous ne faites rien du tout, et montrez ne pas vous en soucier, on le méprisera, personne ne l'aidera, et, dans trois mois, pressé de la nécessité et du peu de compte que l'on fera de lui, vous l'aurez aux conditions que vous voudrez.

Sage conseil! Mais Henri ne put s'empêcher d'écrire aux gouverneurs de Marle et de Guise, d'organiser des poursuites immédiates, dans l'espoir d'intercepter les fugitifs. Il expédia

HENRI LE GRAND

Praslin à l'archiduc afin qu'il leur refusât asile. Bien entendu, sur les instances de l'Espagne, l'archiduc accueillit le prince en sa ville de Bruxelles, comme un frère malheureux, un frère qui était aussi un précieux otage à cause de Charlotte.

Et le bon Malherbe grattait sa vieille lyre qui rendait encore de beaux sons:

Ainsi le grand Alcandre, aux campagnes de Seine,
Faisait, loin des témoins, le récit de sa peine
Et se fondait en pleurs.
Le fleuve en fut ému, ses nymphes se cachèrent,
Et l'herbe du rivage, où ses larmes touchèrent
Perdit toutes ses fleurs!

IX

LE GRAND DESSEIN

Pour autant, le Don Quichotte d'amour restait le roi et s'occupait des affaires non moins activement que s'il avait eu l'esprit serein. Et cette dualité ne laisse pas de surprendre, bien qu'elle ne fût en rien une nouveauté aux yeux de Sully et des ministres. Toujours il avait su mener de front la politique et l'amour. En vieillissant, son caractère n'avait pas changé, non plus que son physique. Il restait pour son âge extrêmement agile et résistant, en dépit des accès de goutte et des troubles gastriques (des «dévoiements») consécutifs à des excès de table. Pour lire, il portait des lunettes, mais il conservait cette vue perçante, cet œil d'aigle, qui, naguère, lui faisait déceler les mouvements de l'ennemi avant tout le monde. Et de même gardait-il cette ouïe très fine qui lui avait aussi, en maintes circonstances, rendu de signalés services; il était capable, tout en parlant avec ses familiers, de surprendre une autre conversation. Bref, il tenait des d'Albret l'œil et l'oreille d'un chasseur.

Cependant que, tenaillé par un désir d'autant plus vif qu'il était frustré, il se livrait à des extravagances pour entrevoir sa bien-aimée, il suivait attentivement le développement de l'affaire de Clèves et préparait la guerre contre l'Espagne. En réalité, la succession du duché de Clèves n'était qu'un prétexte. Dès 1604, Sully avait commencé son accumulation de barils d'or à la Bastille, de pièces d'artillerie, d'armes et de munitions à l'Arsenal. Il avait calculé que la guerre coûterait 900 000 livres par mois pour le seul entretien de 40 000 fantassins. Si l'on y ajoutait le fourrage de 6 000 chevaux, la solde des cavaliers et l'achat des vivres, on atteignait le total vertigineux d'environ un million et demi de livres par mois. Ce n'était certes pas une mince entreprise, mais le sage ministre voulait passionnément cette guerre! Il mit tout en œuvre pour vaincre les réticences du roi, certainement à cet égard plus raisonnable et plus réaliste que lui. Mais il était exact qu'on ne pouvait tolérer la continuation des intrigues et des troubles suscités par l'Espagne. Henri IV disait lui-même «que les rois de France et d'Espagne sont comme posés dans les deux bassins d'une balance, desquels il est impossible que l'un hausse que l'autre ne s'abaisse». Il avait demandé à Sully une sorte de mémoire politique, résumant les idées exposées, sans cesse reprises, par son ministre au cours de leurs entretiens. C'est ce que Sully définit comme le «Grand Dessein» de son maître. Il s'agit en réalité de ses propres songes, ou, pour être brutal mais objectif, de ses divagations. Projet grandiose, vision prophétique, où sans doute Henri IV eut quelque part, mais qui surprend, chez cet esprit si sage, par sa disproportion. Il ne s'agisssait de rien moins que de réorganiser l'Europe, de transformer cet agglomérat de nations hétérogènes en une république «européenne». Quand bien même il n'eut aucune suite, et n'en pouvait avoir en ce début du XVIIe siècle, il convient d'en tracer les lignes essentielles, ne serait-ce que pour satisfaire les esprits curieux.

Sully projetait donc de réduire Philippe aux couronnes d'Espagne et des «Indes» (c'est-à-dire d'Amérique). On lui enlèverait la Lombardie pour la donner au duc de Savoie, qui serait élevé au rang de monarque à condition d'être l'allié du roi de France. On amputerait également Philippe III de la partie catholique des Pays-Bas pour en augmenter les provinces calvinistes. Il perdrait enfin la Franche-Comté que s'approprierait la France.

Touchant au Saint-Empire romain germanique, Sully voulait qu'il sortît de la Maison d'Autriche; autrement dit que le titre d'empereur cessât d'être héréditaire pour redevenir électif. Il voulait aussi que la Hongrie et la Bohême ne fussent plus subordonnées à la Maison d'Autriche, en leur rendant le droit d'élire les souverains de leur choix.

Après ce brassage de territoires, ces restaurations d'anciens droits, par l'abaissement de l'Espagne et de l'Autriche, l'Europe se serait composée de cinq monarchies héréditaires (la France, l'Angleterre, l'Espagne, la Suède et la Lombardie), de six monarchies électives (la papauté, l'Empire, la Hongrie, la Bohême, le Danemark et la Pologne), de quatre républiques (les Belges, les Suisses, Venise et divers Etats italiens regroupés). Un conseil suprême, sorte de cour arbitrale, formé par les députés de toutes ces nations, veillerait à régler les conflits, à empêcher les empiétements, à assurer... une paix perpétuelle !

Programme superbe, stupéfiant par sa modernité, mais, alors, parfaitement irréalisable, car, hélas ! la créature est bâtie de telle sorte qu'il lui faut perdre le souffle et n'en pouvoir plus de souffrance pour accepter de désarmer, s'en remettre à une cour arbitrale et soupirer, sans y croire, d'une paix définitive ! Henri IV était de son temps. Il avait les pieds sur terre. Il n'en demandait pas tant à son cher Sully. Ce qu'il voulait, restait dans ses moyens: infliger une sévère leçon aux deux représentants de la Maison d'Autriche, l'empereur Rodolphe et Philippe III, permettre aux princes allemands qui étaient nos alliés sûrs et dont les Etats formaient boulevard au-delà de nos frontières, de s'accroître des dépouilles autrichiennes, enfin rentrer dans ses frais en annexant quelque bonne province de vocation française. Dans ses rêveries somptueuses, le brave Sully aurait voulu qu'Henri IV proclamât solennellement que, s'il intervenait en Allemagne, il était désintéressé.

– Eh quoi ! lui dit le roi, voudriez-vous que je dépensasse soixante millions à conquêter les terres d'autrui, sans en rien retenir pour moi ? Ce n'est pas mon intention.

Son «dessein» personnel différait en effet sensiblement du Grand Dessein de Sully. Il voulait bien aider le duc de Savoie à conquérir le Milanais, mais en se faisant céder la Savoie. Il voulait bien aussi laisser dire à Sully qu'il donnerait la Franche-Comté aux Suisses et la Belgique aux Hollandais, mais il avait fort envie de les prendre pour lui-même, surtout la Franche-Comté. Il souhaitait aussi, ardemment, s'approprier la Lorraine. Sans attendre qu'éclatât cette fameuse guerre, il avait expédié Bassompierre auprès d'Henri de Bar, duc de Lorraine. Veuf de Catherine de Navarre, sœur d'Henri IV, ce dernier s'était remarié avec une princesse de Gonzague, qui ne lui avait donné que des filles. Bassompierre devait négocier «les fiançailles» du dauphin (âgé de sept ans) avec l'aînée des filles d'Henri de Bar, héritière de Lorraine. De même, Henri IV destinait son troisième fils, qui venait de naître, à l'héritière de

Mantoue et de Montferrat pour avoir un pied en Italie. Le second de ses fils devait pour sa part épouser Marie de Bourbon-Montpensier, la plus riche héritière du royaume, mariage qui eût réuni les biens de deux branches de la Maison de Bourbon.

Ces projets matrimoniaux semblaient accessoires à Sully. Sans cesse il s'efforçait de réveiller chez son maître des ambitions plus glorieuses. L'affaire de Clèves venait à point pour seconder ses projets. Elle mérite, pour être comprise, quelques éclaircissements. On a dit plus haut que le duc de Clèves, Berg et Juliers, d'ailleurs tombé en démence depuis plusieurs années, était mort le 25 mars 1609 sans laisser d'héritier. Toutefois, sa sœur Sibylle de Clèves, épouse de Charles d'Autriche, margrave de Burgau, s'était sans plus de manières emparée du gouvernement du duché. Deux représentants de la Maison de Saxe prétendirent alors à l'héritage, comme agnats. Les enfants nés des sœurs du défunt élevèrent aussi des prétentions, alléguant qu'il s'agissait d'un fief par les femmes. Enfin Léopold d'Autriche, évêque de Strasbourg, s'était saisi de Juliers, comme place de sûreté, en attendant le règlement de la succession: il soutenait que le duché devait retourner à la Maison d'Autriche, par extinction de la ligne masculine. Henri IV chargea Bongars, son ambassadeur auprès des princes protestants d'Allemagne, d'établir un rapport détaillé sur la question. En attendant qu'elle fût tranchée, l'Electeur de Brandebourg et le comte palatin de Neubourg, fils des sœurs aînées du feu duc, saisirent les deux duchés à titre conservatoire; ils s'engagèrent à soumettre la contestation au conseil aulique. Mais les princes protestants comme les Hollandais savaient fort bien que le conseil aulique subissait l'influence de la Maison d'Autriche; ils redoutaient notamment l'attribution de l'Etat de Juliers à un prince de cette Maison. La possession de Juliers ouvrait en effet aux Espagnols la route des Pays-Bas. Les protestants allemands tinrent une assemblée à Halle, en Souabe, et signèrent un traité d'assistance mutuelle pour la défense de leur liberté et de leur religion, connu sous le nom d'«Union de Halle». Bien entendu, Henri IV s'était fait représenter à cette assemblée. Il signa lui-même, le 11 février 1610, un pacte d'alliance avec plusieurs princes allemands, parmi lesquels le prince d'Anhalt, le duc de Wurtemberg, l'Electeur palatin et l'Electeur de Brandebourg. Ceux-ci s'engageaient à recruter conjointement 4 000 fantassins et 2 000 chevaux, pour défendre leurs droits, en tout cas pour soustraire Clèves, Berg et Juliers à la rapacité de la Maison d'Autriche. Simultanément, les princes catholiques (le duc de Bavière et les trois Electeurs ecclésiastiques) signaient leur propre traité à Wurtzburg.

Tous ces princes se déclaraient résolus à empêcher l'élection d'un prince d'Autriche, lorsque surviendrait la mort de l'empereur Rodolphe.

Mais il était évident que l'Espagne ne laisserait pas dépouiller la Maison d'Autriche, ni la France régner en maîtresse sur la majeure partie de l'Allemagne, ou, du moins, y exercer son contrôle. Il eût été prudent de s'assurer l'alliance de l'Angleterre; or le roi Jacques Ier pratiquait une politique isolationniste; il semblait peu disposé à entrer en guerre contre l'Espagne. Il en était de même des Hollandais, qui venaient de signer une trêve de douze ans avec Philippe III et qui avaient plus envie de restaurer leur puissance commerciale que de se battre. Seul, le duc de Savoie, dont l'épouse n'avait pas eu part à l'héritage de Philippe III, promit de recruter une armée: encore était-ce dans le but de conquérir la Lombardie. D'un autre côté, l'empereur Rodolphe et le roi d'Espagne inclinaient à la négociation. Quant au pape, il exhortait Henri IV à ne pas mettre l'Europe en feu sans cause importante et justifiée. Il y a dans les Mémoires de Richelieu une page curieuse et peu connue, dans laquelle le cardinal émet ce jugement assez dur:

«Quiconque, écrit-il, considérera l'entreprise qu'il fait sur la fin de ses jours ne doutera pas du bandeau qu'il a sur les yeux, puisqu'il s'embarquait en une guerre qui semblait présupposer qu'il fût au printemps de son âge; au lieu qu'approchant de soixante ans, qui est au moins l'automne des plus forts, le cour ordinaire de la vie des hommes lui devait faire penser à sa fin.»

Nombre d'historiens ont soutenu qu'Henri IV s'était décidé à la guerre pour enlever Charlotte de Montmorency. Une telle hypothèse ne vaut que pour les romans; elle ne résiste pas à l'examen. Pourquoi Sully eût-il fait, comme on l'a souligné, tant de préparatifs et depuis tant d'années? Imagine-t-on que l'on puisse du jour au lendemain, lever les 6 000 Suisses confiés au duc de Rohan, gendre de Sully, mobiliser les 30 000 fantassins et les 5 000 cavaliers, qui devaient former le principal corps d'armée, l'armée du Dauphiné, que Lesdiguières devait conduire en Lombardie et celle que La Force devait mener en Béarn, rassembler le magnifique train d'artillerie que le marquis de Rosny, fils de Sully, acheminait vers Châlons, et cela pour une amourette un peu vive du roi? Ces maréchaux, ces généraux, ces officiers qui n'étaient pas tous des modèles d'obéissance, dont certains même s'étaient ralliés à contrecœur à Henri IV, et dont tous gardaient leur franc-parler, n'eussent-ils pas protesté? Eussent-ils marché avec cet ensemble imposant, cette détermination unanime? Le roi avait écrit à l'archiduc que, résolu à secourir ses alliés allemands, spécialement les confédérés de Clèves et de Juliers, il se voyait contraint de traverser militairement ses Etats. Il lui demandait s'il serait traité en ami ou en ennemi. Déjà les hostilités étaient commencées dans les deux duchés. Le roi fit faire mouvement à ses armées. On était à la fin du printemps de 1610. La guerre devait éclater en mai. Le prince de Condé avait rejoint les Espagnols en Lombardie, laissant Charlotte à Bruxelles. Il était évident qu'au passage Henri cueillerait sa belle; cependant il avait d'autres objectifs plus glorieux...

Cependant il existait à Paris un parti espagnol singulièrement actif et ramifié. Il s'était acquis les services de «Conchine» et de Léonora Galigaï, de plusieurs serviteurs italiens de la reine. Celle-ci n'écoutait que trop les perfidies de sa suivante, qui insinuait que, peut-être, le roi la répudierait pour se remarier avec Charlotte de Montmorency. Selon Tallemant, elle aurait même fait craindre à Marie de Médicis d'être prochainement empoisonnée, moyen radical de se débarrasser d'une épouse encombrante. Bientôt, Villeroy entra lui aussi en contact avec les agents de Philippe III: que l'on se souvienne de la noyade suspecte de Nicolas Lhoste, premier commis de ce ministre! Que proposait l'Espagne? Une paix sincère et durable par les doubles fiançailles des fils et filles des deux Etats. Mais Henri IV avait son réseau de contre-espionnage, dont Sully tirait les fils. Il lui confiait: «Tous lesquels projets ne peuvent être bâtis que certains pronostics que l'on m'a averti avoir été faits de moi par plusieurs, selon lesquels je ne devais point passer l'an cinquante-huit de mon âge.»

S'il avait eu besoin d'une preuve supplémentaire de la collusion de la reine avec les Espagnols, il l'eut lorsque Annibal d'Estrées, comte de Cœuvres, échoua dans sa mission d'enlever Charlotte à Bruxelles. L'archiduc avait été prévenu. Or, avec sa faconde habituelle, le roi, se trouvant dans la chambre de la reine, avait annoncé le prochain retour de Charlotte, et même indiqué la date. Marie de Médicis avait averti l'ambassadeur d'Espagne, qui avait agi aussitôt.

Henri IV oubliait qu'elle était nièce de Catherine de Médicis et que, malgré son allure bonnasse, elle avait la passion du pouvoir. Sur les conseils de Concini et de sa bande, elle voulut, soudainement, être sacrée. Il est à remarquer qu'elle croyait aux devins et aux astrologues, comme sa tante, et que ces derniers lui avaient prédit la mort prochaine du roi. Sully, Bassompierre, Pierre de L'Estoile, s'accordent à relater les hésitations de celui-ci. Il disait à Sully:

— Hé! mon ami, que ce sacre me déplaît! Je ne sais ce que c'est, mais le cœur me dit qu'il m'arrivera quelque malheur.

Puis, s'asseyant dans une chaise basse, faite exprès pour lui, rêvant et battant des doigts sur l'étui de ses lunettes, il se relevait tout à coup, et frappant des deux mains sur ses deux cuisses, disait:

— Pardieu, je mourrai en cette ville, et n'en sortirai jamais. Ils me tueront, car je vois bien qu'ils n'ont d'autre remède en leurs dangers que ma mort. Ah! maudit sacre, tu seras cause de ma mort.

— Jésus, sire, quelle fantaisie prenez-vous là? Si elle continue, je suis d'avis que vous rompiez et sacre et couronnement, et voyage et guerre; que, s'il vous plaît de me le commander, ce sera bientôt fait.

— Oui, rompez le sacre et que je n'en entende plus parler; car, par ce moyen, j'aurai l'esprit en repos de diverses fantaisies que certains avis m'y ont mis, sortirai aussitôt de cette ville et ne craindrai plus rien. Car, pour ne rien vous celer, l'on m'a dit que je devais être tué à la première grande magnificence que je ferai, et que je mourrai dans un carrosse; et c'est ce qui me rend si peureux.

— Vous ne m'aviez, ce me semble, jamais dit cela, sire. Aussi plusieurs fois me suis-je étonné de vous voir crier dans un carrosse, comme si vous aviez appréhendé ce petit péril, après vous avoir vu tant de fois parmi les coups de canon, les mousquetades, les coups de lance, de pique et d'épée sans rien craindre. Mais, puisque vous avez cette opinion, et que votre esprit en est tant travaillé, si j'étais que de vous je partirais dès demain, laisserais faire le sacre sans moi, ou le remettrais à une autre fois et n'entrerais de longtemps à Paris, ni en carrosse. Et, s'il vous plaît, j'enverrai tout à l'heure à Notre-Dame et à Saint-Denis faire tout cesser et retirer les ouvriers.

– Je veux bien, mais que dira ma femme ? Car elle a merveilleusement ce sacre en la tête.

Il semble que les préparatifs furent suspendus, mais que la reine fit à son époux des reproches si véhéments que «les ouvriers furent renvoyés travailler». Or le même Sully affirme que la reine avait été prévenue de l'imminence de l'attentat annoncé par les astrologues. Il dit que Mlle de Gournay (pupille de Montaigne) vint spécialement le trouver, après avoir vu la reine. Elle déclara qu'elle avait appris d'une certaine Jacqueline Le Voyer, femme du sieur de Coman, naguère au service de la marquise de Verneuil, que l'on conspirait contre la vie d'Henri IV ; que les d'Entragues et la marquise étaient de la conspiration. Elle pria Sully d'avertir le roi, ce qu'il fit. Mais, fort probablement, les informations de la pupille de Montaigne manquaient trop de précisions. Car la reine fut sacrée et couronnée à Saint-Denis, le 13 mai. L'Estoile s'attarde à décrire minutieusement cette cérémonie splendide, à nommer les princes et dignitaires, à décrire les costumes d'apparat. Il note même avec un brin de malice la présence de la reine Margot avec son manteau couvert de fleurs de lys d'or, dont la queue était portée par des barons ! Pensa-t-elle qu'elle aussi aurait pu être sacrée et couronnée, si sa conduite avait été différente, et regretta-t-elle d'avoir jadis si mal jugé son petit roi de Navarre ?

Mais L'Estoile note aussi que la nuit suivant cette épuisante journée, le roi, qui avait fait si bonne contenance, fut saisi d'angoisse et ne put, jusqu'au matin, trouver le sommeil.

X

LE QUATORZIEME DE MAI

Cette vie franche et joyeuse des gentilshommes n'est pas faite pour les princes qui ne sont pas nés pour eux, mais pour les Etats et les peuples sur lesquels ils sont constitués; ils n'ont en cette mer autre port que le tombeau, et il faut qu'ils meurent en action.
Henri IV.

C'était un vendredi. Le roi se leva assez tôt et se plaignit d'avoir mal dormi, d'être «tout mal fait». Il passa dans son petit cabinet et s'habilla, puis il s'étendit sur son lit, se sentant las ou éprouvant un malaise. Il voulut alors prier et demanda son livre d'Heures. Mais un roi, fût-il le plus puissant de la terre, dès qu'il était debout, ne pouvait prétendre rester un moment en paix. Survinrent donc le ministre Villeroi, un ambassadeur et un mestre de camp. Voulant respirer – son besoin de grand air et de mouvement était connu! –, il se promena aux Tuileries, où le dauphin vint le saluer. Il se rendit aux feuillants de la rue Saint-Honoré, pour y entendre la messe. Il y fut rejoint par le duc de Vendôme dont la venue déconcerta alors un certain rousseau vêtu de vert, répondant au nom de Ravaillac, et l'empêcha de commettre un crime prémédité depuis longtemps. A ce moment, le jeune duc de Guise passait prendre Bassompierre pour l'emmener au Louvre. Ils rencontrèrent le roi sortant de la messe. Bassompierre a relaté minutieusement leur dernier dialogue. «Je viens des feuillants, dit Henri IV, où j'ai vu la chapelle que Bassompierre y a fait faire; il a fait mettre sur la porte: *Quid retribuam Domino pro omnibus quae retribuit mihi?* Et moi j'ai dit que, pour lui qui était allemand, il y fallait ajouter: *Calicem salutaris accipiam.* M. de Guise s'en mit à rire bien fort et lui dit: «Vous êtes, à mon gré, un des plus agréables hommes du monde, et notre destin portait que nous fussions l'un à l'autre; car, si vous n'eussiez été qu'un homme médiocre, je vous aurais eu à mon service, à quelque prix que c'eût été; mais, puisque Dieu vous a fait naître un grand roi, il ne pouvait pas être autrement que je fusse à vous.» Le roi l'embrassa et lui dit, et à moi aussi: «Vous ne me connaissez pas maintenant, vous autres; mais je mourrai un de ces jours, et, quand vous m'aurez perdu, vous connaîtrez alors ce que je valais, et la différence qu'il y a de moi aux autres hommes.» Je lui dis alors: «Mon Dieu, ne cesserez-vous jamais, sire, de nous troubler en nous disant que vous mourrez bientôt? Ces paroles ne sont pas bonnes à dire; vous vivrez, s'il plaît à Dieu, bonnes et longues années. Il n'y a point de félicité au monde pareille à la vôtre. Vous n'êtes qu'à la fleur de votre âge, et en une parfaite santé et force de corps, plein d'honneur plus qu'aucun des mortels, jouissant en toute tranquilité du plus florissant royaume du monde, aimé et adoré de vos sujets, plein de bien, d'argent, de belles maisons, belles femmes, belles maîtresses, beaux enfants qui deviennent grands. Que vous faut-il de plus, ou qu'avez-vous à désirer davantage?» Il se mit alors à soupirer et me dit: «Mon ami, il faut quitter tout cela!» Et moi, je lui repartis: «Et ce propos aussi pour vous demander quelque chose, mais c'est en payant: assavoir cent paires d'armes de votre Arsenal, qui nous manquent et que nous ne pouvons avoir à quelque prix que nous en voulions donner? Ce n'est pas pour ma compagnie, car elle est complète et armée comme il faut; mais M. de Varennes en a besoin de vingt-cinq, M. de Bordes, de vingt-cinq, et le comte de Charlus, de cinquante.» Il me répondit alors: «Bassompierre, je vous les ferai donner; mais n'en dites mot, car tout le monde m'en demanderait et je dégarnirais mon Arsenal! Venez-y cette après-midi, car j'irai voir M. de Sully, et je lui commanderai de vous les faire délivrer.» Je lui dis: «Sire, je donnerai à l'heure même l'argent qu'elles valent à M. de Sully, afin qu'il les remplace.» Il me répondit par la fin d'une chanson qui dit:

> *Que je n'offre à personne*
> *Mais à vous je les donne!*

«Lors, je lui baisai la main, et me retirai comme il entrait dans sa chambre.»

Il était exact qu'Henri IV devait se rendre dans l'après-midi à l'Arsenal (notre après-déjeuner était alors «l'après-dîner»). Il voulait éviter que Sully, qui, malade, prenait «un bain» (événement d'importance à cette époque d'une hygiène incertaine), ne prît froid en venant au Louvre. Il lui avait fait dire de l'attendre «avec votre robe de nuit, vos bottines, vos pantoufles et votre bonnet de nuit», et qu'il se fâcherait si le pauvre baigné lui désobéissait.

En rentrant dans ses appartements, il trouva Pierre d'Escures, son maréchal des logis général, venant rendre compte de la marche des armées, de l'accueil favorable des populations belges. Le roi s'attabla pour prendre son dîner. Il s'entretint avec le colonel de Nerestang, en instance de départ pour Châlons, avec les fillettes de France, Elisabeth et Chrétienne, et divers visiteurs de marque. Il affectait sa bonhomie coutumière. On nota cependant que son esprit ne semblait pas toujours coïncider avec ses paroles, autrement dit, qu'il semblait préoccupé.

Il se rendit ensuite chez la reine et retint la duchesse de Guise qui, par discrétion voulait prendre congé: «Ma cousine, ne sortez pas; nous rirons.» Et, selon son habitude, il se mit à plaisanter avec les dames. Toutefois, on remarqua qu'il était crispé, ne tenait pas en place, ne pouvait dissimuler sa nervosité: comme si les heures qui lui restaient à vivre eussent été trop longues à passer, presque insupportables: un tel phénomène se rencontre chez les intuitifs et les hypersensibles! Il dit à la reine qu'il lui pesait de se rendre à l'Arsenal car il s'y mettait en colère. La reine répondit: «Monsieur, n'y allez pas, envoyez-y. Vous êtes en bonne humeur et vous irez vous fâcher!» Il regagna son cabinet, écrivit une lettre, se mit à la fenêtre. Il dit: «Mon Dieu, j'ai quelque chose là-dedans qui me trouble fort!» Mais à quoi se rapportait cette réflexion? Songeait-il à la guerre, ou se sentait-il un peu malade? Et sinon, avait-il peur de quelque chose? Selon Pierre de L'Estoile, le duc de Vendôme, son fils naturel, l'avait averti qu'un nommé La Brosse, faisant profession d'astrologie, avait annoncé «que la constellation sous laquelle Sa Majesté était née, le menaçait d'un grand danger, CE JOUR-LA», et qu'il lui fallait se bien garder. Et le roi éclatant de rire, avait répondu à Vendôme: «La Brosse est un vieil matois, qui a envie d'avoir de votre argent; et vous, un jeune fol de le croire. Nos jours sont comptés devant Dieu.» Mais cet avertissement survenait après plusieurs autres, dont celui de Sully à la suite de son entretien avec Mlle de Gournay. D'ailleurs, son esprit, ordinairement si vif et si optimiste, était sujet à de brusques accès de rêverie mélancolique, voire de tristesse. Mais le soleil chez lui dissipait promptement les nuages et la jovialité reprenait le dessus.

Quand il revint chez la reine, il avait déjà recouvré son équilibre. Sillery le prévint que le Conseil allait se réunir. Il lui dit de commencer sans lui. Ensuite pendant quelques minutes, il joua avec les cadets du dauphin. Puis il envoya Vitry, capitaine des gardes, s'occuper des préparatifs de «l'entrée» de la reine à Paris, fixée au 16 mai. Vitry, sachant qu'il allait partir pour l'Arsenal, se proposa de l'escorter. Il exprima les craintes que lui inspirait la traversée d'une grande ville comme Paris, infestée d'étrangers et d'inconnus. Il insista au moins pour mettre des gardes à la disposition du roi. «Allez, s'exclama ce dernier, vous êtes un cajoleur! Vous voulez demeurer ici pour causer avec les dames. Faites ce que je vous dis! Il y a cinquante et tant d'années que je me garde sans capitaine des gardes; je me garderai bien encore tout seul!» Mais, quand il fut près de la reine, il retomba dans ses hésitations, répétant: »Ma mie, irai-je, n'irai-je pas?... Ma mie, irai-je encore?» Probablement essaya-t-elle à nouveau de le retenir. En tout cas, le connaissant de décision rapide, eût-elle dû s'étonner, s'alarmer! Mais elle ne l'avait jamais vraiment aimé.

Après l'avoir embrassée plusieurs fois, il lui dit: «Je ne ferai qu'aller et venir, et serai ici tout à cette heure même!»

Il demanda son carrosse, descendit l'escalier rempli de courtisans, qu'il salua. On le vit enlever sa cape. Il avait un pourpoint de satin noir. La lourde et large voiture attendait. Il prit place au fond et au milieu de la banquette. Le duc d'Epernon, Lavardin et Roquelaure s'installèrent à sa droite: La Force et Montbazon, à sa gauche. Liancourt et Mirebeau s'assirent en face de lui. Le carosse s'ébranla, escorté de quelques cavaliers et de valets de pied. A ce moment, selon L'Estoile, le roi aurait demandé le quantième du mois. L'un de ses compagnons dit: «C'est le 15e aujourd'hui, sire.» «Non, dit un autre, sire, c'est le 14ᵉ.» «Il est vrai, dit le roi, tu sais mieux ton almanach que ne fait l'autre.» Il se mit à rire, en se souvenant de quelque prophétie, et dit: «Entre le 13 et le 14...» Puis il commanda au cocher d'avancer.

En arrivant rue de la Ferronnerie, qui était étroite, encombrée d'échoppes malgré l'interdiction qui en était faite (depuis Henri II!), le carrosse fut obligé de ralentir. Une charrette de foin avait accroché celle d'un marchand de vin. Certains valets de pied coururent pour les faire ranger. La plupart des autres prirent par le cimetière des Innocents pour devancer la voiture du roi et l'attendre au sortir de cet embouteillage. Le carrosse était arrêté devant une boutique à l'enseigne du Cœur couronné percé d'une flèche. Le roi avait passé son bras droit autour du cou d'Epernon et il lui montrait une lettre. De son bras gauche à demi replié, il s'appuyait sur l'épaule de Montbazon. A cet instant, un homme sauta sur le moyeu de la roue et, de la main gauche, porta un premier coup de couteau au roi, qui dévia, ne lui fit qu'une blessure superficielle. Le roi s'écria: «Je suis blessé!» Un second coup s'enfonça profondément, trancha l'aorte. Le roi soupira: «Ce n'est rien...» Mais il s'écroula, vomissant le sang à pleine bouche. Un troisième coup déchira la manche de Montbazon. La Force cria: «Sire, souvenez-vous de Dieu!» Le meurtrier ne tentait même pas de s'échapper. Il restait, au milieu de la foule vociférante, avec son couteau sanglant à la main. S'il l'avait jeté, on ne l'eût pas reconnu, dans le brouhaha et la stupeur. Tout s'était déroulé si vite! Le temps d'un éclair! Mais Ravaillac n'essayait pas de fuir. Il se laissa désarmer. Le duc d'Epernon empêcha qu'on ne l'abattît sur place, et le fit conduire à l'hôtel de Retz, qui était tout proche, pour le soustraire à la fureur populaire...

Désormais, c'est d'Epernon le maître. Il prend vigoureusement la situation en main, et garde son sang-froid, laissant à ses compagnons chagrin et désarroi. Il fait baisser les mantelets du carrosse. Il déclare hautement que le roi n'est que blessé et demande du vin, pour le réconforter. Il donne au cocher l'ordre de regagner le Louvre. On transporte le roi au pied de l'escalier. Cérisy, lieutenant des gardes, lui soulève la tête. Le mourant a un battement de paupière et expire. On le transporte, ensanglanté, sur son lit et l'on met sur sa bouche ouverte la croix de son Saint-Esprit. La reine, prévenue, accourt, avec des larmes et de grands cris: «Le roi est mort! Le roi est mort!» Mais, déjà, le chancelier Sillery arrive, tenant le dauphin par la main. «Votre Majesté m'excusera, dit-il. Les rois ne meurent point en France... Voilà le roi vivant, Madame!» Bientôt surviennent le président Jeanin et le ministre Villeroy. «Madame, dit Villeroy, il faut suspendre ces cris et ces larmes, et les réserver lorsque vous aurez donné sûreté à messieurs vos enfants et à vous; que M. de Bassompierre prenne ce qu'il pourra ramasser de chevau-légers qui sont sous sa charge, et qui sont maintenant à Paris, et qu'il marche par la ville pour apaiser le tumulte et la sédition. Ne manquez pas à vous-même, Madame, et à ce qui vous doit être si cher, qui sont vos enfants. M. le Grand demeurera auprès du corps du roi et, s'il en est besoin, auprès de M. le dauphin.»

Voilà donc Bellegarde auprès du lit du petit Louis XIII et la reine mère. Bassompierre et Guise à la tête des chevau-légers sillonnant les rues de Paris, et le chancelier Sillery à prendre ses mesures pour légaliser la régence. Par bonheur, le parlement siégeait. A la nouvelle de l'attentat, son président, Harlay, qui était malade, s'est fait transporter à l'assemblée. Il n'est que temps, car les événements vont vite. Revenant (déjà) du Louvre, l'avocat général Servin, requiert le parlement de prononcer la régence en faveur de la reine. Il n'existait ni loi ni coutumes, à cet effet. C'était même, à bien y penser, attribuer au parlement un droit qu'il n'avait pas et, pour l'avenir, lui donner une arme supplémentaire contre le régime monarchique. Ces perspectives redoutables ont échappé au duc d'Epernon, au chancelier et aux ministres, mais les juristes du parlement sauront s'en souvenir! D'ailleurs, le duc d'Epernon apparaît soudain, en armes, pour couper court aux débats. Il est bientôt suivi de Guise. Les magistrats s'inclinent de bonne grâce et défèrent, sans discussion ni réserve, la régence à la reine mère. Ainsi la dépouille du roi n'est pas encore refroidie que le nouveau pouvoir est installé, avec toutes les apparences de la légalité et avec la caution de la plus haute assemblée du royaume. On ne peut qu'admirer la prévoyance et la célérité d'Epernon, du chancelier et de Villeroy, sans oublier l'à-propos de Marie de Médicis, veuve éplorée mais qui savait pourtant différer son désespoir pour agir!

En apprenant que le roi venait d'être grièvement «blessé»,

HENRI LE GRAND

Sully, plein de méfiance, s'était habillé et avait réuni une escorte de cent chevaux pour se rendre de l'Arsenal au Louvre. Il raconte: «Passant par les rues, c'était pitié de voir tout le peuple en pleurs et en larmes, avec un triste et morne silence, ne faisant que lever les yeux au ciel, joindre les mains, battre leurs poitrines et hausser les épaules, gémir et soupirer; et, si quelques cris échappaient, c'était avec des élancements si douloureux que rien ne se saurait représenter de plus affreux et pitoyable; ensemble chacun vous regardait en pitié et ne faisait que dire: Ah! monsieur, nous sommes tous perdus si notre bon roi est mort.»

Et Pierre de L'Estoile confirme la stupeur et le chagrin des Parisiens en ces termes: «Les boutiques se ferment; chacun crie, pleure et se lamente, grands et petits, jeunes et vieux; les femmes et filles s'en prennent aux cheveux. Et cependant tout le monde se tient coi: au lieu de courir aux armes, on court aux prières et aux vœux pour la santé et la prospérité du nouveau roi; et toute la fureur du peuple, contre l'attente et intention des méchants, n'est tournée que contre ce parricide scélérat et ses complices, pour en avoir et poursuivre la vengeance.»

Chevauchant vers le Louvre, Sully rencontre Vitry, le malheureux capitaine des gardes: «Mais, monsieur, où allez-vous avec tant de gens? L'on ne vous laissera pas approcher du Louvre, ni entrer qu'avec deux ou trois; et comme cela, je ne le vous conseille pas, et pour cause! Il y a bien de la suite en ce dessein, ou je suis bien trompé, car j'ai vu des personnes qui, apparemment, ont bien perdu, mais lesquelles en effet ne sauraient cacher qu'elles n'ont point la tristesse au cœur qu'elles y devraient avoir; et, si vous l'aviez vu comme moi, vous enrageriez. Pour moi, je suis d'avis que vous vous en retourniez; il y a assez d'affaires où vous aurez à pourvoir sans aller au Louvre.»

Sully, après cet avertissement, tourne bride et regagne l'Arsenal, pour y attendre la suite des événements et, peut-être, les ordres de la reine. De toute manière, d'Epernon et ses amis l'auraient neutralisé...

La journée s'achevait. Vers minuit, le corps d'Henri IV, vêtu d'un pourpoint blanc, fut déposé sur un lit d'apparat, en attendant d'être «ouvert» et embaumé. Le lendemain, les chirurgiens et les médecins de service procédèrent à l'autopsie, en présence de plusieurs dignitaires. « Il avait deux coups, écrit Bassompierre, l'un desquels était léger, mais l'autre lui coupait la veine artérique. Il était de très bonne disposition dans son corps; aucune chose n'y apparut qui ne témoignât une longue vie. C'était le plus épais estomac, au rapport des médecins et chirurgiens, que l'on ait vu. Il avait le poumon gauche un peu attaché aux côtes. » Et L'Estoile ajoute : « Son cœur était petit, mais gros et serré, et merveilleusement sain, duquel Messieurs les jésuites ont hérité. »

Le même jour, 15 mai, Sully se ravisa et fit sa soumission à la reine, qui le confirma dans sa charge. Elle se rendit ensuite avec le petit roi et les ministres, au parlement, pour y tenir un lit de justice. Ou, pour être absolument exact et rendre compte des usages du temps, se faire reconnaître comme régente de France par cet enfant de neuf ans ! Le défunt Henri IV, embaumé et paré, fut couché dans un lourd cercueil couvert d'un drap d'or, et exposé dans la grande galerie du Louvre. Il avait achevé sa vie de tribulations, et reposait enfin. On avait commandé son effigie de cire pour la cérémonie des obsèques selon l'usage des rois. En théorie, ce corps glacé, parfumé d'aromates, vidé de son cerveau et de ses entrailles, régnerait encore pendant quarante jours. Mais, déjà, les nouveaux maîtres du royaume s'employaient à défaire son ouvrage et « la grosse banquière » fleurdelisée commençait à distribuer l'or si péniblement économisé par Sully, les charges, les honneurs, pour désarmer les préventions et soutenir un sceptre usurpé.

Pendant ce temps, François Ravaillac attendait à l'hôtel de Retz, sous bonne garde il est vrai. On l'avait fouillé. Il n'avait dans ses poches qu'un peu d'argent et un reliquaire de coton en forme de cœur (dont on crut d'abord que c'était un accessoire de sorcier). On l'interrogea sommairement. On apprit qu'il était natif d'Angoulême et qu'il y résidait habituellement. Il avait d'abord exercé la profession de « solliciteur » de procès, à Paris. Il était ensuite retourné à Angoulême, où il avait fait divers métiers : clerc, valet de chambre d'un conseiller au présidial de la ville et maître d'école. Il avait même été emprisonné pour dettes. Il vivait avec sa mère, abandonnée par son mari, somme toute misérablement. Très croyant, et même dévot, les feuillants de Paris l'avait admis naguère comme frère convers, et congédié au bout de six mois, car c'était plus un visionnaire qu'un mystique. Ainsi évincé, et déçu dans ses espérances religieuses, il s'était présenté chez les jésuites, qui l'avaient repoussé. Se croyant chargé d'une mission, ce déséquilibré avait parcouru plusieurs fois les cent lieues séparant Angoulême de Paris à pied, afin de parler au roi. Il voulait l'exhorter à détruire l'hérésie calviniste. L'idée d'assassiner le monarque avait fait en lui sa lente germination. Les projets de guerre d'Henri IV en avaient précipité l'éclosion. Dès 1609, il était résolu à tuer. A la Noël de cette année-là, il vint à Paris tout exprès. Il fut refoulé par le prévôt et par ses archers. Il vit ensuite le carrosse du roi et se précipita en l'admonestant, au nom du Christ et de la Vierge, de l'écouter. On l'écarta. Il retourna à Angoulême, se confessa et parut calme. A Pâques 1610, nouveau retour obsessionnel, nouveau voyage à Paris. Il vola un couteau dans une auberge, en fit changer le manche, puis, au moment d'agir, renonça encore. Parvenu à Etampes, pour écarter sa tentation, il rompit la pointe de son couteau. Mais, un peu plus loin, il vit un Christ couronné d'épines et fit demi-tour, bien décidé cette fois à sauver «l'honneur de Dieu». C'était du moins ce qui ressortait des premiers interrogatoires. Il affirmait avoir agi seul. Torturé par ordre de La Force, il persista à déclarer qu'il n'avait pas eu de complices.

Chose étrange, incompréhensible même, de nombreux visiteurs se présentèrent à l'hôtel de Retz, pour voir le meurtrier et lui parler. On les laissait entrer sans difficulté. Qu'espérait-on? Qu'il fût abattu par un furieux? Mais alors, pourquoi d'Epernon avait-il préservé sa vie? Parmi ces visiteurs, le père Cotton[1], se signala à l'attention générale. Selon L'Estoile, le jour de l'assassinat du roi, il avait déjà commis une fameuse gaffe. Se précipitant au Louvre, il s'était écrié: «Et qui est le méchant qui a tué ce bon prince, ce saint roi, ce grand roi? A-ce pas été un huguenot?» «Non, lui répondit-on, c'est un catholique romain.» «Ah! quelle pitié, s'il en est ainsi!» Et il se signa, «à la jésuite», de trois grands signes de croix. Quelqu'un dit: «Les huguenots ne font point de ces coups-là.» Donc le père Cotton s'empressa d'aller à l'hôtel de Retz étudier de près le «catholique romain». Il lui dit, entre autres choses, «qu'il regardât bien à ne mettre pas en peine les gens de bien

---

1. Jésuite, confesseur d'Henri IV.

(parole qui ne tomba pas à terre ! toujours selon de L'Estoile)».
Le jésuite essaya ensuite de le persuader qu'il était huguenot car un bon catholique n'eût pas été capable de perpétuer un crime aussi abominable. Ravaillac se moqua de lui. Cette démarche du père Cotton fut diversement commentée. Elle était suspecte, et cependant ne prouvait rien, sinon l'embarras d'une compagnie détestée par les Parisiens, surtout depuis son retour dans la capitale.

Ravaillac, meurtrier encombrant, fut enfin transféré à la Conciergerie. Il subit l'interrogatoire du premier président. Ce qui intéressait surtout les magistrats, ce n'étaient point les mobiles du crime, ni même la personne de Ravaillac, mais ses «instigateurs». Encore leur reprocha-t-on leur mollesse à cet égard. Comme le coupable s'obstinait à affirmer qu'il avait agi seul, on le menaça de faire périr cruellement ses père et mère sous ses yeux. Ravaillac rétorqua que cela n'était permis ni par les lois divines ni par les lois humaines. On apprit que le criminel s'était confessé au père d'Aubigny, autre jésuite. Le président interrogea le père sur cette confession. D'Aubigny se déroba, arguant du secret et répétant, un peu trop, qu'il n'était qu'un pauvre religieux ignorant les choses du monde. On le confronta avec Ravaillac. Le père osa dire qu'il ne l'avait jamais vu. L'opinion parisienne se monta de plus en plus contre les jésuites. En plein conseil royal, Loménie prit à partie le père Cotton, osa dire que son ordre était l'assassin du roi. Ici et là, aux carrefours, des placards étaient affichés.

Le 18 mai, comme Ravaillac continuait ses dénégations, la cour délibéra sur les tortures qu'il convenait de lui infliger. Elle décida d'appliquer les questions extraordinaires, «même étrangères». Il se trouva quelqu'un, vu l'énormité du crime, pour proposer que l'on infligeât le supplice de la barratte, ou beurrière, à Ravaillac, pour le contraindre à nommer ses complices. Or certains conseillers – ceux que L'Estoile appelle les «badins et oiseaux cornus»! – déclarèrent qu'on ne pouvait utiliser la barratte, car c'était une invention des Genevois, autrement dit d'hérétiques.

Le 27 mai, à 10 heures du matin, on fit mettre le coupable à genoux, pour entendre la lecture de l'arrêt de la cour. On lui demanda encore une fois, s'il avait eu des complices et, encore une fois, il répondit que non. On lui infligea la question à trois coins. Toutefois, sous l'effet des brodequins qui lui broyaient les chevilles et les genoux, il demanda pardon aux juges, au petit roi, à sa mère; il confessa avoir commis une grande faute, mais sans l'aide de personne, «quoi qu'il ne doutât point qu'il y eût beaucoup des uns et des autres qui en fussent bien aises». Il reconnut aussi qu'il avait peut-être été tenté par le diable, mais qu'il espérait en la miséricorde de Dieu. On le laissa sur une paillasse, évanoui.

A 15 heures, on le tira de la Conciergerie. Les autres prisonniers hurlaient sur son passage «Au traître! Au chien!» Quand il monta dans le tombereau, la foule se jeta sur lui. Les gardes le dégagèrent à grand-peine. Jusqu'à la place de Grève, ce ne furent que cris de haine et de mort. On lui brûla le poing tenant le couteau du meurtre. On le tenailla aux mamelles et aux cuisses. On arrosa ses plaies de cire, de soufre et de plomb fondu. «On m'a bien trompé, dit-il, quand on m'a persuadé que le coup que je ferais serait bien reçu du peuple.» On allait l'écarteler. Un homme offrait son cheval tout frais, pour remplacer une vieille carne qui semblait recrue. Ravaillac fit demander au peuple un *Salve Regina*. Un hurlement énorme lui répondit. Il demanda l'absolution à son confesseur. Ce dernier répondit qu'il ne le pouvait, à moins de recevoir des aveux. Ravaillac supplia. «Je le veux, répondit le confesseur, mais à condition, vraiment, qu'au cas où vous mentiriez, votre âme, au sortir de cette vie que vous allez perdre, irait droit en enfer et à tous les diables.» Ravaillac accepta, sous cette condition.

A la troisième tirade des chevaux, il fut démembré, et il expira. Le peuple en furie se jeta sur ces misérables restes et les mit en pièces. Il ne resta qu'une chemise aux mains du bourreau.

Et L'Estoile de conclure: «Voilà avec quelle furie et rage tout le peuple, tant des champs que de la ville, témoigna le grand regret qu'il avait à la mort de ce bon roi: ce qu'on n'eût cru aisément, si on l'eût vu. Que si les procédures de nos magistrats, à l'endroit de ce monstre de nature, eussent été aussi chaudes à en découvrir ses auteurs et complices, comme se sont montrées échauffées à la vengeance même de sa charogne morte celles de son peuple, on ne serait en peine aujourd'hui, comme on l'est, de craindre ce dont avec bonne raison on se défie, mais la lâcheté y a été telle et si grande, même à l'endroit de ceux qu'on a pris qui en savaient des nouvelles, qu'elle fait mal au cœur à tous les gens de bien, et particulièrement à moi, auquel la douleur que j'en ai me fait tomber la plume des doigts…»

Et, certes, la mort d'Henri IV reste, par bien des côtés, mystérieuse, irritante. Trop de coïncidences, trop de contradictions, l'obscurcissent. Elle pouvait être le règlement de comptes final de la Ligue, la vengeance d'une femme, le travail des agents espagnols. Ravaillac n'était qu'un demi-fou, un exalté, qu'il avait été facile d'orienter. Quel rôle exact, patient, avaient joué le duc d'Epernon, ci-devant ligueur, Villeroy et ses amis? Conchine et ses comparses italiens? Tous alliés de l'Espagne…

Des gens disparurent ici et là. Le prévôt de Pluviers fut trouvé mort à la Conciergerie. On le brûla néanmoins en place de Grève. Il était établi, par des témoignages, qu'à Pluviers il avait dit: «Le roi est mort! Il vient d'être tué tout maintenant. N'en doutez point», à l'heure même où le roi était assassiné. Il était au service des d'Entragues, spécialement de la marquise de Verneuil. Plus obscure encore est la fin de la Coman, elle aussi au service de la marquise de Verneuil. Elle fut condamnée à la prison perpétuelle, enfermée en une «logette», où elle ne tarda pas à mourir. Mais il n'existe aucune preuve irréfutable d'une complicité quelconque avec Ravaillac, aucune trace de ses «incitateurs».

Le 10 juin, l'effigie de cire d'Henri IV fut assise sur un catafalque, le cercueil étant sous l'échafaudage, et le peuple fut admis à défiler. Le 29, on porta le corps à Notre-Dame. Le bon roi Henri, qui aimait si peu l'étiquette et le cérémonial, eut, sans le vouloir, une dernière malice. Dès le départ du Louvre, il y eut «force débats et altercations» sur l'ordre de marche et les préséances. L'évêque de Paris s'opposa violemment au parlement, s'empara presque par force de l'effigie du roi. Le lendemain, à Saint-Denis, nouveaux incidents tragi-comiques. Les vieilles querelles ligueuses et huguenotes se rallumaient, et le maître n'était plus là pour rétablir la paix. Il entrait déjà dans la légende. Les prédicateurs, après avoir tant prôné la légitimité du meurtre des tyrans, allaient ajouter à sa gloire et à ses vertus, avec autant d'éloquence et moins de conviction. Ce fut le peuple qui pérennisa sa mémoire, comme il l'avait prévu, en se prenant pour lui d'un violent amour dès qu'il fut mort. On se bouscula, on s'étouffa, pour le voir passer, du Louvre à Notre-Dame et de Notre-Dame à Saint-Denis! Ce que L'Estoile exprime de la sorte: «Si puis-je dire avec vérité que je l'ai aimé passionnément, et je n'eusse jamais cru en porter la moitié du regret que j'ai eu à la mort de ce bon prince.»

XI

LE SUC DE TOUTES FLEURS

Laissons L'Estoile à ses regrets, Sully à son chagrin et le peuple de Paris à ses larmes. A vrai dire, ce n'est pas sans un serrement de cœur que nous nous séparons du bon roi Henri, si bien vivant, si solide, encore plein de projets, d'entreprises, et toujours amoureux! C'est une sensation étrange que de se détacher de celui dont on vient d'écrire la vie et de s'apercevoir soudain qu'on l'aimait, à force de scruter ses actes et ses paroles. On ne peut alors que se demander ce qui plaisait tant en lui et pour quelle raison mystérieuse il reste, presque quatre siècles, aussi présent et aussi proche! Est-ce le restaurateur d'un pays ravagé de haines, de meurtres, de destructions sans prix, sans ombre? Le vainqueur de Coutras, d'Arques et d'Ivry? Le chevalier errant de l'amour, connu sous le surnom de Vert Galant? Le roi des capitaines, au temps de sa misère, ou le capitaine des rois de ses dernières années? L'homme du sage gouvernement ou le diplomate avisé? Ou l'ami du peuple? Peut-être tout simplement l'homme qu'il sut être et rester, car, on l'aura noté au fil de ce livre, l'humanité perce partout chez lui, à tout moment, en toute circonstance, dans la grandeur comme dans l'adversité. Jamais il ne se guinde, jamais il ne se drape. S'il manque un peu de majesté, c'est que, pour être, il n'a pas besoin de paraître. Il est roi des pieds à la tête, roi si l'on peut dire naturel. Nul ne se risquerait à l'oublier, même quand il plaisante, même quand il encourage les familiarités.

Avec lui finissait, non seulement un grand règne, mais un style d'homme d'Etat, une manière unique d'être roi. On ne verrait plus désormais un monarque quitter la salle du Conseil pour prendre de l'exercice et s'aérer. Emmener à la promenade ministres, ambassadeurs, gouverneurs, capitaines, dignitaires ou petits gentilshommes de passage. Deviser ainsi à bâtons rompus, sous les ombrages des Tuileries, se faisant rendre compte d'une mission, débattant d'un problème de finances ou d'administration, d'un projet, d'un complot, tenant son interlocuteur par l'épaule pour le mettre en confiance, écoutant avec attention sans arrêter de sourire, interrogeant avec légèreté et finesse. Le plus habile, au cours de ces entretiens informels, à déceler les intentions les plus cachées, les ambitions, les convoitises, les cupidités les plus voilées, mais aussi les dévouements inavoués, les loyalismes travestis en aigreurs passagères! Certes, sans illusion sur les hommes, mais sachant qu'utilisé à bon escient le plus mauvais d'entre eux pouvait encore servir. Et toujours, au milieu de ses parterres tirés au cordeau, marchant du même pas vif de montagnard, brouillant les cartes par ses réparties à l'emporte-pièce, déconcertant ses compagnons d'une heure par la diversité de ses questions, par l'exactitude de sa mémoire et par sa promptitude à décider. «Il tirait ainsi, écrit Saint-Simon, le suc de toutes fleurs comme les sages abeilles, et comme un habile chimiste tournait en remèdes les poisons. C'est ainsi qu'un sage roi gouverne en effet et sait empêcher d'être gouverné.»

Mais cet esprit pénétrant savait encore ne paraître point investigateur. Il s'enveloppait d'ironie, comme pour atténuer sa sagacité et ne blesser pas. On en pourrait citer cent exemples. N'en retenons qu'un, ne fût-ce que pour retrouver le sourire débonnaire d'Henri. Un jour qu'il remettait le collier du Saint-Esprit à La Vieuville, comme ce dernier, agenouillé devant lui, disait selon le rituel: *«Non sum dignus, Domine»* (Je ne suis pas digne, Seigneur), «Eh! s'exclama Henri, je le sais bien, mais mon neveu m'en a prié.»

Aucun de ses successeurs ne se permettra de plaisanter en remettant le collier du Saint-Esprit: Louis XIII parce qu'il était grave en toute chose, Louis XIV parce qu'il se parait de la plus imposante des majestés, Louis XV parce qu'il donnait dans le scepticisme et Louis XVI parce qu'il était trop timide et pusillanime. Cependant, les uns et les autres vécurent de son héritage. Un héritage si bien ancré dans le peuple français que ni les fautes ni les prodigalités insensées de Marie de Médicis et de sa clique italienne ne purent l'amoindrir. Et un prestige tel que le jeune Louis XIII, délivré du triste maréchal d'Ancre, le retrouva intact.

PEINT PAR LUI-MEME

Ceux qui suivent tout droit leur conscience sont de ma religion, et moi je suis de celle de tous ceux-là qui sont braves et bons (1577).

J'ai plus de place en mon cœur pour la miséricorde que pour la haine (1585).

Il fait gloire d'avoir atteint la perfection de dissimuler: je lui rabats cette opinion tant que je puis. Il ne le faut être qu'en affaires d'Etat; encore le faut-il bien accompagner de prudence (1588).

Plût à Dieu que je n'eusse jamais été capitaine puisque mon apprentissage se devait faire à de tels dépens (1589).

Je vous appelle comme Français. Je vous somme que vous ayez pitié de cet Etat, de vous-même, qui, le sapant par le pied, ne vous sauverez jamais que la ruine ne vous en accable; de moi, encore que vous me contraigniez par force à voir, à souffrir, à faire des choses que, sans les armes, je mourrais mille fois plutôt que de voir, de souffrir et de faire. Je vous conjure de dissiper à ce coup les misérables passions de guerres et de violences qui démembrent ce bel Etat, et qui nous distraient les uns par force, les autres volontairement de l'obéissance de notre roi, qui nous ensanglantent du sang les uns des autres, qui nous ont déjà tant de fois faits la risée des étrangers, et qui à la fin nous feront leurs conquêtes: de quitter, dis-je, toutes nos aigreurs, pour reprendre les haleines de paix et d'union, les volontés d'obéissance et d'ordre, les esprits de concorde par lesquels les moindres Etats deviennent puissants Empires (1589).

Je ne suis point dissimulé, et je dis rondement et sans feintise ce que j'ai sur le cœur (1590).

J'ai perdu mes meilleurs chevaux; il faut que j'en achète d'autres ici pour mon voyage. Ce n'est point pour faire des masques et des ballets, c'est pour chasser les ennemis en leur pays; j'espère les y mener battant, ayant mes forces... Aidez-moi, et vous connaîtrez que vous ne pouvez avoir un meilleur roi, qui vous aime plus et qui doute moins hasarder sa vie (1595).

Je trouve encore l'honneur le plus grand de servir l'Etat devant moi (1597).

Dieu m'a fait naître pour ce royaume et non pour moi; tous mes sens et mes soins ne seront employés qu'à l'avancement et conservation de celui-ci (1599).

L'impression du monde que je crains le plus qui entre dans le cœur de mes sujets est que je me gouverne par autre chose que la raison.

Ruiner le peuple, c'est se défaire soi-même de sa main.

Le naturel des Français est de n'aimer point ce qu'ils voient. Ne me voyant plus vous m'aimerez et, quand vous m'aurez perdu, vous me regretterez.

– Sire, voyez comme tout le peuple se réjouit de vous voir!
– C'est un peuple: si mon plus grand ennemi était là où je suis, et qu'il le vît passer, il lui en ferait autant qu'à moi, et crierait encore plus haut qu'il ne fait.

INDEX BIOGRAPHIQUE

ANGOULEME, voir Auvergne.
AUBIGNE (Théodore-Agrippa d') 1552-1630.
 Originaire de Pons en Saintonge, élevé dans la religion réformée, il fut le compagnon d'armes d'Henri IV, dès sa jeunesse. Ce dernier le nomma gouverneur de Maillezais pour l'écarter de la cour. D'Aubigné finit par s'exiler à Genève. Auteur d'un grand poème épique, *Les Tragiques,* d'une *Histoire universelle,* de nombreux ouvrages en prose et en vers, il a été surnommé par Sainte-Beuve «le Juvénal du XVIe siècle». Il est le grand-père de Mme de Maintenon.
AUTRICHE (Maison d'). Les comtes de Hasbourg, originaires de la région de Berne, devinrent empereurs d'Allemagne et donnèrent cinq rois à l'Espagne.
 Charles Quint, archiduc d'Autriche, roi d'Espagne et empereur d'Allemagne, abandonna, en 1550 les biens qu'il possédait en Allemagne à son frère Ferdinand, le fit élire roi des Romains, en 1551 et lui céda l'empire en 1556.
 Ferdinand Ier eut pour successeurs Maximilien II, Rodolphe II empereur en 1576, Mathias II, empereur en 1612, Ferdinand II, empereur en 1619, etc.
AUVERGNE (Charles de Valois, duc d'Angoulême et comte d'). Fils naturel de Charles IX et de Marie Touchet, né en 1573, mort en 1650. Il était frère utérin d'Henriette de Balzac d'Entragues, marquise de Verneuil, maîtresse d'Henri IV.
BASSOMPIERRE (François de) – 1579-1646. Issu de la maison de Clèves, Lorrain, il entra au service d'Henri IV. Ma-

réchal de France, il fut embastillé par Richelieu jusqu'à la mort de ce dernier. Il avait été fiancé à Charlotte de Montmorency.

BELLEGARDE (Roger de Saint-Lary et de Termes, duc de) 1563-1646. Pair de France et grand écuyer. Favori d'Henri III, il resta au service d'Henri IV (qui lui enleva Gabrielle d'Estrées).

BELLIEVRE (Pomponne de) 1529-1607. Un des négociateurs de la paix de Vervins en 1598; chancelier de France de 1599 à 1604.

BIRON (Armand de Gontaut, baron de) 1524-1592. Grand maître de l'artillerie en 1569, maréchal de France en 1577, lieutenant général d'Henri III en Guyenne, dont le roi de Navarre était gouverneur, Biron se déclara pour ce dernier quand il accéda au trône. Tué au siège d'Epernay.

BIRON (Charles de Gontaut, duc de) 1562-1602. Fils du précédent, il se distingua notamment à Arques et à Ivry. Amiral, puis maréchal de France, ambassadeur extraordinaire auprès d'Elisabeth d'Angleterre. Pair de France en 1598. Décapité pour trahison en 1602.

BONGARS (Jacques de) 1554-1612. Conseiller et maître de l'hôtel du roi, chargé de nombreuses missions auprès des princes d'Allemagne.

BOUILLON (Henri de La Tour d'Auvergne, vicomte de Turenne et duc de) 1555-1623. Compagnon d'armes du roi de Navarre, qui lui fit épouser l'héritière de Bouillon-Sedan, il fut compromis dans l'affaire de Biron, et tenta de provoquer une rébellion protestante contre Henri IV.

BOURBON (Catherine de) 1558-1604. Sœur d'Henri IV, qui la nomma régente de Navarre et lui fit épouser Henri de Lorraine, duc de Bar, en 1599. Elle avait été secrètement fiancée au comte de Soissons, son cousin germain.

CHEVERNY ou Chiverny (Philippe Hurault, comte de), garde des Sceaux en 1578, chancelier de 1583 à 1588 et de 1589 à 1599.

COLIGNY (Gaspard de) 1519-1572. Servit brillamment François Ier et Henri II dans leur lutte contre les Espagnols; il fut colonel général de l'infanterie française et amiral de France. Chef du parti calviniste, après la mort de Condé à Jarnac, il perdit la bataille de Moncontour et fut la première victime de la Saint-Barthélemy.

INDEX BIOGRAPHIQUE

CONCINI (Concino). D'une famille de petite noblesse ayant occupé diverses charges auprès des Médicis, perdu de dettes et de débauche, il fut de la suite de la reine Marie de Médicis, épousa Eleonora Galigaï, sa suivante; devint après la mort d'Henri IV, conseiller d'Etat, premier gentilhomme de la Chambre, marquis d'Ancre, surintendant de la maison de la reine, gouverneur de diverses places et maréchal de France en 1613. Exécuté sur ordre de Louis XIII en 1617.

CONDE (Louis Ier, prince de) 1530-1569. Frère d'Antoine de Bourbon, oncle d'Henri IV, il fut chef du parti calviniste avant Coligny. Tué à la bataille de Jarnac.

CONDE (Henri de Bourbon, prince de) 1552-1588. Compagnon d'armes d'Henri IV. Sa femme, Charlotte-Catherine de la Trémoille, fut accusée de l'avoir empoisonné.

CONDE (Henri II de Bourbon, prince de) 1588-1646. Premier prince du sang, pair et grand maître de France, duc d'Enghien. Epoux de Charlotte-Marguerite de Montmorency et père de Louis II de Condé (le «grand Condé»).

CORISANDE, voir Guiche.

ENTRAGUES (François de Balzac d'), seigneur de Marcoussis, épousa en secondes noces Marie Touchet, qui avait été la maitresse de Charles IX. Dont il eut Henriette, marquise de Verneuil: voir VERNEUIL.

EPERNON (Jean-Louis de Nogaret de La Valette, duc d') 1554-1642. Après avoir servi le roi de Navarre, devint favori d'Henri III qui le créa duc et pair. Colonel général de l'infanterie, il fut aussi amiral de France. Bien qu'il eût reconnu Henri IV, il intrigua par la suite avec l'Espagne et la Savoie, mais obtint son pardon et rentra en grâce, en dépit d'une fidélité douteuse. Se trouvait dans le carrosse d'Henri IV, le 14 mai 1610.

ESTREES (Gabrielle d') duchesse de Beaufort (1573-1599). Maîtresse d'Henri IV, elle lui donna trois enfants naturels: César, duc de Vendôme, Alexandre, grand prieur de France, et Catherine-Henriette, mariée au duc d'Elbeuf.

GALIGAI (Dianora Dosi, dite Leonora Dori, dite). Sœur de lait de Marie de Médicis, épousa Concino Concini. Décapitée et brûlée en 1617.

GUESLE (Jacques de La), mort en 1612. D'une famille de robe, il devint procureur général au Parlement de Paris et, pendant la Ligue, resta fidèle à Henri III. Fut la cause involontaire de sa mort en 1589 en hébergeant le jacobin Clément.

GUICHE (Diane d'Andouins, comtesse de), dite «la Belle Corisande». 1554-1620. Mariée en 1567 au comte de Guiche, veuve à vingt-six ans. Maîtresse du roi de Navarre, elle l'aida de ses conseils et de son argent à combattre contre la Ligue. Délaissée, elle mourut dans l'oubli.

GUISE (François de Lorraine, duc de) 1519-1563. Excellent général, il battit à plusieurs reprises les troupes de Charles Quint et reprit Calais aux Anglais. Chef du parti catholique, il déjoua la conjuration d'Amboise et forma ultérieurement le triumvirat avec le connétable de Montmorency et le maréchal de Saint-André. Le massacre de Wassy, qu'il toléra, fut le signal des guerres de Religion. Assassiné par Poltrot de Méré.

GUISE (Henri de Lorraine, prince de Joinville et duc de) 1550-1588, fils du précédent. Gouverneur de Champagne et de Brie, chef de la Ligue, exécuté à Blois, par ordre d'Henri III. Il fut surnommé «le Balafré».

GUISE (Charles de Lorraine, duc de), fils du précédent, fut aussi duc de Joyeuse, comte d'Eu, prince de Joinville, et pair de France. Il fit sa soumission à Henri IV en 1594 en lui livrant Reims et fut nommé gouverneur de Provence.

HARLAY (Achille de) 1536-1619. Président à mortier et conseiller d'Etat en 1572, puis premier président du parlement en 1582; d'un loyalisme constant envers Henri III et Henri IV.

JEANNIN (Pierre, dit le Président) 1540-1622. Il servit Mayenne et la Ligue avant de devenir le conseiller d'Henri IV qui lui confia d'importantes négociations.

La FORGE (Jacques Nompar de Caumont, duc de) 1558-1652. Compagnon d'armes du roi de Navarre qui le nomma en 1593 gouverneur du Béarn et de la Navarre. Louis XIII le promut maréchal et le créa duc et pair. La Force était dans le carrosse d'Henri IV, le 14 mai 1610.

LAVARDIN (Jean de Beaumanoir, marquis de, dit le Maréchal de) 1551-1614. Elevé auprès du roi de Navarre, huguenot converti, il fut nommé maréchal de France et gouverneur du Maine en 1595. Il était dans le carrosse d'Henri IV, le 14 mai 1610.

INDEX BIOGRAPHIQUE

LESDIGUIERES (François de Bonne, duc de) 1543-1626. Lieutenant général des armées de Piémont, Savoie et Dauphiné, il fut promu maréchal de France en 1609 et créé duc et pair.

L'ESTOILE (Pierre de) 1546-1611. D'une famille de jurisconsultes, il acheta une charge de grand audiencier à la chancellerie de France, mais il est surtout connu pour le *Journal* des règnes d'Henri III et d'Henri IV, dans lequel il nota scrupuleusement tous les événements et transcrivit les libelles et pamphlets publiés à Paris, à partir de 1574 jusqu'à sa mort. Ce *Journal* constitue un document de premier ordre, notamment en ce qui concerne le siège de Paris pendant la Ligue, mais aussi sur la vie quotidienne pendant les guerres de Religion.

LOUISE de Lorraine, Reine de France (1553-1601). Fille de Nicolas de Lorraine, comte de Vaudémont, elle épousa Henri III en 1575 et mourut en ascète, à Moulins, où elle s'était retirée.

MAYENNE (Charles de Lorraine, duc de) 1554-1611. Second fils de François de Lorraine, duc de Guise, pair, amiral, grand chambellan de France, il succéda à son frère comme second chef de la Ligue. Nommé lieutenant général du royaume par les ligueurs, il combattit Henri IV et se soumit en 1596.

MONTBAZON (Hercule de Rohan, duc de) 1567-1654. Pair et grand veneur de France, gouverneur de Paris, il servit Henri III contre la Ligue, puis Henri IV. Il était dans le carrosse de celui-ci, le 14 mai 1610.

MONTMORENCY (Anne, duc de) 1493-1567. Pair, grand maître de l'artillerie, connétable de France.

MONTMORENCY (Henri, duc de) 1534-1614. Premier baron de France, pair, maréchal de France en 1567, connétable en 1593.

PHILIPPE II, roi d'Espagne (1527-1598). Duc de MIlan en 1540, roi de Naples et de Sicile en 1554, souverain des Pays-Bas en 1555 et roi d'Espagne en 1556, à la suite de l'abdication de son père, Charles Quint. En renonçant spectaculairement au pouvoir, ce dernier avait divisé son immense empire entre les deux branches des Habsbourgs. Il donna à son fils, Philippe II, l'Espagne, avec ses colonies sud-amé ricaines et ses dépendances en Europe, la majeure partie de l'Italie, la Franche-Comté, le Roussillon, les Flandres, le Luxembourg et les Pays-Bas. A son frère, l'empereur Ferdinand: l'Autriche-Hongrie, l'Allemagne et l'Alsace. Les deux branches des Habsbourgs n'eurent, dès lors, d'autre politique que de ressouder leurs possessions, dont la Valteline des Grisons formait la charnière. La politique des rois de France fut de maintenir au contraire la séparation des Habsbourgs autrichiens et espagnols.

PHILIPPE III, roi d'Espagne (1578-1621). Fils de Philippe II, lui succéda en 1598. Sa politique, constamment antifrançaise, visait à relier la Lombardie aux Pays-Bas et aux possessions des Habsbourgs d'Allemagne.

ROQUELAURE (Antoine, baron de) 1544-1625. Compagnon d'armes du roi de Navarre, qui, par la suite, le combla d'honneurs et le nomma, notamment, gouverneur de Guyenne. Louis XIII le promut maréchal. Il était dans le carrosse d'Henri IV le 14 mai 1610.

SAVOIE (Charles-Emmanuel, duc de) 1562-1630. Marié à Catherine d'Autriche, fille de Philippe II, il fut un adversaire acharné d'Henri IV jusqu'en 1601.

SERVIN (Louis). Juriste éminent, avocat général au parlement de Paris, il resta fidèle à Henri III pendant la Ligue et servit Henri IV avec le même loyalisme intransigeant.

SILLERY (Nicolas Brulart, marquis de) 1544-1624. Ambassadeur en Suisse, négociateur de la paix de Vervins et du mariage d'Henri IV avec Marie de Médicis, il fut garde des Sceaux en 1604 et chancelier en 1607.

SOISSONS (Charles de Bourbon, comte de Dreux et de) 1566-1612. Fils cadet de Louis Ier de Bourbon, prince de Condé, il fut pair et grand maître de France. Il oscilla entre la Ligue, Henri III et le roi de Navarre. Fiancé évincé de Catherine, princesse de Navarre, son existence fut une suite incohérente de ruptures et de réconciliations avec Henri IV.

THOU (Jacques-Auguste de), baron de Melay, 1553-1617. Président à mortier du parlement de Paris, il négocia la réconciliation d'Henri III et du roi de Navarre en 1588, servit loyalement Henri IV, fut un des rédacteurs de l'Edit de Nantes en 1598. Il a écrit une *Histoire des événements de 1543 à 1607.*

INDEX BIOGRAPHIQUE

THOU (Nicolas de) 1528-1598, évêque de Chartres, il contesta la bulle d'excommunication d'Henri IV, contribua à l'abjuration de ce dernier et célébra son sacre.

VERNEUIL (Henriette de Balzac d'Entragues, marquise de), née en 1579, morte en 1633, fut maîtresse d'Henri IV, dont elle eut Henri de Bourbon, duc de Verneuil (1601-1682) et Gabrielle Angélique de Verneuil (1603-1627).

VILLEROY (Nicolas de Neufville, seigneur de) 1542-1617. Secrétaire d'Etat en 1567, compromis avec la Ligue, il se rallia à Henri IV en 1594. Il négocia l'absolution du roi par le pape Clément VIII, le traité de Vervins, le mariage avec Marie de Médicis, le traité avec la Savoie. Partisan de l'alliance espagnole.

BIBLIOGRAPHIE

ALBRET (Jeanne d'), *Mémoires et poésies,* publiées par le baron de Ruble, Paris, 1893.

ANGOULEME (Charles de Valois, duc d'), *Mémoires* du duc d'Angoulême pour servir l'histoire des règnes d'Henri III et d'Henri IV, Paris, 1838.

ANQUEZ (Léonce), *Henri IV et l'Allemagne,* d'après les Mémoires et la correspondance de Jacques Bongars, Paris, 1887.

AUBIGNE (Agrippa d'), *Œuvres complètes,* publiées par Eugène Réaume et Caussade, Genève, 1867.

AUBIGNE (Agrippa d'), *Histoire universelle,* notes d'Alphonse de Ruble, Paris, 1897.

BABELON (Jean-Pierre), *Les Travaux d'Henri IV au Louvre et aux Tuileries,* Ex. Paris et Ile-de-France, Mémoires, t. 29, 1978, Paris, 1979.

BARBICHE (Bernard), *L'influence française à la cour pontificale sous le règne d'Henri IV,* Paris, 1965.

BATIFFOL (Louise), *Le Louvre sous Henri IV et Louis XIII,* Paris, 1930.

BENOIST (Elie), *Histoire de l'Edit de Nantes,* Delft, 1963-1965.

BORDENAVE (Nicolas de), *Histoire de Béarn et de Navarre,* (1517-1572), notes de Paul Raymond, Paris, 1873.

BRANTOME (Pierre de Bourdeille, abbé de), *Vie des hommes illustres et grands capitaines,* notes de Lucovic Lalanne, Paris, 1864-1867.

CAPEFIGUE (Jean-Baptiste), *Histoire de la Réforme, de la*

Réforme, de la Ligue et du règne d'Henri IV, Paris, 1834.
CATERIN DAVILA (Henri), *Histoire des guerres civiles de France sous les règnes de François II, Charles IX, Henri III et Henri IV,* traduite de l'italien, Amsterdam, 1754.
CAYET (Pierre-Victor Palma), *Chronologie novenaire contenant l'histoire de la guerre sous le règne du roi de France et de Navarre, Henri IV,* Paris, 1823-1824.
CHAMBERLAND (Albert), *Le conflit de 1597 entre Henri IV et le Parlement de Paris,* Paris, 1904.
COUDY (Julien), *Les guerres de Religion,* Paris, 1962.
CRUE (François de), *Henri IV et les députés de Genève,* Paris, 1901.
DESCRAINS (Jean) et WEILL (Georges), *La politique d'Henri IV dans les Trois Evêchés,* d'après la correspondance du nonce Ubaldini (1607-1610). Bulletin des Sociétés d'histoire et d'archéologie de la Meuse, Bar-le-Duc, 1966.
DUMONT (François), *Inventaire des arrêts du Conseil privé* (Henri III et Henri IV), Paris, CNRS, 1969.
ELBEE (Jean d'), *Le miracle d'Henri IV,* Lyon, 1952.
ERLANGER (Philippe), *La vie quotidienne sous Henri IV,* Paris, 1958.
FAGNIEZ (Gustave), *L'économie rurale en France* (1589-1610), Paris, 1894.
GROSJEAN (Georges), *La France au Rhin, le dessein d'Henri IV,* Paris, 1925.
GALZY (Jeanne), *Margot, reine sans royaume,* Paris, 1939.
GUADET (Joseph), *Henri IV et sa correspondance,* Paris, 1874.
GUADET (Joseph), *Henri IV, sa vie, son œuvre, ses écrits,* Paris, 1879.
HALPHEN (E.), *Journal inédit de Pierre de L'Estoile* (1598-1602), Paris, 1862.
HENNEQUIN (Jean), Le guidon général des Finances, Paris, 1601.
HENNEQUIN (Jean), Henri IV dans ses oraisons funèbres, ou la naissance d'une légende, Paris, 1977.
LAPRADE (Jacques de) et RIGAL (Juliette), *L'assassinat d'Henri IV,* Pau, 1905.
LAVISSE (Ernest), voir *Mariéjol.*
LESCURE (Mathurin), *Les amours d'Henri IV,* Paris, 1864.

L'ESTOILE (Pierre de) *Journal de L'Estoile, pour le règne d'Henri IV*, Paris, 1948-1960.

MARIEJOL (Jean), *Henri IV et Louis XIII* (1598-1643), tome VI de l'Histoire de France d'Ernest Lavisse, Paris, 1905.

MARTIN (Marie-Madeleine), *Leçons de la renaissance agricole sous Henri IV*, Paris, s.d.

MARTIN (Marie-Madeleine), *Aspects de la Renaissance française sous Henri IV*, Paris, 1943.

MARTIN (Marie-Madeleine), *Sully, Henri IV et l'organisation de l'Europe*, «Revue des Deux-Mondes», Paris, 1958.

MATHIEU (Pierre), *Histoire des derniers troubles de France sous les règnes des rois très chrétiens, henry III et Henry IV*, Paris, 1551.

MEDICIS (Cardinal Alexandre de), *Lettres du Cardinal de Florence sur Henri IV et sur la France* (1596-1598), recueillies et commentées par Raymond Ritter, Paris, 1955.

MOUSNIER (Roland), *14 mai 1610, l'assassinat d'Henri IV*, Paris, 1964.

NOUAILLAC (M.), *Henri IV et les Croquants du Limousin*, Paris, 1913.

PEREFIXE (Hardouin de Beaumont de), archevêque de Paris, *Histoire du roy Henry le Grand*, Paris, 1662.

PFISTER (Christian), *Les économies royales de Sully et le grand dessein d'Henry IV*, «Revue historique», Paris, 1894.

POISSON (Auguste), *Histoire du règne d'Henri IV*, Paris, 1856.

PONTIS (M. de), *Mémoires du sieur de Pontis, qui a servi dans les armées cinquante-six ans, sous les rois Henri IV, Louis XIII et Louis XIV*, Paris, 1837.

ROAD (Charles), *Henri IV et le ministre Daniel Charmier*, d'après le *journal* de ce dernier, Paris, 1854.

ROTT (Edouard), *Henri IV, les Suisses et la Haute-Italie, la lutte pour les Alpes* (1598-1610), Paris, 1882.

SAINT-RENE TALLANDIER (M.), *Henri IV avant la messe, l'école d'un roi*, Paris, 1934.

SAINT-RENE TALLANDIER (M.), *Le cœur du roi, Henri IV après la messe*, Paris, 1937.

SAMARAN (Charles), *Henri IV et Charlotte de Montmorency, princesse de Condé*, «Bulletin de la Société historique», Paris, 1952.

SAVINE (Albert), *La vraie reine Margot,* Paris, 1905.
SULLY (Maximilien de Béthune, duc de), *Mémoires des sages et royales économies d'Estat, domestiques, politiques et militaires de Henri le Grand,* Paris, 1820.
VALOIS (Marguerite de), *Mémoires et lettres,* publiées par M.-F. Guessard, Paris, 1842.
VALOIS (Noël), *Inventaire des arrêtés du Conseil d'Etat* (règne d'Henri IV), Paris, 1886-1893.
VALORI (Comte de), *Journal militaire de Henri IV, depuis son départ de Navarre,* Paris, 1821.

TABLE DES MATIÈRES

Première partie
ENFANCE ET JEUNESSE
1. Les ascendances 13
2. Le lion et la brebis 17
3. Lo que a de ser 25
4. L'enfant partagé 31
5. Michel de Notre-Dame 39
6. Le rubicon 45

Deuxième partie
LE ROI DES CAPITAINES
1. Les noces vermeilles 53
2. La Saint-Barthélémy 61
3. Le roi giboyeur 71
4. La cour des Valois 77
5. L'évasion 85
6. La Sainte Ligue 93
7. La cour de Nérac 99
8. Corisande 107

Troisième partie
L'HERITIER PRESOMPTIF
1. L'équipée de Margot 117
2. Coutras 125
3. Les barricades 133
4. L'exécution des Guise 141
5. La réconciliation 151

Quatrième partie
LA RECONQUETE
1. Le roi des braves 163
2. Arques 169
3. Le panache blanc 177
4. Gabrielle d'Estrées 189
5. L'abjuration 199

Cinquième partie
HENRI LE GRAND
1. Fontaine-Française 209
2. L'édit de Nantes 215
3. La mort de Gabrielle 223
4. Marie de Médicis 231
5. Traîtres et compagnons 241
6. Le bon gouvernement 249
7. Le ménage royal 257
8. Charlotte de Montmorency 265
9. Le grand dessein 273
10. Le quatorzième de Mai 281
11. Le suc de toutes fleurs 295

Peint par lui-même *299*

Index biographique *301*

Bibliographie *309*

DANS LA MÊME COLLECTION
(paru ou à paraître)

- *Hugues Capet* (MU 475).
- *Philippe Auguste* (MU 476).
- *Saint Louis* (MU 477).
- *Philippe le Bel* (MU 478).
- *Charles V* (MU 479).
- *Charles VII* (MU 480).
- *Louis XI* (MU 481).
- *François Ier* (MU 482).
- *Henri II* (MU 483).
- *Henri III* (MU 484).
- *Louis XIII* (MU 486).
- *Louis XIV* (MU 487).
- *Louis XV* (MU 488).
- *Louis XVI* (MU 489).

IMPRESSION : BUSSIÈRE S.A., SAINT-AMAND (CHER). — N° 6241
D. L. NOVEMBRE 1988/0099/239
ISBN 2-501-01122-8
Imprimé en France